THE volumes of the University of Michigan Studies are published by authority of the Executive Board of the Graduate School of the University of Michigan. A list of the volumes thus far published or arranged for is given at the end of this volume.

University of Michigan Studies

HUMANISTIC SERIES

VOLUME X

THE COPTIC MANUSCRIPTS IN THE FREER COLLECTION

PART I. THE COPTIC PSALTER

THE MACMILLAN COMPANY
NEW YORK · BOSTON · CHICAGO · DALLAS
ATLANTA · SAN FRANCISCO

MACMILLAN & CO., Limited
LONDON · BOMBAY · CALCUTTA
MELBOURNE

THE MACMILLAN CO. OF CANADA, Ltd.
TORONTO

THE COPTIC PSALTER

IN THE

FREER COLLECTION

EDITED BY

WILLIAM H. WORRELL

HARTFORD SEMINARY FOUNDATION

New York

THE MACMILLAN COMPANY

LONDON: MACMILLAN AND COMPANY

1916

Norwood Press
J. S. Cushing Co. — Berwick & Smith Co.
Norwood, Mass., U.S.A.

Paperback ISBN: 978-0-472-75203-4

Printed and bound by CPI Group (UK) Ltd, Croydon, CR0 4YY

JACOBO ALEXANDRO CRAIG

QUI ME PRIMUS RES
ORIENTALES DOCUIT

PREFACE

THE editor desires to express his indebtedness to Mr. Charles L. Freer for permission to publish the Coptic manuscripts of his collection, for many courtesies shown in the course of the work, and for his generous support of the undertaking; to Professor Henry A. Sanders for reading the proof-sheets throughout, for collating the text with the manuscript, and for much assistance in palaeographic matters; to Mr. Walter E. Crum for the loan of his personal collation of *The Earliest Known Coptic Psalter* with the original manuscript; and to Sir Frederick G. Kenyon for an opinion on the dating of the writing.

The libraries of the University of Michigan and of the Hartford Seminary Foundation have offered much assistance in the loan of necessary books. Professor Henri Hyvernat has given friendly advice, and some special assistance which will be more fully acknowledged in the second part of this volume.

The Coptic type used in this book was made under the supervision of Mr. J. W. Phinney, of the American Typefounders' Company, from designs prepared by the editor. These designs aimed to represent intelligibly the forms found in the manuscript, and to afford facility in the representation of superlinear strokes and other marks of punctuation, which in the older fonts are often rigid in respect to size and composition.

WILLIAM H. WORRELL.

HARTFORD, CONNECTICUT,
    January, 1916.

CONTENTS

PLATES

INTRODUCTION

i. The Coptic Manuscripts and Fragments in the Freer Collection

The Freer collection contains the following Coptic manuscripts and fragments:

Manuscript No. 1, a large portion of the Psalter.

Manuscript No. 2, part of a homily on the Virgin.

Fragment No. 1, a small portion of the Psalter on three pieces of vellum (Plate V, B).

Fragment No. 2, a small portion of Matthew (Plate VI; i, 22 ff.).[1]

Fragment No. 3, three large leaves and four small pieces, having originally two columns of writing in a large, neat, Fayyûmic (?) hand. In its present state the parchment is too badly crumpled to permit decipherment.

Fragment No. 4, one fly-leaf having pen-trials: ΠΧΟ ΙC̄ Χ̄C̄ etc.

Fragment No. 5, a fragmentary single leaf, having upon one side a half cursive, very black hand, and upon the other a pale slanting hand. Unintelligible.

Fragment No. 6, two small pieces with a very defective text, possibly magical. Unintelligible.

Fragment No. 7, three pieces of papyrus binding bearing letters in a large hand. Illegible.

Fragment No. 8, a parchment leaf from the inside of a book cover. It has a rude portrait of Christ (?), and an inscription of which one may still trace the letters:

– – – ΠΑΧΟΕΙC

ΕΚϢΙΝΝΙ ϩΕ – – –

ΕΚΜΝΤΕΡΥ – – –

Fragment No. 9, a small portion of Job (Plate V, A).

Fragment No. 10, a magical text.

Fragment No. 11, piece of vellum once part of a book cover. Illegible.

Fragment No. 12, two pieces of vellum. Illegible.

Fragment No. 13, piece of vellum bearing an early hand. Illegible.

Fragment No. 14, two pieces of vellum. Illegible.

---

[1] The text, as far as legible, agrees with Horner's except for the reading ΕΝΤΑϥϢⲰΠΕ pro ΝΤΑϥϢⲰΠΕ.

Fragment No. 15, piece of vellum.   Illegible.

Fragment No. 16, piece of vellum.   Illegible.[1]

All of these except fragment No. 10 are in the Sahidic dialect.

In the present publication we are concerned with all of them except manuscript No. 2 and fragment No. 10, which have been reserved for the second part of the volume.

Manuscript No. 1 and fragments 2 to 8 were bought by Mr. Charles L. Freer in May, 1908, a year and a half after the purchase of the well-known Greek manuscripts of Deuteronomy and Joshua, the Psalms, the Four Gospels, and the fragments of the Pauline Epistles. Fragments 1, 16 were bought in 1909, and 9 was brought from Egypt in the spring of 1912.

In Volume IX of this series, *The Washington Manuscript of the Four Gospels* (1912), p. 3 f.,[2] Professor Sanders has stated about all that can as yet be said of the provenance of the collection. The dealer who sold the manuscripts,[3] Ali al Arabi of the village of Gizeh, near Cairo, at first asserted that they had been acquired in Akhmîm, Upper Egypt. Later he owned that the statement was false, and produced the actual finders, who maintained that the manuscripts had been discovered at a spot which, though it cannot at present be named, is quite consistent with all the other evidence; it would have been a likely refuge for fugitives from the ruined Monastery of the Vinedresser, which lay near the third Pyramid, and was near enough to modern Gizeh so that the manuscripts would naturally be offered there for sale. It is therefore impossible to believe that the manuscripts were found near the White Monastery at Akhmîm, or at Eshmunên.

Manuscripts Nos. 1 and 2 and fragment No. 10 appear to have been damaged by insects or worms working around the edges and making superficial holes, but not boring deeply. One of the Greek manuscripts was found to contain a living bookworm, so identified by biologists at the University of Michigan. This circumstance also connects the manuscripts with the Fayyûm. It must, however, be admitted that manuscript No. 2 was written in Esneh, and that other parts of the same manuscript, now in the British Museum, are said to have been found at Edfu.

The report that new finds had been made at Akhmîm-Sohâg, at the famous White Monastery, and that the Freer Greek manuscripts had come from that place, is easily explained by the fact that

---

[1] The last three were reconstructed out of eleven small pieces.

[2] See also Vol. VIII, p. 1, and references to earlier literature.   [3] Except No. 9.

Mr. Robert de Rustafjaell in February, 1907, heard of the discovery of manuscripts in Upper Egypt, and found upon investigation that part of them had been taken from an old Coptic monastery, about five miles south of Edfu, within whose ruins now stands a modern structure popularly known as the New White Monastery. Another story given him at the same time was that they had come from Thebes (Akhmîm-Sohâg).[1]

ii. Appearance and Make-up of the Collection

The theory of the Fayyûmic origin of the collection — excepting the two large pieces, manuscript No. 2 and fragment No. 10 — is supported by an examination of the format (see plates) in connection with other manuscripts of known Fayyûmic provenance.

Manuscript No. 1 must have been, when complete, a volume of seven hundred pages of about $2\frac{3}{4} \times 3\frac{1}{8}$ inches, which would have been a size very difficult to bind or to use, as is recognized by the editors of the *Oxyrhynchus Papyri*, Vol. VII, No. 1010. It is possible that the leaves were intended to be bound into small volumes, or not at all. The latter case would explain the extensive displacements hereafter to be discussed. As in the case of all the small manuscripts enumerated below (excepting the *papyrus* manuscript No. 28 of the John Rylands collection, Manchester), there is no trace of binding. Perhaps such small-sized copies of the Psalms and Gospels may have been in vogue at one time and in one community, in which a use had thus been discovered for the trimmings of larger books. To reduce a large number of skins to a given size, strips of some width must often be cut off. These ordinarily include the rough and buckled parts around the extremities of the animal. Noteworthy in this connection is the rough hair-grain of parts of our manuscript. Such trimmings would furnish folio quires of small size; and the format, once established, may have been found convenient for certain purposes. The manuscripts mentioned by Horner, *Coptic Version of the New Testament in the Southern Dialect* (Oxford, 1911), Vol. III, Appendix, p. 377 ff., though small, appear to be somewhat larger than one would expect to have been made from scraps of parchment.

For purposes of comparison I append a list of the small manuscripts which have come to my notice:

---

[1] See *The Light of Egypt*, by Mr. de Rustafjaell, London, 1909; *Coptic Apocrypha in the Dialect of Upper Egypt*, by E. A. W. Budge, London, 1903; a review of Budge's *Coptic Apocrypha* in *Zeitschrift der deutschen morgenländischen Gesellschaft*, Vol. 68, p. 176 f., by Mr. W. E. Crum; also an article in the *Theologische Literaturzeitung*, 1908, No. 12, by Dr. Carl Schmidt.

1. Size, 5.6 x 8.4 cm. Vellum. 4th century. Greek. Fayyûm. 12 lines of 10 letters each. Large hand. *Oxyrhynchus Papyri*, Vol. VII, 1910, No. 1010.

2. Size, 5.8 x 9 cm. Vellum. 5th century (?). Coptic. Fayyûm. 12 lines of 8 letters each. Large hand. Freer collection, fragment No. 2.

3. Size, 6.4 x 7 cm. Vellum. 5th century (?). Coptic. Fayyûm. 15 lines of 11 letters each. Illegible. Freer collection, fragment No. 3. Possibly a part of No. 10 below.

4. Size, 6.6 x 7.5 cm. Papyrus. 3d or 4th century. Greek. Provenance unknown. 15 lines of 18 letters each. Large hand. John Rylands Library, Manchester, No. 28. See Hunt, *Catalogue of the Greek Papyri in the John Rylands Library, Manchester*, 1911, plate 5, 18. Traces of binding.

5. Size, 7 x 8 cm. Vellum. 5th century (?). Coptic. Fayyûm. 18 lines of 12 letters each. Large hand. Freer collection, No. 1. This is the Psalter manuscript here published.

6. Size, 7 x 8.5 cm. Vellum. Two fragments, now separated, but once a double leaf of a quire — perhaps the second and seventh of an eight-leaved quire. 5th century (?). Coptic. Fayyûm. 20 lines of 13 letters each. Small hand. Freer collection, fragment No. 9. This is the Job fragment here published.

7. Size, 7 x 9 cm. Vellum. 5th century (?). Coptic. Provenance unknown. 11 lines of 11 letters each. Very large hand. British Museum, manuscript Or. 3518. See Crum, *Catalogue of the Coptic Manuscripts in the British Museum*, 1901, No. 142. Kenyon, *Handbook to the Criticism of the New Testament*, 1901, p. 160. The Berlin Museum manuscript Or. oct. 408 is said to be a part of the same.

8. Size, 7.4 x 8.8 cm. Vellum. 4th century. Greek. Fayyûm. 22 lines of 27 letters each. Very small hand. *Oxyrhynchus Papyri*, Vol. V, 1908, No. 840.

9. Size, 8 x 10.1 cm. Vellum. Early 4th century. Akhmîmic Coptic. 12 lines of about 11 letters each. Thought by Crum to be written in a special Middle Egyptian hand. Crum, *Coptic Manuscripts Brought from the Fayyûm*, London, 1893, p. 2 f., plate 1.

10. Size, 9 x 9.8 cm. Vellum. 4th century. Greek. Fayyûm. 14 lines of 18 letters each. Medium large, thin hand. *Oxyrhynchus Papyri*, Vol. VI, No. 849.

11. Size, 9 x 10 cm. Vellum. 5th century. Greek. Fayyûm. 12 letters to a line. Large hand. *Oxyrhynchus Papyri*, Vol. VI, No. 848, cf. No. 847.

12. Size, 9 x 10 cm. Vellum. 5th century (?). Coptic. Fayyûm. 24 lines preserved, of 18–20 letters each. Small, beautiful, ancient hand. Freer collection, fragment No. 1.

The remaining Freer fragments are not in a condition to be utilized in the discussion.

When brought to Detroit the Psalter manuscript (No. 1) appeared as in Plate I. It had been attacked by insects or worms. Decay, and perhaps fire, had reduced the edges to carbon, under which, especially at one corner, the parchment had melted into a gelatinous mass containing particles of sand. Shrinkage at the edges was apparent. Within the mass were three fresh breaks, undoubtedly modern, and without displacement of the leaves.

The separation of the leaves, which were very thin and brittle, was successfully accomplished by Professor Sanders through the use of a damp sponge and penknife. Often two leaves would adhere so firmly as to seem in every respect to be one. They were largest at the middle of the mass, and decreased toward the ends until they became small fragments. Not all of the smallest pieces, containing sometimes only a few letters, could be positively identified.

A remarkable and difficult feature was the displacement of leaves, which is shown in the following comparative tables, the first of which indicates the order of the leaves when the manuscript was discovered, the second the true order in which they must have been arranged in the beginning.

Fig. 1. Table showing the Arrangement of Leaves and Pages in the Coptic Psalter when Discovered

Order of Leaves	Paging	Blocks	Order of Leaves	Paging	Blocks
128–130	fragments		54	138–137	8
125–127	24–19		53	179–180	7
123–124	25–26		52	200–199 frg.	
114–122	44–27	15	51	179–180 frg.	
lost	45–46		41–50	200–181	6
100–113	74–47		34–40	178–165	5
99	fragment		33	201–202 frg.	
92–98	151–164	14	32	fragment	
89–91	143–148	13	6–31	251–201	4
88	140–139	12	4–5	252–256	3
87	142–141		3	257–258	2
81–86	75–86	11	1–2	17–18	1
56–80	136–87	10	0	fragments	
55	150–149	9			

Fig. 2. Table showing the Proper or Original Arrangement of Leaves
and Pages in the Psalter

Blocks	Paging	Quire Number	Size of Quire	
lost	1–12	1	12	
lost	13–16			
1	17–18			
	19–24	2	16	
	25–26			
15	27–28 ·			
	29–44	3	16	
	45–46	4	16	
	47–60			
	61–74	5	16	
11	75–76			
	77–86	6?	12?	
	87–88			
	89–104	7?	16?	
10	105–120	8?	16?	
	121–136	9?	16?	
				Break between quires
8	137–138			
12	139–142	10?	12?	
13	143–148			
				Break between quires
9	149–150	11?	16?	
14	151–164			
				Break between quires
5	165–178	12?	16?	
7	179–180			
				Break between quires
	181–188	13?	8?	
6	189–200	14?	12?	
				Break between quires
	201–211	15?	12?	
	212–223	16?	12?	
4	224–235	17?	12?	
	236–251	18?	16?	
				Break between quires
3	252–256	19?	?	
2	257–258			

The quire signature $\bar{\epsilon}$ in the upper right hand corner of page 76 shows that the latter closed the fifth quire of the volume or of the first of several small volumes, and that probably the first five quires, allowing four blank pages at the beginning, were arranged as $12 + 16 + 16 + 16 + 16$. The scheme of the remaining quires is purely hypothetical, but supplies an arrangement by which the breaks occur for the most part between quires. Yet even so there is a break within the fifth quire (pages 74–75). There are no traces of binding; and if there ever were quires of any size they must have been reduced to loose leaves before the ancient displacements took place.

iii. Vellum, Writing, Date

Of the illegible fragments 3–8 nothing need be said.

Fragments 1, 2, and 9, and manuscript No. 1 are written upon similar material, in handwriting which is similar yet not identical, and they are all doubtless of about the same period. They have been described above (pages xii f.), and the dating is discussed below. Cf. plates 5 and 6.

The Psalter manuscript No. 1 is mostly or entirely of goat skin, varying in thickness from eight to seventeen hundredths of a millimeter. The leaves were originally about 7 x 8 cm., and contained from 13 to 18 lines of from 8 to 18 letters each: a quite extraordinary fluctuation. The upper lines are generally shortest, and the last line or two longest, but not invariably so (cf. page 140). Note the short line 15 on page 153. Ruling is visible in a few places only; and is provided sometimes for every line, — especially for the first two lines, — sometimes for alternate lines. The characters are placed usually just above or just below, rarely upon the lines. The marginal limits are maintained by perpendiculars.

The writing is clear but rude. One is inclined at first to recognize three distinct hands (as shown in Plates I–IV), which for convenience we shall call A, B, and C.

A is found pages 18–104, line 3 a; 116–117; 126–237; 248–252.

B is found pages 104, line 3 b–115; 118–125; 238–247.

C is found pages 253–258.

On page 240 a single upsilon occurs, and on pages 239 and 244 a mu, which, though found in the midst of a B section, would have to be assigned to A.

A is characterized by "round" forms of the three letters alpha, mu,[1] and upsilon: $\measuredangle$ $\mathfrak{u}$ Υ .

---

[1] Another form ɰ is occasionally used for condensation; cf. pages 198, 229.

B is characterized by "square" forms of the same: ⲗ ⲙ ⲩ.

C is a very small, regular hand, having exceptionally long and upright stems to alpha and mu, and a shima which leans backward.

A more careful examination reveals the fact that *A* and *B* are, except for the three letters mentioned, identical; cf. especially the ugly form of hori. With less certainty one must also admit that shrinkage of the parchment might explain the condensed, upright, rigid character of *C*. The hori of *C* is not always as bad as in *A* and *B*, however. Although not entirely certain, it is probable that the whole manuscript is from one hand.

The few corrections in the manuscript are in dark ink, and were probably made by the original scribe before leaving the page, and without blotting off. There was probably no diorthotes, since other errors remain uncorrected (cf. page 140). The coronis and chapter number (or other sign) are written in dark ink on pages 87, 90, 100, 124, 131, 169, 188, 210, 224, probably simultaneously with the text; but in light or blotted off ink on pages 106, 112, 115, 127, very likely at a later time, by the same or another scribe. Similarly the page numbers 72, 88, 117, seem to be in darker ink than pages 73, 76, 83, 86, and the quire signature 5.

It remains to explain why a scribe should employ for pages at a time, alternately, and with occasional slips, first the "round" and then the "square" forms of alpha, mu, and upsilon; and to determine whether such use has any bearing upon the date of the manuscript.

It must be accepted as evident from our manuscript, if it were not otherwise established, that both the "round" and "square" forms were in use at the same period. The fluctuation of the copyist may have been fanciful, or due to the use of different exemplars on different occasions. The "round" forms greatly predominate. None of the theories suggested to me, as *e.g.* the influence of the hair-side and flesh-side of the parchment, seems applicable.

The dating of Coptic manuscripts is notoriously difficult. Professor Hyvernat promises a revision of accepted opinion on the basis of the Morgan collection; but his publications are not yet available, and our data are meager.

The London Sahidic Psalter manuscript (Brit. Mus. Ms. Or. 5000) has been dated by its editor, E. A. W. Budge, at about 700 A.D.; the Berlin Sahidic manuscript by its editor, Alfred

Rahlfs, at about 400 A.D.   The Freer manuscript may be pre-
sumed to lie between these two.   Dr. Kenyon is inclined to put it
at the extreme end of this period or later.   On the other hand,
the small sized Fayyûmic manuscripts mentioned, which resemble
it in appearance, are dated by their editors from the third to the
fifth centuries, and no later.

Rahlfs, in the introduction to his edition of the Berlin manu-
script, *Die Berliner Handschrift des sahidischen Psalters* (Berlin,
1901), page 12, says: "Auch die Schrift beweist, dass der Berliner
Psalter zu den ältesten koptischen Pergamenthss. gehört.   Die
griechischen Buchstaben zeigen keine Spur von dem specifisch
koptischen Ductus, sondern sind den Buchstaben der ältesten
griechischen Pergamenthss. sehr ähnlich . . . ."   It is difficult to
understand how the presence or absence of the " round," so-called
" Coptic " forms of alpha, mu, and upsilon (if that is the editor's
meaning) could be of much service in dating a manuscript which
in any case is later than the third century.

At the beginning of Coptic Christianity and of Coptic litera-
ture, the Egyptians simply used the contemporary Greek hands, of
which a great many were current in Egypt.[1]   The so-called Coptic
forms were not used exclusively by Copts, nor exclusively for writing
Coptic.   In all the centuries of the uncial one may find varying
degrees of admixture of these forms; and not alone in Egypt.
They are really cursive forms, which came to be used more and
more by writers of Coptic in proportion to their disuse by writers
of Greek uncial.   There seems to be some doubt as to the order
of their introduction into Greek manuscripts.   Thompson, in his
Introduction to Greek and Latin Palaeography (1912), pages 190 ff.,
gives upsilon from the third century B.C. onward; alpha from the
first century B.C. onward; and mu from the first century A.D. on-
ward.   Gardthausen traces alpha back to the Ptolemaic period,
and mu and upsilon to the first century A.D., after which time they
are said to have been in continued but not exclusive use.   For
instance, one manuscript of 88 A.D. has alpha only; another, of
99–100 A.D., has all three letters; two others, of the first or second
centuries A.D., have mu and upsilon only; another, of 200–295, has
none of the three; the Sinaiticus, of 400 A.D., has mu only; the
Vaticanus, of the fourth century, and the Alexandrinus, of the fifth
century, use mu in numerals, in titles, and at the ends of lines.
Thirteen others, from the early sixth to the tenth century, lack all

---

[1] Cf. Gardthausen, *National- und Provincialschriften*, in the *Byzantinische Zeitschrift*,
Vol. XV, 1906; and *Griechische Paläographie*, 1913, Vol. II, page 248 f.

three of the forms, except upsilon in one manuscript of the tenth century.

As for the Coptic manuscripts, the Berlin Psalter, of about 400 A.D., has none of the forms; but a manuscript, dated by Kenyon 350 A.D. and published by Budge in his *Coptic Biblical Texts in the Dialect of Upper Egypt* (London, 1912), employs mu at the end of a line (Plate 2), mu and upsilon at the end of a line (Plate 1), all three forms (Plate 4), and none of the forms (Plates 3, 5, 6, 7, 8, 9). Plate 4 exhibits both "round" and "square" forms on the same page. The London Coptic Psalter, published by Budge as *The Earliest Known Coptic Psalter* (London, 1898), and dated, as we have seen, about 700 A.D., shows in the plates all three of the letters, with no exceptions. Yet the sixth-century manuscript in *Führer durch die Ausstellung der Sammlung Erzherzog Rainer*, Vienna, 1894 (Plate 7, Nos. 133–140), mixes the forms.

iv. PUNCTUATION AND SPELLING

The manuscript employs no capitals and no coloring. At the end of Psalm 49 a simple ornament is used, as also on page 115 (Plate III). A coronis is generally used to mark the actual beginning of a psalm, and the first word of the psalm or of the title may be indicated by slight extension into the margin; but there is no invariable rule. There is no spacing between words. The usual abbreviations TINA and TITHA are employed. As in Greek manuscripts, final nun at the end of a line is sometimes indicated by a short dash above the vowel (see pages 52, 141, 190, 207). A similar dash is placed over a single syllabic vowel at the end of a line and belonging to the first word in the following line (see pages 54, 193, line 13, 196, 207, 217), but not invariably so (page 193, lines 2, 3). A short dash sometimes occurs in place of the familiar double dot over the iota (pages 110, 245). On page 207 is found TTOȲXAI. The five signs ‾ ̃ ′ ̀ , are used indiscriminately above or to the right of the last letter of the word, as hereafter described. The last three are rare (pages 163, 224), and the ‾ is by far the commonest. They are employed in the following positions:

1. With a final consonant before an initial consonant.
2. With a final vowel before an initial vowel.
3. With a final consonant before an initial vowel.
4. With a final vowel before an initial consonant.

The first of these occurs about twice as often as any of the others, which are about equally represented; and it is the first of these which most nearly resembles the Greek usage with foreign words, particularly proper names having un-Hellenic endings. Correct division of the syllables in Coptic being vital to the sense, the functions of the sign were extended.

A single point, in one of three positions (· · .) without distinction, is used for primary divisions of punctuation. The double point (:) has greater force. Instead of the usual lines placed over the word ⲇⲓⲁ︦ⲧⲁⲗⲙⲁ︦, a number of points are used on page 226.

The superlinear dashes are usually placed or extended too far to the right, as is common in manuscripts. Since there is a general tendency to make swinging off-strokes (pages 185, 232, 142) and long dashes (pages 38, 196, 236) at the margin, there can hardly be any significance in such forms as ⲙⲛ︦ⲟⲩ- for ⲙⲛ︦ ⲟⲩ- page 49, or ϩⲛ︦ⲛ︦ⲉⲧ- for ϩⲛ︦ ⲛⲉⲧ- page 77, or ⲛ︦ⲛⲉⲧ- for ⲛ︦ⲛⲉⲧ- page 249. But a helping vowel, before or after the first member of a double consonance, may be indicated in ϩ︦ⲧⲏϥ for ϩⲧⲏϥ page 40, ϩ︦ⲧⲏⲕ for ϩⲧⲏⲕ page 188, ϩ︦ⲙⲟⲙ for ϩⲙⲟⲙ page 189; and between a liquid and a following consonant in ⲙ︦ⲡⲉϥ- page 222, ⲙ︦ⲡⲏⲗ page 51, ⲙ︦ⲡⲉⲕ- page 59, ⲙ︦ⲡⲉϥ- page 240.

Like the London Psalter[1] our manuscript writes ⲭⲟⲓⲥ instead of ⲭⲟⲉⲓⲥ when it is necessary to save space at the end of a line. In other positions it has the latter form. This alone would show that no phonetic difference is involved in the two ways of writing the vowel.

The present manuscript, F, greatly favors the use of ⲓ for ⲉⲓ. The following is a list of the instances in which F differs from L, with the readings of all available manuscripts at these points.

A. ⲓ for ⲉⲓ in Greek loan words:

PAGE				
106	ϩⲩⲡⲟⲙⲓⲛⲉ	FBTPist,	ϩⲩⲡⲟⲙⲉⲓⲛⲉ	L,
	ϩⲩⲡⲟⲙⲟⲛⲏ	(noun) ZR;		
107	ϩⲩⲡⲟⲙⲓⲛⲉ	FZTPist,	"	LB;
112	"	FZPist	"	L,
	ϩⲩⲡⲟⲙⲟⲛⲏ	T (noun);		
120	ϩⲩⲡⲟⲙⲓⲛⲉ	FZ,	"	L;
149	"	FZ,	"	L,
	ϩⲩⲡⲟⲙⲟⲛⲉ	B (noun);		
172	ϩⲩⲡⲟⲙⲓⲛⲉ	FZ,	"	L;
172	ⲕⲗⲉⲓⲣⲟⲛⲟⲙⲓ	F,	ⲕⲗⲏⲣⲱⲛⲟⲙⲉⲓ	LZ;
172	ⲕⲗⲏⲣⲱⲛⲟⲙⲓ	F,	"	LZ;

[1] The reader is referred to pages xxiii f. for the sigla which are used from this point onward instead of the titles of the various manuscripts and editions.

PAGE

178	ⲔⲖⲎⲢⲞⲚⲞⲘⲒ	F,	ⲔⲖⲎⲢⲞⲚⲞⲘⲈⲒ	LZV ;
84	ⲂⲞⲎⲐⲒⲀ	FZ,	ⲂⲞⲎⲐⲈⲒⲀ	L ;
96	"	FZR,	"	LT ;
156	ⲂⲞⲎⲐⲒ	F,	ⲂⲞⲎⲐⲈⲒ	LZ,
	ⲂⲞⲒⲐⲒⲀ	(noun) R ;		
197	ⲂⲞⲎⲐⲒ	F,	"	LBZ ;
217	"	FFrag 1,	"	LBZV ;
50	[ⲈⲠⲒⲔⲀ][ⲖⲒ]	F,	ⲈⲠⲒⲔⲀⲖⲈⲒ	L,
	ⲈⲠⲈⲒⲔⲀⲖⲈⲒ	Z ;		
64	ⲀⲓⲠⲒⲔⲀⲖⲒ	F,	"	L,
	ⲈⲠⲈⲒⲔⲀⲖⲈⲒ	Z ;		
130	ⲈⲌⲞⲘⲞⲖⲞⲄⲒ	FV,	ⲈⲌⲞⲘⲞⲖⲞⲄⲈⲒ	LZ ;
212	"	F,	"	LB?Z ;
106	ⲀⲚⲞⲘⲒ	FPist	ⲀⲚⲞⲘⲈⲒ	LBZR,
	ⲀⲚⲞⲘⲒⲀ	(noun) T ;		
161	ⲠⲒⲢⲀⲌⲈ	FZ,	ⲠⲈⲒⲢⲀⲌⲈ	LR ;
183	ⲦⲀⲖⲀⲒⲠⲰⲢⲒ	F,	ⲦⲀⲖⲀⲒⲠⲰⲢⲈⲒ	LBZ ;
190	ⲌⲒⲔⲰⲚ	FZMasp,	ⲌⲈⲒⲔⲰⲚ	LV ;
160	ⲀⲓⲚⲱⲭⲀⲒ	F,	ⲈⲚⲱⲭⲀⲈⲒ	LZR.

B. ⲀⲒ for ⲀⲈⲒ in Coptic words :

167	ⲐⲀⲒⲂⲈⲤ	FBZV,	ⲐⲀⲈⲒⲂⲈⲤ	L ;
215	"	FBZV,	"	L.

C. ⲞⲒ for ⲞⲈⲒ in Coptic words :

191	ⲦⲀⲘⲒⲞⲒ	FZ,	ⲦⲀⲘⲒⲞⲈⲒ	L ;
193	ⲖⲞⲒⲌⲈ	FZPist,	ⲖⲞⲈⲒⲌⲈ	L ;
198	ϬⲞⲒⲖⲈ	FZMasp,	ϬⲞⲈⲒⲖⲈ	LB.

D. ⲞⲨⲒ for ⲞⲨⲈⲒ in Coptic words :

61	ⲚⲚⲒⲘⲞⲨⲒ	FZ,	ⲚⲚⲒⲘⲞⲨⲈⲒ	L,
	ⲚⲚⲈⲒⲘⲞⲨⲒ	R.		

E. Ⲓ for ⲈⲒ as initial consonant of a syllable in Coptic words :

73	ⲚⲒ-Ⲉ-ⲒⲞⲨⲖ	F,	ⲚⲒ-Ⲉ-ⲈⲒⲞⲨⲖ	LZ ;
126	Ⲛ-Ⲉ-ⲒⲞⲨⲖ	F,	Ⲛ-Ⲉ-ⲈⲒⲞⲨⲖ	L,
	Ⲛ-ⲒⲈ-ⲞⲨⲖ	(metathesis) ZR ;		
203	ⲞⲨ-Ⲉ-ⲒⲞⲨⲖ	F,	ⲞⲨ-Ⲉ-ⲈⲒⲞⲨⲖ	LZ ;
212	ⲦⲀ-ⲒⲞ	F,	ⲦⲀ-ⲈⲒⲞ	LZ ;
225	ⲘⲠ-ⲒⲈ-ⲢⲞ	F,	ⲘⲠ-ⲈⲒⲈ-ⲢⲞ	LZRMasp.

It will be seen at once that F has Ⲓ and L has ⲈⲒ without exception, the remainder being divided.

The manuscripts exhibit the usual, and some unusual, cases of confusion between vowels, diphthongs, and consonants. In Greek words:

H and ЄI, H and Y, H and I, Є and ΛI, Є and Λ, H and Λ (Doric), ⲱ and O, T and Λ, Γ and K, ΓⲌ and Ⲍ.

PAGE				
207	ТЄΛΥΠΗ	F,	ТЄΛΥΠЄI	LZ;
209	"	F,	"	LZ;
67	ПΗΓΗ	LB,	ПΥΓΗ	FZ;
168	"	LB,	"	FZ;
127	КΑТΑКΛΗCΜΟC	FR,	КΑТΑКΛΥCΜΟC	LZ;
141	"	F,	"	LZ;
156	ΒΟΗ·Θ·(Є)I	FLZ,	ΒΟΙ·Θ·IΛ	R;
64	ЄП(Є)IКΑΛЄI	LZ,	ΛIПIКΑΛI	F;
66	ΧЄΡΟΥΒ(Є)IN	LB,	ΧΛIΡΟΥΒIN	Z;
160	ЄNⲱΧΛ(Є)I	LZR,	ΛINⲱΧΛI	F;
170	ЄТΗΜΛ	F,	ΛIТΗΜΛ	LZ;
126	ΜΟΝΟΚ[Γ]ЄΡⲱ[Ο]C	LZ,	ΜΟΝΟΚΛΡΟC	F;
83	ΜЄΛЄТΗ	LZ,	ΜЄΛЄТΛ	FB;
126	(supra);			
172, 6	КΛΗΡⲱΝΟΜЄI	LZ,	КΛЄIΡΟΝΟΜI	F;
253	ТΥΝΑТΟC	F,	ΛΥΝΑТΟC	LZ;
126	(supra);			
142	ΜΑCТIΓⲌ	FBZ,	ΜΑCТIⲌ	L;
161	"	FZR,	"	L;
186	"	FBRV,	"	LZ;
191	"	FB,	"	LZ

I note also the spelling ΧΛΛCΖΛ (page 67) which may be an error merely.

W preceded by a vowel is written ΟΥ or Y in F.

73	ΧICIЄΟΥ	F,	ΧICIЄЄΥ	L,
	ΧICЄЄΥЄ (error?) Z;			
94	ΜΟΟΥ	FBZT,	ΜΟΥ	L;
181	ПЄΟΥΟЄIⲱ	LZ,	ПЄΥΟЄIⲱ	F;
168, 10	ЄΥΟΥΟЄIN	LBZ,	ЄΥΟЄIN	F (doubled).

F shows a preference for the doubling or "breaking" of vowels:

55	CNΑΑΥⲌ	F,	CNΑΟΥⲌ	B,	CNΑΥⲌ	L;
56	ϬΛΟΟТЄ	FZ,	ϬΛΟТЄ	L;		
95	ⲌΟΟΡ	FZ,	ⲌΟΡ	LB;		
151	ТΟΥΧΟΟϥ	F,	ТΟΥΧΟϥ	LZR;		

PAGE

188 ⲘⲠⲢⲤⲀϨⲰⲰⲔ F, ⲘⲠⲢⲤⲀϨⲰⲔ LZR;

215 ⲤⲀϨⲰⲱϥ F, ⲤⲀϨⲱϥ LZV.

On the other hand, F writes û-o and û-ᵉ for û-wo and û-wᵉ:

133 ⲞⲨⲞⳞⲦⲚ FZ, ⲞⲨⲞⲨⲞⳞⲦⲚ L;

160 ⲈⲔⲞⲨⲚⲦ FR, ⲈⲔⲞⲨⲞⲨⲚⲦ LZ;

Old forms of the article appear in two instances:

81 (bis) ⲚⲚⲒⲔⲞⲨⲒ F, ⲚⲚⲔⲞⲨⲒ LZ;

as also the uncontracted forms:

39 ⲠⲈⲈⲦ- F, ⲠⲈⲦ- T;

50 ⲚⲈⲈⲦ (?) F, ⲚⲈⲦ- LZ.

A striking feature of our manuscript is the doubling of inter-vocalic *n*, noted by Stern (*Koptische Grammatik*, § 72) as a peculiarity of Middle-Egyptian and, rarely, of Sahidic manuscripts. It occurs not only with Ⲛ̄ and ϨⲚ̄ (Stern), but also with ⲘⲚ̄, ϨⲒⲦⲚ̄, ⲬⲒⲚ, ϨⲈⲚ, ⲚⲚⲀϨⲢⲚ̄, and ⲀⲬⲚ̄:

71	ⲚⲚⲀⲦⲚⲞⲂⲈ	209	ϨⲚ ⲚⲞⲨⳟⲐⲀⲢⲀ
98	ⲚⲚⲈⲔⲔⲀⲎⲤⲒⲀ	215	ϨⲚ ⲚⲞⲨⲘⲀ
162	ⲚⲚⲈⲔⲔⲀⲎⲤⲒⲀ	221	ϨⲚ ⲚⲞⲨϨⲂⲤⲰ
195	ⲚⲚⲈⲔⲔⲀⲎⲤⲒⲀ	71	ⲘⲚ ⲚⲞⲨⲢⲰⲘⲈ
213	ϨⲚ ⲚⲈⲚϨⲈⲐⲚⲞⲤ	71	ⲘⲚ ⲚⲞⲨⲤⲰⲦⲠ
62	ϨⲚ ⲚⲞⲨⲆⲒⲔⲀⲒⲞⲤⲨⲚⲎ	156	ⲘⲚ ⲚⲞⲨ-ⲐⲨⲢⲰⲚ
83	ϨⲚ ⲚⲞⲨⲚⲞϭ	164	ⲘⲚ ⲚⲞⲨⲰⲀⲤ
87	ϨⲚ ⲚⲞⲨⲰⲚⲈ	166	ⲘⲚ ⲚⲞⲨⲔⲢⲞϥ
111	ϨⲚ ⲚⲞⲨⲘⲞⲤⲦⲈ	173	ⲘⲚ ⲚⲞⲨⲈⲂⲒⲎⲚ
115	ϨⲚ ⲚⲚⲈⲔⲔⲀⲎⲤⲒⲀ	77	ϨⲒⲦⲚ ⲚⲞⲨⲢⲰⲘⲈ
137	ϨⲚ ⲚⲞⲨϨⲀⲒⲂⲈⲤ	204	ϨⲒⲦⲚ ⲚⲞⲨⲘⲀ
160	ϨⲚ ⲚⲞⲨⲚⲎⲤⲦⲒⲀ	80	ⲬⲒⲚ ⲚⲀⲢⲎⲬⲤ
161	ϨⲚ ⲚⲞⲨⲔⲰⲘⳙ	107	ⲬⲒⲚ ⲚⲈⲚⲈϨ
162	ϨⲚ ⲚⲞⲨⲚⲞϭ	79	ⲚϨⲈⲚⲚⲀⲤⲠⲈ
162	ϨⲚ ⲚⲞⲨⲖⲀⲞⲤ	75	ⲚⲚⲀϨⲢⲚ ⲚⲞⲨⲐⲨ
195	ϨⲚ ⲚⲞⲨⲚⲞϭ	213	ⲀⲬⲚ ⲚⲀⲤⲞⲨ
199	ϨⲚ ⲚⲞⲨϨⲞⲞⲨ		

In an effort to avoid the mannerism the scribe has written one *n* where there should be two, and two where there should be three.

208 ⲚⲀⲔⲈⲈⲤ 223 ⲚⲞⲨⲈⲒⲞⲦⲈ

145 ⲚⲚⲞⲨⲚ

The other manuscripts show no trace of this tendency.

v. Affinities of the Text

The present manuscript possesses no remarkable textual features. It is closely related to the other Sahidic Psalter manuscripts, one of which, L, being complete and old, furnishes for us, as for previous editors, a means of comparison.

If we take the cases in which F differs from L, and compare F in all such instances with all available manuscripts, we discover that most of the cases involve mere orthographic, or perhaps in part, dialectic peculiarities. These have been discussed in the preceding section. Only a few cases seem to lead back to a difference in text in the Greek; and the significance of these cannot, of course, be interpreted at present. Even the interrelation of the Sahidic manuscripts is not clear. F appears, when differing from L, to favor B in matters other than orthography.

PAGE	⑤ᴮ	⑤ᵁ	⑤ c.aR	𝔐	UNIDENTIFIED
39	FZT		L		
72	L				F ? Z
78	LV			LV	FZ
85	L			L	FZ
93	F	LZR			
93	LZT				F
94	FBZT				L
103	LZT			LZT	F
117	F				LZT
165	FBZR			FBZR	L
168	L			FBZ	
216	LZV				F
240	L			L	FBZR
246	FBZGol				L

vi. Plan of This Edition

The list of available texts of the Sahidic Psalter has been published by both Rahlfs and Wessely in their editions; and from these I have taken the following list, adapting it to the purposes of the present edition, which does not extend beyond Psalm 53. At the same time I have indicated the sigla employed respecting them in this introduction and in the following text.

F   The Freer Coptic Psalter manuscript, No. 1, here published.

B   The Berlin manuscript, dated about 400 A.D., edited by Rahlfs in *Abhandlungen der königlichen Gesellschaft der Wissenschaften zu Göttingen*, 1901.

L   The London manuscript, British Museum, Or. 5000, dated in the late sixth century, edited by Budge as *The Earliest Known Coptic Psalter*, London, 1898.

Z   The de la Zouche (later Parham) British Museum manuscript, dated in the ninth or tenth century, published by de Lagarde as an appendix to the Bohairic Psalter, *Psalterii Versio Memphitica, accedunt Psalterii Thebani Fragmenta Parhamiana, Proverbiorum Memphiticorum Fragmenta Berolinensa*, Berlin, 1875.

T   The Turin manuscript, dated about the fourteenth century, edited by Peyron in *Memoria della Regia Accademia di Torino*, Ser. II, 28.

R   Fragments now partly in Rome and partly in Naples, formerly of the Borgian Museum, dated ninth to twelfth century, edited by Ciasca in *Sacrorum Bibliorum Fragmenta Copto-Sahidica Musei Borgiani*, Rome, 1889.

V   Vienna fragments, dated early sixth century, edited by Wessely in *Sitzungsberichte der kaiserlichen Akademie der Wissenschaften in Wien*, Vienna, 1907.

Masp   Fragments copied by Maspero in Egypt, dated fifth to sixth centuries, edited by him in *Études Égyptiennes*, I, Paris, 1881 fol.   See remarks below, page xxvi.

Gol   Manuscript of Golenischtschew, dated in the ninth century, edited by von Lemm in *Bulletin de l'Académie de St. Pétersbourg*, new series, I, 1890.

Bour   Fragments edited by Bouriant in *Mémoires publiés par les membres de la mission archéologique française au Caire*, I, 3, Paris, 1887.

Pist   The Psalm texts embedded in the Pistis Sophia, published by Schwartze-Petermann, Berlin, 1851.

Winst   Fragments published by Winstedt in *Proceedings of the Society of Biblical Archeology*, xxv, 7.

Frag 1   Part of the Freer collection, described above, page xiii.

Schm   Schmidt's review of the Budge edition of L, *Göttinger gelehrte Anzeigen*, 1901.

L^b and L^c The printed text of the Budge edition of L, and the collation of the same with the original manuscript by Mr. W. E. Crum.

𝕲 indicates the Greek text of Swete's *Old Testament in Greek*, Cambridge, 1896, which is, for our passages, the Vaticanus. Other symbols added to 𝕲 have been taken from Swete.

𝔐 indicates the Massoretic Hebrew text.

vii. The Reproduction of the Text

The manuscript has been reproduced as far as possible line for line. The original relative position of the words on the page has been observed as nearly as the word division would permit. The actual length of incomplete lines and pages could only be conjectured, since they are subject to wide variation in the manuscript. There is evidence for supposing it to be safe to employ as many as eighteen lines to a page, and an equal number of letters to a line, when restoring defective pages.

Missing portions of the text have been supplied from L, and indicated by [ ]. Letters which can be recognized from the context and a comparison with L, but which are not independently recognizable, are indicated by ⌜ ⌝. It is impossible in this to avoid the exercise of a degree of personal judgment, with results which may not be approved by others in every case. When L is corrupt, the bracketed reading is taken from another source, indicated in the notes. No superlineation is employed within the brackets unless actually visible in the manuscript. It is not intended to exaggerate the importance of the manuscript by printing the text in full; but it seems necessary to do this if the reader is to distinguish easily between textual omissions and lacunæ in the parchment. The word-separation is not as extreme as that of Steindorff on the one hand nor of Budge on the other. In this matter there is always room for criticism, but it can be seriously offered only when the method is uneven, or when sense or grammar is violated. The chapter and verse numbers follow Swete's edition of the Greek text. The strokes over the letters are discussed above, pages xviii f.

The collation of the manuscript with L has been described on page xxiii. Mere typographical slips or scribal errors, in L or F, did not require the mention of other manuscript readings. For the sake of completeness, however, the regular and unimportant variation of ⲭⲟⲉⲓⲥ and ⲭⲟⲓⲥ was noted. No comparison of punctuation was attempted.

In the portion of the Psalter covered by our manuscript the Budge edition contains some sixty-five errors; and it was found necessary to indicate these, together with the corrected readings of the collation kindly loaned me by Mr. Crum, in order not to misrepresent the manuscript. Some of these were noted by Schmidt in his review. A few are paralleled in the earlier editions of Z and R, being incorrect division of letters into words.

The apparatus on pp. 107–112 of this book requires the explanation that the words *secunda manu* refer to the retracing of certain letters in a very black ink, and not to any change in the reading nor added letters. The Job fragment has been collated with the edition of Ciasca (cf. p. 329, ll. 7 ff.).

The British Museum manuscript Or. 7561, known as the Kennard Papyri, and consisting of some hundred and fifty biblical and patristic fragments, does not appear in the catalogue of Crum (closed in 1905), and must have been acquired since that date.

Manuscript Or. 7561 b is a volume containing an edition of these fragments, and bears the title ⲀⲢⲐⲨⲢ ⲚⲚⲒⲈⲢⲰⲞⲨ ⲬⲈ ⲠⲀϤⲒⲞⲘ ⲰⲞ ⲱⲙⲍ̄,[1] *Fragmenta Saidica Transcripta et Commentata ab Arthurio des Revières*, 1848. On the following page is the note: "This book contains the transcript and notes by Arthurio des Revières, from the original papyri, in my possession, from which the Gospels of our Bible were translated. Henry Martyn Kennard, 27th May, 1906. Another transcript is said to be in the Munich Museum. My papyri, the originals, were supposed to have been destroyed during a bombardment of Alexandria."

If we compare the Psalm fragments in the Kennard collection with those published by Maspero (page xxiv), we find the passages to be the same. The latter alludes to "un homme dont l'œvre entière, restée manuscrite, a été dispersée" . . . after having been prepared for publication thirty years before. "Ce curieux personnage" is apparently de Revières, who wrote in 1848. The bombardment of Alexandria occurred in 1882, Maspero copied them in 1883, and the British Museum acquired them in 1906.

[1] " Arthur of the Rivers, that is, of the Fayyûm, Thousand 847."

COPTIC PSALTER

p. 17   [I͞Z͡]   [ΚΟΤΚ Π]ΧΟΕΙ[C   vi, 5
                     ΜΑΤΟΥΧ]Ε Τ[Α
                     ✝ΥΧΗ.]

p. 18   [I͞H͡]   [Ϩ]Ν [ΝΑΧΙΧΕΕΥΕ   vi, 8
                     Τ]ΗΡΟΥ[·]

p. 19   [I͞Ѳ͡·]   [ΠΕ✝ΑΛΜΟC ΝΔΑΥ   vii, 1–2
                     ΕΙΔ ΠΕΝΤΑϤΧΟΟϤ
                     ΕΠΧΟΕΙC ϨΑ ΝϢΑΧΕ
                     ΝΧΟΥCΕ]Π ΠϢ[Η
                     ΡΕ ΝΙΕΜΕ]ΝΕΠ[—
                        Π.ΧΟ]ΕΙC [ΠΑΝΟΥ
                     ΤΕ ΑΙΝ]Α]Ϩ]Τ[Ε ΕΡΟΚ·]

p. 20   [K͞]   [Ε]Ϣ]ΧΕ [ΟΥΝ ΧΙΝϬΟΝC   vii, 4–5
                     ϨΝ] [Ν]ΑϬΙΧ[· ΕϢΧΕ
                     ΑΙΤ]ΩΩ[Β[Ε ΝΝΕΤ
                     ΤΩϢ]ΒΕ] [ΝΑΙ ΝϨΕΝΠΕ
           5   Ѳ·ΟΟΥ] ΕΪΕ[Ϩ]Ε ΕΒΟΛ
                     ϨΙΤ]Ν ΝΑ[ΧΑΧΕ ΕΙϢ
                     ΟΥΕΙ]Τ[·]

p. 21   [K͞A͡]   [ϨΜ] [Π]ΟΥΕ[ϨCΑ   vii, 7–8
                     ϨΝΕ] ΕΝΤΑΚϨ[Ω]Ν
                     ΜΜ]Ο]ϥ· ΑΥ[Ω] [ΟΥΝ
                     ΟΥCΥΝ]ΑΓΩ[ΓΗ ΝΛΑ
           5   ΟC Ν]ΑΚ[Ω[ΤΕ ΕΡΟΚ
                     ΑΥΩ] Ϩα Τ[ΑΙ ΚΟΤΚ
                     ΕΥΧΙ]C]Ε:

I

p. 22   [K̄B̄]   ΑΥⲰ [ΚΝΑϹΟ   vii, 10–11
                 ΟΥ]ΤⲚ̄ Μ̄ΠⲆΙΚ[ΑΙΟϹ Π
                 ΝΟΥ]ΤⲨΕ Π[ΕΤϨΕΤΑ
                 ΖΕ Ν]Ⲛ̄Ϩ]Η]Τ ΜΝ ΝΕ
         5   ϬⲖΟ]ⲦⲈ· [ΟΥΜΕ ΤΕ
                 ΤΑ]ΒΙΟΗΘ[ΕΙΑ ΝΝΑϨ
                 ΡΜ] [ΠΝΟΥ]ΤⲈ·]

p. 23   [K̄Γ̄]   [ΑϤϹ]ⲰΜΤ   vii, 13–14
                 ΝΤ]ΕϤΠ[ΙΤΕ ΑϤ
                 ϹΒΤ]ⲰΤ[Ϲ· ΑϤϹΟΒ
                 ΤΕ Ν]ϨΗ[ΤϹ ΝϨΕΝ
         5   ϹΚΕ]ΥΗ Μ̄[ΜΟΥ· ΝΕϤ
                 ϹΟΤ]Ε ΑϤ[ΤΑΜΙΟΟΥ
                 ΝΝΕΤΟΥΝΑΡΟΚϨΟΥ.]

p. 24   [K̄Δ̄]   [ΕΙϹ ϨΗΗ]ⲦⲈ] [Α   vii, 15
                 ΠΧΙΝϬΟ]ΝϹ [ϮΝΑΑ
                 ΚΕ· ΑϤⲰ] [ΜΠ[ϨΙϹΕ
                 ΑϤΧΠΕ] ΤΑ[ΝΟΜΙΑ·]

p. 27   [K̄Z̄]   [ΕΤΒΕ   viii, 3
                 ΝΕΚΧΑ]ⲬⲈ] [ΒⲰⲖ ΕΒΟⲖ
                 ΝΟΥΧΑ]ⲬⲈ[· ΜΝ ΟΥ
                 ΡΕϤΧΙΚΒΑ·]

p. 28   [K̄H̄]   [ΟΥΕ]ⲦⲞⲞⲨ] [ΜΝ   viii, 6–7
                 ΟΥ]Τ[Α]ΙΟ ΑΚΑΑΥ Ν
                 ΚⲆ]ⲞⲓΜ̄ [Ε[ΧⲰϤ· ΑΚ
                 ΚΑ]ΘΙϹΤ[Α ΜΜΟϤ
         5   Ε]ⲬⲒⲚ̄ Ν[ΕϨΒΗΥΕ ΤΗ
                 ΡΟΥ] [Ν̄Ν[ΕΚϬΙΧ·]

p. 24. 1 ΑϤϹⲰⲦⲘ LᵇLᶜ ΑϤϹⲰΜⲦ Pist Schm [Α]ⲅϹ]ⲰΜⲦ B ΝϤϹⲰΜΝⲦ T
p. 27 incerta
p. 28. 5 ΝΕϨΒΗΧΕ Lᵇ ΝΕϨΒΗΥΕ Lᶜ

p. 29   [K̅Θ̅·]   ⌈ΠΧΟ   viii, 10–ix, 1

               ЄIC ΠЄΝΧΟЄIC Ν·Θ·Є

               ΝΟΥ⌈ϢΠ⌉ΗΡЄ ΠЄ

               ΠЄΚ⌉ΡΑΝ ⌈ҀΜ ΠΚΑҀ ΤΗ

       5 Ρ⌉⌈Ϥ⌉:   ⌈Є

   [·Θ̅·] ΠΧ⌉ϢΚ ⌈Є⌉ΒΟΛ ҀΑ

               ΝЄ·Θ·⌉ΗΠ̅ ⌈ΜΠϢΗΡЄ ΠЄ

               †ΑΛΜΟC ΝΔΑΥЄΙΔ:⌉

p. 30   [Λ̅]   ⌈CЄΝΑϬΒΒЄ   ix, 4–5

               ΝCЄҀЄ⌉ ⌈Μ⌉ΠЄΚΜ

               ΤΟ ЄΒΟ⌉Λ· ΧЄ ⌈ΑΚЄΙΡЄ

               ΜΠΑ⌉Ҁ⌈Α⌉Π ⌈Μ⌉Ν ΠΑ

       5 ΚΒΑ⌉· ⌈ΑΚҀ⌉ΜΟΟC ҀΙ

               ΠЄΚ·Θ·⌉Ρ⌈Ο⌉Ν⌈ΟC ΠЄΤΚΡΙ

               ΝЄ ΝΤ⌉ΔΙ⌈ΚΑΙΟCΥ

               ΝΗ:——⌉

p. 31   [Λ̅Α̅]   Π⌈Χ⌉ΟЄΙC ϢΟ   ix, 8

               ΟΠ Ϣ⌉Α Є⌈ΝЄҀ· ΑϤ

               CΟΒ⌉ΤЄ Μ̅Π⌈ЄϤ·Θ·ΡΟ

               ΝΟC ҀΝ ΟΥҀΑΠ·⌉

p. 32   [Λ̅Β̅]   ⌈ΧЄ ΜΠЄΚ   ix, 11–12

               ΚϢ ΝCϢΚ ΝΝЄΤ

               ϢΙ⌉Ν⌉Є ⌈ΝCϢΚ ΠΧΟ

               ЄΙC⌉ †Α⌈Λ⌉ΛЄΙ ЄΠΧΟ

       5 ЄΙ⌉C ΠЄ⌈ΤΟΥΗҀ ҀΝ

               C⌉ΙϢΝ⌈·⌉

p. 29. 5 om ·Θ̅· Lᶜ ·Θ̅· Lᵇ | 7 ΝЄΤΗΠ Lᵇ ΝЄ·Θ·ΗΠ Lᶜ(?) B | 8 ΠЄ†ΑΛΜΟC Lᵇ
ΠЄ†ΑΛΜΟC Lᶜ

p. 33　[ᾹΓ]　　[Ϩ]Ⲛ ⲘⲠⲨ[ⲖⲎ ⲚⲦ]　　　ix, 15–17
　　　　　　　　ϢⲈⲈⲢⲈ Ⲛ̄Ⲥ[ⲒⲰⲚ †]
　　　　　　　　ⲚⲀⲦⲈⲖⲎ[Ⲗ ⲈⲬⲘ ⲠⲈⲔ]
　　　　　　　　ⲞⲨⲬⲀⲒ̈· ⲀⲨ[ⲦⲰⲖⲤ Ⲛ]
　　　　　5　ϬⲒ Ⲛ̄ϨⲈ[Ⲑ]ⲚⲞⲤ Ϩ̄Ⲙ]
　　　　　　　　ⲠⲦⲀⲔⲞ̄ [Ⲉ]ⲚⲦⲀⲨⲀⲀϤ·
　　　　　　　　Ϩ]Ⲙ̄ ⲠⲈⲠ [ⲠⲀϢ ⲈⲚⲦⲀⲨ
　　　　　　　　Ϩⲟ]Ⲡϥ̄· Ⲙ[ⲀⲢⲞⲨϬⲰ
　　　　　　　　ⲠⲈ [Ⲛ]Ⲧ[ⲈⲨⲞⲨⲈⲢⲎⲦⲈ·
　　　　　10　Ⲡ]ⲬⲞⲎ[Ⲥ ⲞⲨⲞⲚϨ ⲈⲂⲞⲖ]

p. 34　[Ⲗ̄Ⲇ̄]　　　　[ⲬⲈ] [Ⲛ]Ⲥ[Ⲉ]Ⲛ[ⲀⲢ]　　ix, 19–20
　　　　　　　　[ⲠⲰⲂϢ Ⲁ]Ⲛ Ⲙ̄ⲠϨⲎ
　　　　　　　　[ⲔⲈ ϢⲀⲂ]ⲞⲖ· Ⲑ̄ⲨⲠⲞ
　　　　　　　　[ⲘⲞⲚⲎ Ⲙ]ⲠⲈⲂⲒⲎⲚ
　　　　　5　[ⲚⲀϨⲈ ⲈⲂ]Ⲟ[Ⲗ ⲀⲚ ϢⲀ]
　　　　　　　　[ⲠⲦⲎⲢϤ Ⲧ]Ϣ[Ⲟ]ⲞⲨ[Ⲛ]
　　　　　　　　[ⲠⲬⲞⲈⲒⲤ] [Ⲙ]ⲠⲢ̄Ⲧ[ⲢⲈ
　　　　　　　　ⲠⲢⲰⲘⲈ Ϭ]Ⲙ̄[Ϭ]ⲞⲘ:
　　　　　　　　[ⲘⲀⲢⲞⲨⲔⲢⲒ]ⲚⲈ Ⲛ[Ⲛ
　　　　　10　Ϩⲉ·Ⲑ·ⲚⲞⲤ ⲘⲠⲈⲔⲘⲦⲞ
　　　　　　　　ⲈⲂⲞⲖ]

p. 35　[Ⲗ̄Ⲉ̄]　　　[ⲈⲦⲂⲈ ⲞⲨ] [Ⲡ]Ⲭ[ⲞⲈⲒⲤ　　ix, 22–23
　　　　　　　　Ⲁ]ⲔⲞⲨⲈ Ⲛ[Ⲥ[ⲀⲂⲞⲖ Ⲙ]
　　　　　　　　ⲘⲞⲚ: Ⲁ[Ⲕ[ⲞⲂϢⲔ]
　　　　　　　　Ϩ̄Ⲙ ⲠⲈⲨⲞ[ⲈⲒϢ ⲚⲚⲈ]
　　　　　5　Ⲑ̄ⲖⲒ†Ⲥ· [Ϩ][Ⲙ ⲠⲦⲢⲈ]
　　　　　　　　ⲠⲀⲤⲈⲂ[ⲎⲤ ⲬⲒⲤⲈ]
　　　　　　　　Ⲙ̄ⲘⲞϥ [Ϣ]ⲀⲢⲈ ⲠϨⲎ
　　　　　　　　Ⲕ]Ⲉ ⲬⲈⲢⲞ [ⲤⲈⲚⲀϬⲞ
　　　　　　　　Ⲡ]ⲞⲨ Ϩ̄Ⲛ [ⲚⲈⲨϢⲞⲬⲚⲈ
　　　　　10　Ⲉ]ⲦⲞⲨ[ⲘⲈⲈⲨⲈ ⲈⲢⲞⲞⲨ·]

p. 36   [ⲗ⳽̄]

ⲓⲭ, 25–26

[ⲁ ⲡⲣⲉϥ
ⲣⲛⲟⲃⲉ ϯⲛⲟⲩ⳥ⲥ
ⲙ]ⲡⲭⲟ[ⲉⲓⲥ ⲕⲁⲧⲁ ⲡ
ⲁ]ϣⲓ̈ ⲛⲧⲉ[ϥⲟⲣⲅⲏ
5 ⲛϥⲛ]ⲁ]ϣⲓⲛⲉ ⲁ[ⲛⲧ· ⲙ
ⲡⲛⲟ]ⲩⲧⲉ ⲙ̅ⲡⲉϥ
ⲙⲧⲟ ⲉ]ⲃⲟⲗ ⲁⲛ:
ⲛⲉϥϩⲓⲟ]ⲟⲩⲉ ⲥⲟϣ[ϥ ⲛ
ⲟⲩⲟⲉⲓ]ϣ ⲛⲓⲙ· [ⲁϥ
10 ϥⲓ ⲛⲛⲉ]ⲕϩⲁⲡ [ⲙ̅ⲡⲉϥ
ⲙⲧⲟ] ⲉⲃⲟⲗ[· ϥ
ⲛⲁⲣⲭ]ⲟⲉⲓ[ⲥ ⲉⲛⲉϥ
ϫⲁϫ]ⲉ ⲧ[ⲏⲣⲟⲩ·]

p. 37   [ⲗ̄ⲍ̄]

ⲓⲭ, 28–29

[ⲡⲁⲓ ⲉⲣⲉ
ⲧⲉϥⲧⲁⲡⲣⲟ ⲙⲉϩ ⲛ
ⲥⲁϩⲟⲩ] [ϩⲓ ⲥⲓϣ[ⲉ
ϩⲓ] [ⲕⲣⲟϥ] ⲟⲩϩⲓ[ⲥⲉ ⲙⲛ]
5 [ⲟ]ⲩⲙⲕⲁϩ ⲡⲉ[ⲧϩⲁ]
ⲡⲉϥⲗⲁⲥ[· ϥϩⲙⲟⲟⲥ]
ϩⲛ̅ ⲙ̅ⲙⲁ ⲛ̅[⳥ⲱⲣ⳥]
ⲙⲛ̅ⲛ̅ⲣⲙ̅ⲙ[ⲁⲟ. ⲁⲩⲱ]
ϩⲛ̅ ⲙ̅ⲙⲁ [ⲉⲑⲏⲡ ⲉ]
10 [ⲙ]ⲟⲩⲟⲩ[ⲧ ⲛⲟⲩⲁⲧ
ⲛ]ⲟⲃⲉ· ⲉ[ⲣⲉ ⲛⲉϥⲃⲁⲗ
⳥ⲱϣ̅ⲧ [ⲉⲡϩⲏⲕⲉ·]

p. 36. 4 ⲡⲁϣⲁⲓ L
p. 37. 1 ⲉ[ⲉⲧ]ⲣⲉ Lᵇ tacet Lᶜ ⲉⲣⲉ Schm B ⲉⲧⲉⲣⲉ T

p. 38   [ⲖⲎ]   [ϥⲚⲀⲠⲀϨⲦϥ   ix, 31–33

                       ⲚϤϨⲈ ϨⲘ ⲠⲦⲢⲈϥ

                       Ⲣ.ⲬⲞ]ⲈⲒⳞ Ⲉ[ⲚϨⲎⲔⲈ·

                       Ⲁϥ]ⲬⲞⲞⳞ ⲄⲀⲢ ϨⲘ

        5   [ⲠⲈϤ]ϨⲎⲦ· ⲬⲈ ⲀⲠ

                       [ⲚⲞⲨⲦⲈ] Ⲣ̄Ⲡ̄Ⲟ̄Ⲃ̄Ⲱ̄Ϣ̄

                       [ⲀϤⲔⲦ]Ⲉ ⲠⲈϤϨⲞ Ⲉ̄

                       [ⲂⲞⲖ ⲈⲦ]Ⲙ̄Ϭ̄Ⲱ̄Ϣ̄Ⲧ̄

                       [ⲈⲠⲦⲎⲢ]ϥ̄· ⲦⲰⲞⲨ[Ⲛ

     10 ⲠⲬⲞⲈⲒⳞ] Ⲡ̄ⲠⲚⲞⲨⲦ[Ⲉ

                       ⲘⲀⲢⲈⳞ ⲬⲒ]ⳞⲈ Ⲛ̄Ϭⲓ[Ⲛ

                       [ⲦⲈⲔϬⲒⳤ] Ⲙ̄ⲠⲢ̄Ⲣ̄

                       [ⲠⲰⲂϢ ⲚⲚϨⲎⲔⲈ·]

p. 39   [ⲖⲐ̄]   [ⲈⲦⲢⲈⲨ]ⲦⲀⲀⲨ Ⲉ[Ϩ   ix, 35–36

                       ⲢⲀⲒ̈ ⲈⲚⲈⲔϬⲒⳤ[· Ⲉ]

                       ⲢⲈ ⲠϨⲎⲔⲈ Ϭⲉ[Ⲉ] [ⲚⲀ]

                       ⲚⲞⲬϥ̄ ⲈⲢⲞ[Ⲕ ⲚⲦⲞⲔ]

        5   ⲠⲈⲈⲦⲂⲟ[Ⲏ̄Ⲑ̄Ⲓ ⲈⲠⲞⲢ]

                       ⲪⲀⲚⲞ[Ⳟ ⲞⲨⲰϢϥ]

                       Ⲙ̄ⲠⲈϬⲒ̄Ⲃ̄[Ⲟⲓ Ⲙ̄ⲠⲈϥ

                       Ⲣ]ⲚⲞⲂⲈ [ⲘⲚ ⲠⲠⲞ]

                       ⲚⲎⲢⲟ[Ⳟⳤ· ⳞⲈⲚⲀϢⲒ]

     10 Ⲛⲓⲉ] [ⲚⳞⲀ ⲠⲈϥⲚⲞⲂⲈ

                       ⲚⳞⲈⲦⲘ̄ϨⲈ ⲈⲢⲞϥ

                       ⲈⲦⲂⲎⲎⲦϥ·]

p. 38. 7 ⲀϥⲔⲦ ⲈⲠⲈϥϨⲞ Lᵇ ⲀϥⲔⲦⲈ ⲠⲈϥϨⲞ Lᶜ Schm | 13 ϨⲎⲔⲎ Lᵇ ϨⲎⲔⲈ Lᶜ Schm

p. 39. 3 Ϭⲉ ZTⒼB om LⒼ^(Nc.a)R | 5 ⲈⲦⲂⲞⲎⲐⲒ LZ ⲠⲈⲦⲂⲞⲎⲐⲒ T [ⲈⲦⲂⲞⲎⲐ]⟨Ⲉ⟩Ⲓ] B

p. 40 [ⲙ̅] [ⲁ ⲡϫⲟⲉⲓⲥ ix, 38–39
ⲥ]⸢ⲱ⸣ⲧⲙ ⲉ[ⲡⲟⲩⲱϣ
ⲛ]⸢ⲛ̅⸣ϩⲏⲕⲉ: ⲁⲡⲉϥ[ⲙⲁ
ⲁϫⲉ] ϯϩ̅ⲧⲏϥ ⲉⲡ
[ⲥⲟϥⲧ]⸢ⲉ⸣ ⲙ̅ⲡⲉⲩϩⲏⲧ̅
[ⲉⲕⲣⲓⲛⲉ] ⲙ̅ⲡⲟⲣⲫⲁ
[ⲛⲟⲥ ⲙⲛ] ⲡⲉⲧ·ⲑ̅ⲃ
[ⲃⲓⲏⲩ·ϫⲉ] ⸢ⲛ̅⸣ⲛⲉⲡⲣ⸢ⲱ⸣[ⲙⲉ
ⲟⲩⲱϩ ⲉ]ⲧⲟⲟⲧ[ϥ ⲉ
ϣⲟⲩϣⲟⲩ] ⲙ̅ⲙⲟ⸢ϥ⸣ [ϩⲓ
ϫⲙ ⲡⲕⲁϩ·]

p. 41 [ⲙ̅ⲁ̅] ·ϫⲉ ⲉⲓⲥ [ⲛ x, 2–3
ⲣⲉϥ]⸢ⲣ̅ⲛⲟ⸣ⲃⲉ ⲁⲩⲥ⸢ⲱ⸣
ⲙⲛ̅ⲧ ⲛ̅ⲧⲉⲩⲡ[ⲓⲧⲉ·]
ⲁⲩⲥⲟⲃⲧ⸢ⲉ⸣ [ⲛⲛⲉⲩ]
ⲥⲟⲧⲉ ⲉⲡ[ⲉⲩϩⲛⲁⲁⲩ]
ⲛ̅ϯⲥⲟⲧ[ⲉ· ⲉⲛⲉϫ
ⲥ]ⲟⲧⲉ ϩ[ⲙ ⲡϩⲱⲡ
ⲉ]ⲛⲉⲧⲥ[ⲟⲩⲧⲱⲛ ϩⲙ]
ⲡⲉⲩϩⲏ[ⲧ· ϫⲉ ⲛⲉⲛ]
ⲧ⸢ⲁ⸣[ⲕⲥⲃⲧⲱⲧⲟⲩ ⲁⲩ
ⲧⲁⲩⲟⲟⲩ ⲉϩⲣⲁⲓ·]

p. 40. 10 ⲉϣⲟⲩϣⲟⲩϣⲟⲩ L^{b} tacet L^{c} ⲉϣⲟⲩϣⲟⲩ BZT
p. 41. 4 ⲥⲟϥⲧⲉ L ⲥⲟⲃⲧⲉ ZT

p. 42 [М͞В]

[ΝЄϥΒΑλ ϬⲰϢⲦ
Є]ⲬⲚ̄ ⲦⲞⲠ[ⲔⲞⲨⲘЄ
Ⲛ]ⲦⲎ· ⲚЄϥΒⲞⲨ[Ϩ]Є ⲬⲚⲞ
Ⲛ]Ⲛ̄ϢⲎⲢЄ Ⲛ̄Ⲣ̄ⲰⲘЄ

5   [ⲠⲬ]ⲞЄ[Ⲓ]C ⲚΑⲬⲚЄ
[ⲠⲆⲒⲔⲀ]ⲒⲞC Ⲙ̄Ⲛ̄ⲠⲀ
[CЄΒⲎC] ⲠЄⲦⲘЄ ⲆЄ
[Ⲙ̄ⲠⲬⲒⲚ]ϬⲞⲚⲤ̄ ϥⲘⲞ[C
ⲦЄ ⲚⲦЄϥ]ⲦⲨⲬⲎ [Ⲙ]ΑⲨⲀ

10   Αϥ· ϥⲚⲀ]ϨⲰⲞⲨ Є[ⲬⲚ
ⲚⲢЄϥⲢ]ⲚⲞΒЄ Ⲛ̄
[ϨЄⲚⲠⲀϢ· ⲞⲨ]ⲔⲰϨⲦ̄
[ⲘⲚ ⲞⲨⲐⲎⲚ ⲘⲚ ⲞⲨ
ⲠⲚ̄Α Ⲛ̄ϨⲀⲦⲎⲨ - - -]

x, 4–6

p. 43 [М͞Г]

[Α ⲠЄϥϨⲞ ⲚⲀⲨ
ЄⲠCⲞⲞⲨⲦ]Ⲛ̄:
[Ⲓ͞Ⲁ] [ЄⲠ]ⲬⲰⲔ ЄΒⲞλ ϨⲀ
ⲠⲘЄϨϢⲘⲞⲨⲚ̄ Ⲡ[Є]

5   ⲦⲀλⲘⲞC Ⲛ̄ⲆⲀⲨЄ[ⲒⲆ]
[Ⲙ]ΑⲦⲞⲨⲬⲞⲒ̈ Ⲡ[ⲬⲞЄⲒC]
[Ⲭ]Є ⲀⲠЄⲦⲞⲨ[Α][ΑΒ]
[Ⲱ]ⲬⲚ̄· ⲬЄ Α Ⲙ[ⲘⲚⲦ
Ⲙ]Є CΒⲞⲔ [Є][ΒⲞλ ϨⲚ Ⲛ

10   Ϣ]ⲎⲢЄ Ⲛ̄Ⲛ̄[Ⲣ̄ⲰⲘЄ·]
Α ⲠⲞⲨⲀ͞ Ⲡ[ⲞⲨⲀ ϢⲀⲬЄ]
Ⲛ̄ϨЄⲚⲠ[ЄⲦϢⲞⲨЄⲒⲦ]

x, 7–xi, 3

p. 44   [ⲘⲆ]   ⌈Ⲁ⌉Ⲩⲱ ⲞⲨⲖⲀ⌈Ⲥ⌉ ⌈ⲚⲢⲈϤ   xi, 4–6

                       Ⲭ⌉ⲈⲚⲞϬⲚϢⲀⲬⲈ:

                       ⌈ⲚⲈ⌉ⲚⲦⲀⲨⲬⲞⲞⲤ ⲬⲈ

                       ⌈Ⲧ⌉ⲚⲚ⌈Ⲁ⌉ⲬⲒ̈ⲤⲈ ⲘⲠⲈⲚ

         5   ⌈ⲖⲀⲤ Ⲛ⌉ⲈⲚⲤⲠⲞⲦⲞⲨ

                       ⌈ϨⲈⲚ Ⲉ⌉ⲂⲞⲖ ϨⲒⲦⲞⲞ⌈Ⲧ⌉Ⲛ

                       ⲚⲈ· ⲚⲒ⌉Ⲙ ⲠⲈⲦ⌈Ⲟ⌉ ⌈Ⲛ

                       ⲬⲞⲈⲒⲤ Ⲉ⌉Ⲣ⌈Ⲟ⌉Ⲛ· ⲈⲦ⌈ⲂⲈ

                       ⲦⲦⲀⲖⲀⲒ⌉ⲠⲰⲢⲒⲀ

       10   ⌈ⲚⲚϨⲎⲔⲈ Ⲙ⌉Ⲛ̄ ⲠⲀϢ

                       ⌈ⲀϨⲞⲘ ⲚⲚⲈⲂⲒⲎⲚ·⌉

p. 47   [Ⲙ̄Ⲍ̄]   ⌈ⲘⲎ⌉ⲠⲞ⌈   xii, 4–6

                       ⌈Ⲧ⌉Ⲉ Ⲛ̄ⲦⲀϢⲂⲱ̄ ⌈Ⲉ⌉

                       ⲠⲘⲞⲨ· ⲘⲎⲠⲞ⌈Ⲧ⌉⌈Ⲉ⌉

                       Ⲛ̄ⲦⲈ ⲠⲀⲬⲀⲬⲈ ⌈ⲬⲞ⌉

         5   ⲞⲤ ⲬⲈ ⲀⲒ̈ϬⲘ⌈ϬⲞⲘ⌉ ⌈Ⲉ⌉

                       ⲢⲞϤ· ⲚⲈⲦⲐⲖⲒ⌈ⲂⲈ Ⲙ⌉

                       ⲘⲞⲒ̈ ⲚⲀⲦⲈⲖⲀ⌈ⲎⲖ ⲈⲒ

                       Ϣ⌉ⲀⲚⲔⲒⲘ· ⌈ⲀⲚⲞⲔ ⲆⲈ⌉

                       ⌈Ⲁ⌉Ⲓ⌈ϨⲈⲖⲠⲒⲌ⌈Ⲉ ⲈⲠⲈⲔ

       10   ⲚⲀ· ⲠⲀ⌈Ϩ⌉⌈ⲎⲦ ⲚⲀ⌉

                       ⲦⲈⲖⲀ⌈ⲎⲖ ⲈⲬⲘ ⲠⲈⲔ

                       ⲞⲨⲬⲀⲒ⌉

p. 48 [M̄Η] [Ῑ] [Ε]ΠΧΩΚ ΕΒ[ΟΛ ΠΕϯΑΛ] xiii, 1–2
            ΜΟC Ñ̄ΔΑΥΕΙΔ:
            [ΠΕΧΕ ΠΑΘΗΤ ῨΜ̄
            [Π]ΕϥῨΗΤ ΧΕ Μ̄Ñ ΝΟΥ
        5 [Τ]Ε [Ϣ]ΟΟΠ· ΑΥΤΑ
            [ΚΟ ΑΥ]CΩϥϥ ῨÑ̄
            [ΝΕΥ]ΜΕΕΥΕ· Μ̄Ñ Π[ΕΤ
            ΕΙΡΕ] [Ν]ΟΥΜÑ̄ΤΧΡ[ΗC
            ΤΟC ΜΜΝ] ΟΥΟΝ Ϣ[Α]Ῡ
        10 ΡΑΙ ΕΟΥ[Α̅]: Α ΠΧΟΪ[C]
            [ϬΩϢΤ] ΕΒΟΛ ῨÑ̄ Τ
            [ΠΕ ΕΧΝ ΝϢΗ]Ρ[Ε ΝÑ̄
            [ΡΩΜΕ·]

p. 49 [Μ·Θ·]   [ΜΜΝ ΠΕΤ   xiii, 3
            ΕΙΡΕ ΝΟΥ]Μ[ÑΤΧΡΗ
            CΤ]ΟC] Μ̄Ñ ΟΥΟΝ ϢΑῨ
            ΡΑΪ ΕΟΥΑ̅: ΟΥΤΑ
        5 ΦΟC ΕϥΟΥΗΝ Τ[Ε]
            ΤΕΥϢΟΥ[Ϣ]ΒΕ: [Α][Υ]
            [Ρ̄]ΚΡΟϥ ῨÑ̄ Ν[ΕΥΛΑC]
            [Ο]ΥΜΑΤΟΥ [ΝῨΟϥ]
            [Τ]ΕΤῨΑ Ν[ΕΥCΠΟ]
        10 ΤΟΥ· ΕΡΕ [ΤΕΥΤΑ]
            ΠΡΟ̄ ΜΕῨ [ΝCΑῨΟΥ]
            ῨΙ CΠ[Ϣε·]

p. 50   [Ⲛ̄]   [Ⲛ]   xiii, 3–5

ⲐⲞⲦⲈ Ⲙ̄ⲠⲚ̄[ⲞⲨⲦⲈ]
Ⲙ̄ⲠⲈⲘⲦⲞ Ⲛ̄ⲚⲈⲨ
⌜Ⲃ⌝ⲀⲖ ⲈⲂⲞⲖ ⲀⲚ· ⲘⲎ
5 [Ⲛ]ⲤⲈ[Ⲛ]ⲀⲈⲒⲘⲈ ⲦⲎ
[ⲢⲞ]Ⲩ Ⲁ[Ⲛ] Ⲛ̄ϬⲒ ⲚⲈⲦⲢ̄
[Ⲋⲱ]⌜Ⲃ⌝ ⲈⲦⲀⲚⲞⲘ[ⲒⲀ·]
[ⲚⲈⲈ]⌜Ⲧ⌝ⲒⲞⲨⲰⲘ Ⲙ̄
[ⲠⲖⲀⲞⲤ] Ⲋ̄Ⲛ ⲞⲨⲋⲢⲈ
10 [ⲚⲞⲈⲒ]⌜Ⲕ⌝· Ⲙ̄ⲠⲞⲨ
[ⲈⲠⲒⲔⲀ]⌜Ⲗ⌝Ⲓ Ⲙ̄ⲠⲬⲞ
[ⲈⲒⲤ· ⲀⲨⲢⲋⲞ]ⲦⲈ
[Ⲙ̄ⲘⲀⲨ Ⲋ̄Ⲛ ⲞⲨⲋⲞⲦⲈ]

p. 51   [Ⲛ̄Ⲁ]   ·   [ⲀⲦⲈⲦⲚ̄ϮϢⲒⲠⲈ Ⲙ]   xiii, 6–7

ⲠϢⲞⲬⲚⲈ Ⲙ̄Ⲡⲋ[ⲎⲔⲈ]
ⲠⲬⲞⲈⲒⲤ ⲆⲈ ⲠⲈ
ⲦⲈϤⲋⲈⲖⲠⲒⲤ· ⲚⲒ[Ⲙ]
5 ⲠⲈⲦⲚⲀ⌜Ϯ⌝ ⲈⲂⲞ[Ⲗ]
⌜Ⲋ⌝Ⲛ̄ ⲤⲒⲰⲚ ⌜Ⲙ̄⌝Ⲡ[ⲞⲨ]
ⲬⲀⲒ̈ Ⲙ̄ⲠⲒⲎⲖ[· Ⲋ̄Ⲙ]
ⲠⲦⲢⲈ ⲠⲬ[ⲞⲈⲒⲤ]
ⲔⲦⲈ ⲦⲀⲒ[ⲬⲘⲀ]
10 ⲖⲰⲤⲒⲀ ⌜Ⲙ̄⌝[ⲠⲈϤⲖⲀ]
ⲞⲤ· ϤⲚ[ⲀⲦⲈⲖⲎⲖ]

p. 52   [ⲚⲂ̄]

[ⲠϪⲞⲈⲒⲤ ⲚⲒⲘ ⲠⲈⲦ   xiv, 1–3
ⲚⲀⲞⲨⲰϨ ϨⲘ̄ ⲠⲈⲔ
ⲘⲀ]ⲚⲒϢⲰⲠⲈ· Ⲏ̄
ⲚⲒⲘ ⲠⲈⲦⲚⲀⲘⲦⲞ̄
5 Ⲙ̄ⲘⲞϤ ϨⲘ̄ ⲠⲈⲔ
ⲦⲞⲞⲨ [Ⲉ]ⲦⲞⲨⲀⲀⲂ·
[Ⲡ]Ⲉ]ⲦⲘⲞⲞϢⲈ Ⲡ[Ⲉ
ⲈⲦⲞ]ⲨⲀⲀⲂ ⲈⲦⲢ̄
[ϨⲰⲂ] ⲈⲦⲆⲒⲔⲀⲒⲞ
10 [ⲤⲨⲚⲎ]· ⲈϤϢⲀϪⲈ
[ⲚⲦⲘ]Ⲉ] ϨⲘ̄ ⲠⲈϤϨⲎⲦ
[ⲠⲀⲒ ⲈⲦⲈ]Ⲙ̄ⲠϤ̄Ⲣ̄
[ⲔⲢⲞϤ ϨⲘ] ⲠⲈϤⲖⲀⲤ
[ⲞⲨⲆⲈ Ⲙ̄ⲠϤⲢ̄Ⲡ]Ⲉ
15 [Ⲑ·ⲞⲞⲨ Ⲙ̄ⲠⲈⲦϨⲒ
ⲦⲞⲨⲰϤ·]

p. 53   [ⲚⲄ̄]

[ⲞⲨⲆⲈ Ⲙ̄ⲠϤ̄ⲚⲞⲂⲚⲈϬ Ⲛ]   xiv, 3–5
[Ⲛ]Ⲉ[Ⲧ]Ϩ[ⲎⲚ ⲈⲢⲞϤ·]
ⲞⲨⲞⲚ ⲚⲒⲘ̄ Ⲉ[ⲦⲞ] Ⲙ̄
ⲠⲞⲚⲎⲢⲞⲤ ⲤⲞϢϤ̄
5 Ⲙ̄ⲠⲈϤⲘ̄ⲦⲞ ⲈⲂ[ⲞⲖ]
ⲈϤϮⲈⲞⲞⲨ [Ⲇ]Ⲉ Ⲛ̄[ⲚⲈ]
ⲦⲢ̄ϨⲞⲦⲈ ϨⲎⲦϤ̄ [Ⲙ]
ⲠϪⲞⲈⲒⲤ· ⲈϤ[ⲰⲢⲔ]
Ⲙ̄ⲠⲈⲦϨⲒⲦ[ⲞⲨⲰϤ]
10 ⲈⲚϤϤⲰϬⲈ Ⲙ̄[ⲘⲞϤ]
ⲀⲚ· ⲈⲘⲠϤ̄[Ϯ ⲠⲈϤ]
ϨⲀⲦ ⲈⲘ[ⲎⲤⲈ ⲈⲘ]
ⲠϤ̄ϪⲒ Ⲇ[ⲰⲢⲞⲚ ⲈϪⲚ̄]
[Ⲛ]Ⲧ[ⲈⲦⲞⲨⲀⲀⲂ·]

p. 54   [N̅Δ̅]   [ϨΔ   xv, 1–4

РЄϨ ЄРⳆ[ОⳆⳆ ПⳆΧⳆОⳆⳆС
ΧЄ ΔϊКΔϨТНϊ Е̄
РОК· ΔϊΧООС М̄ПΧО
5 [ЄⳆ]С ΧЄ [N]Т̅К̅ ПΔΧОϊС
[Χ]Є N̅Г[Р]ΧРⳆΔ ΔN N̄NΔ
[Δ]ⳆГΔⳐ ОN· ΔϥОУО
[NϨϥ] ЄВОⳐ N̄NЄТОУ
[ΔΔВ] ЄТϨМ̄ ПЄϥ
10 [КΔϨ·] NЄϥОУⲱⲱ
[ТНРОУ] ϢООП ϨР̅Δ[Ⳇ
NϨНТОУ]· ΔNЄУ
[ϢⲱNЄ Δ]ⲱⳆΔϊ ϨРΔϊ[Ⳇ
[NϨНТОУ· М]ⳐN̄N̄[СΔ
15 NΔⳆ ΔУⲱТОРТР̅·]

p. 55   [N̅Е̅]   [NNΔСⲱОУϨ   xv, 4–6
ЄϨОУN NNЄУСУ]
[NΔ[Г]ⲱ[ГН ЄВОⳐ]
ϨN̄ ϨЄNСNО[ϥ] [ОУ]
5 ΔЄ N̄NΔР̅ПМЄ[Є[У]Є
N̄NЄУРΔN ЄВОⳐ ϨⳐN̄Ⳇ
NΔСПОТⳆО[У:—
ПΧОЄⳆС ПЄТМ[Є]
РⳆС N̄ТΔКⳐНРⳐО[NO]
10 МⳆΔ М̄N̄ ПΔΧ[ⲱ·]
N̄ТОК ПЄЄТ[†
NΔϊ N̄ТΔКⳐⳐⳐ[НРО]
NОМⳆΔ· Δ [ϨЄN]
СNΔΥϨ [ϨЄ ЄϨРΔⳆ]
15 ЄΧⲱϊ Ϩ[N NЄТΔ]
ⳐМΔϨⳐТЄ·Ⳑ

p. 54. 2 ПΧОЄⳆС LBZ | 4 ПΧОЄⳆС LZ | 6 NΔΔГΔⳐ ОN Lᵇ tacet Lᶜ NNΔΔГΔⳐ ОN
Schm Z | 8 NNЄТОУΔΔΔВ Lᵇ tacet Lᶜ
p. 55. 11 ПЄТ† BLZ | 14 СNΔОУϨ B СNΔУϨ L

p. 56   [N̄Ϛ]

[ΠΕΝΤΑ]ϥ[Τ]С[ΑΒΟΙ·]   xv, 7–9
ΕΤΙ ΔΕ ϢΑ ΤΚΕΟΥ
[Ϣ]Ⲏ̄ ΝΑϬΛΟΟΤΕ
[Π]ΑΙ[Δ]ΕΥΕ Ⲙ̄ΜΟΪ:
5 [Ν]ΕΙΝΑΥ ΕΠΧΟΪС
[Ⲙ̄]ΠΑΜΤΟ ΕΒΟΛ
[Ν̄]Ο[Υ]ΟΕΙϢ ΝΙⲘ̄ ΧΕ
[ϥϨΙ] ΟΥΝΑⲘ̄ Ⲙ̄ΜΟΪ
[ΧΕ] [Ñ]ΝΑΚΙΜ· ΕΤ
10 [ΒΕ ΠΑ]Ï Α ΠΑϨΗΤ
[ΕΥϕΡΑ]ΝΕ· Α ΠΑ
[ΛΑС ΤΕ]ΛΗΛ· ΕΤ[Ι]
ΔΕ ΤΑΚΕ]САРⲜ̄
[ΝΑΟΥϢϨ ϨΝ ΟΥ
15 ϨΕΛΠΙС·]

p. 57   [ΝΖ]

[ΟΥΔΕ Ν]   xv, 10–xvi, 1
ΝΕΚϯ Ⲙ̄ΠΕ[ΚΠΕ]
ΤΟΥΛΑΒ ΕΝΑΥ [Ε]
[Π]ΠΤΑΚΟ· ΑΚΟΥ[Ϣ]
5 ΝϨ̄ ΝΑΪ ΕΒ[ΟΛ] Ñ̄Ν[Ε]
ϨΙΟΟΥΕ Ⲙ̄ΠϢΝϨ̄[·]
ΚΝΑΧΟΚⲦ̄. ΕΒΟ[Λ]
ΝΟΥΟΥΝΟϥ ΜÑ̄
ΠΕΚϨΟ· ΟΥⲘ̄[ΤΟΝ]
10 ΠΕΤϨÑ̄ ΤΕΚ[ΟΥ]
ΝΑⲘ̄ ϢΑΒΟ[Λ][:]
[IϚ] ΠΕϢΛΗΛ Ñ̄[ΛⲀⲀ̄]
ΠΧΟΕΙС [С][ϢΤΜ Ε]
ΤΑΔΙ[Κ][ΑΙΟСΥΝΗ]

p. 58   [N̄H̄]   [ⲈⲢⲈ ⲠⲀ   xvi, 2–4

⳿ⲂⲀ]ⲦⲦ ⲈⲒ ⲚⲀⲒ Ⲙ̄ⲠⲈⲔ

[Ⲙ]ⲦⲞ ⲈⲂⲞⲖ· ⲈⲢⲈ

[Ⲛ]ⲀⲂⲀⲖ ⲚⲀⲨ ⲈⲠ

5 [Ⲥ]ⲞⲞⲨ[Ⲧ]Ⲛ̄: ⲀⲔⲖⲞ

[ⲔⲒ]Ⲙ[Ⲁ]ⳜⲈ Ⲙ̄ⲠⲀⳜⲎⲦ

[ⲀⲔ]ⳠⲘ̄ ⲠⲀⳢⲒⲚⲈ Ⲛ̄

[Ⲧ]ⲈⲨⳜⲎ· ⲀⲔⲠⲀⲤⲦ̄

[Ⲙ̄]Ⲡ̄Ⲕ̄ⳜⲈ ⲈⳜⲒⲚⳠⲞ

10 [Ⲛ̄Ⲥ] Ⲛ̄ⳜⲎⲦ· ⳜⲈ Ⲛ̄

[ⲚⲈ] ⲦⲀⲦⲀⲠⲢⲞ̄ ⳜⲰ

[ⲚⲚⲈⳜ]ⲂⲎⲨⲈ Ⲛ̄Ⲛ̄Ⲣ̄Ⳝ

[ⲘⲈ Ⲉ]Ⲧ̄ⲂⲈ Ⲛ̄ⳜⲀⳜⲈ

[ⲚⲚⲈⲔⲤⲠⲞ]ⲦⲞⲨ ⲀⲒ̈

15 [ⳜⲀⲢⲈⳜ ⲈⲚⲈⳜⲒⲞⲞⲨⲈ

ⲈⲦⲚⲀⳜⲦ·]

p. 59   [N̄Θ̄]   [ⲀⲒⲤⲞⳞⲦⲈ ⲚⲚⲀⲦⲀⳠ]   xvi, 5–7

ⲤⲈ ⳜⲚ [ⲚⲈⲔⳜⲒⲞⲞⲨⲈ·]

ⳜⲈⲔⲀⲤ ⲈⲚⲚⲈⲨ[ⲔⲒⲘ]

[Ⲛ̄]ⳞⲒ ⲚⲀⲦⲀⳠⲤⲈ:

5 ⲀⲚⲞⲔ ⲀⲒ̈ⳜⲒ ⳜⲔⲀ[Ⲕ]

ⲈⲂⲞ[Ⲗ] ⳜⲈ ⲀⲔ[Ⲥ]ⳜⲦ[Ⲙ]

ⲈⲢⲞ[Ⲓ] ⲠⲚⲞⲨⲦⲈ[·]

ⲢⲒⲔⲈ Ⲙ̄ⲠⲈⲔⲘⲀ[Ⲗ]

ⳜⲈ ⲈⲢⲞⲒ̈ Ⲛ̄Ⳝ̄ⲤⳝⲦ[Ⲙ]

10 ⲈⲚⲀⳜⲀⳜⲈ· ⲘⲀⲢ[ⲞⲨ]

Ⲣ̄ⳜⲠⲎⲢⲈ Ⲛ̄ⲚⲈ[ⲔⲚⲀ·]

ⲠⲈⲦⲚⲞⲨⳜⲘ̄ [ⲚⲚⲈⲦ]

ⳜⲈⲖⲠⲒⳜⲈ Ⲉ[ⲢⲞⲔ·]

[Ⲛ]ⲀⳜⲘⲈ[Ⲧ] [ⳜⲚ ⲦⲈ

15 Ⲕ]ⲞⲨⲚ[ⲀⲘ – – –]

p. 60   [Ⲝ̄]   [ⲂⲀⲢⲈⲌ ⲈⲢⲞⲒ Ⲛ-Ⲑ-Ⲉ   xvi, 8–11

               ⲚⲞⲨⲔⲀⲔⲈ] ⌈Ⲛ̄⌉ⲂⲀⲗ·

               ⌈Ⲕ⌉ⲚⲀⲢ̄ⲌⲀⲒⲂⲈⲤ ⲈⲢⲞⲒ̈

               ⌈Ⲍ⌉Ⲛ̄ Ⲑ-ⲀⲒ̈ⲂⲈⲤ Ⲛ̄[Ⲛ]ⲒⲈⲔ

       5   ⌈Ⲧ⌉Ⲛ̄Ⲍ̄· Ⲙ̄ⲠⲈⲘⲦⲞ

               ⲈⲂⲞ[ⲗ] Ⲛ̄Ⲛ̄ⲀⲤⲈⲂⲎⲤ

               ⌈Ⲛ⌉ⲀⲒ̈ ⌈Ⲉ⌉ⲚⲦⲀⲨⲘⲞⲔ

               ⌈Ⲍ⌉Ⲧ̄· Ⲁ ⲚⲀⲬⲀⲬⲈ Ⲁ

               ⲘⲀⲌⲦⲈ Ⲛ̄ⲦⲀϮⲨ

      10 [Ⲭ]Ⲏ· ⲀⲨⲌⲰⲬⲚ̄ Ⲙ̄

               [Ⲡ]⌈Ⲉ⌉ⲒⲰⲦ· Ⲁ ⲦⲈⲨ

               [ⲦⲀ]ⲠⲢⲞ̄ ϢⲀⲬⲈ Ⲍ̄Ⲛ̄

               [ⲞⲨⲘ]⌈Ⲛ⌉ⲦⲬⲀⲤⲒⲌⲎⲦ[·

               ⲈⲨⲚⲞⲨ⌈Ⲭ⌉Ⲉ Ⲙ̄Ⲙⲟ⌈Ⲓ̈⌉

      15 [ⲈⲂⲞⲗ ⲦⲈ]⌈Ⲛ⌉ⲒⲞⲨ Ⲁ⌈Ⲩ⌉

               ⌈ⲔⲰⲦⲈ ⲈⲢⲞⲒ ⲀⲨⲔⲰ

               ⲚⲚⲈⲨⲂⲀⲗ ⲈⲢⲒ]

p. 61   Ⲝ̄[Ⲁ̄]   ⲔⲈ Ⲍ̄[Ⲙ̄] ⲠⲔⲀⲌ· ⲀⲨ   xvi, 11–13

               ⲈⲒ̈ⲰⲢⲘ̄ Ⲛ̄ⲤⲰⲒ̈ Ⲛ̄-Ⲑ-Ⲉ

               Ⲛ̄Ⲛ̄Ⲡ̄[Ⲙ]ⲞⲨⲒ̈ ⲈⲦⲤ̄Ⲅ̄Ⲃ̄

               ⲦⲰⲦ ⲈⲨⲠⲀ⌈Ⲍ̄Ⲥ̄⌉· [ⲀⲨⲰ]

       5   Ⲛ̄-Ⲑ-⌈Ⲉ⌉ Ⲛ̄ⲚⲒⲘⲀⲤ ⌈Ⲙ̄⌉

               ⲘⲞⲨⲒ̈ ⲈⲦϢⲞⲞ⌈Ⲡ⌉

               Ⲍ̄Ⲛ̄ ⲚⲒⲘⲀⲈ-Ⲑ-Ⲏ⌈Ⲡ⌉[·]

               ⲦⲰⲞⲨⲚ ⲠⲬⲞ[ⲈⲒⲤ]

               ⲀⲢⲒϢⲞⲢⲠ̄ ⲈⲢ[ⲞⲞⲨ]

      10 Ⲛ̄⌈Ⲧ⌉ⲀⲨⲞⲞ[Ⲩ ⲈⲌⲢⲀⲒ·]

               ⲚⲈⲌⲘ̄ ⲦⲀ[ϮⲨⲬⲎ]

               [Ⲉ]ⲦⲞⲞ⌈Ⲧ⌉ϥ̄ [ⲘⲠⲀ

               Ⲥ]ⲈⲂⲎ[Ⲥ· ⲦⲤⲎϥⲈ

               ⲚⲚⲬⲀⲬⲈ ⲈⲂⲞⲗ

      15 Ⲍ̄Ⲛ ⲦⲈⲔϬⲒⲬ· ⲠⲬⲞ

               ⲈⲒⲤ ϥⲰⲦⲈ Ⲙ̄ⲘⲞ]

---

p. 60. 2 ⲔⲈⲔⲈ L^b ⲔⲀⲔⲈ prima manu ⲔⲈⲔⲈ emendatoris manu L^c ⲔⲈⲔⲈ RZ

p. 61. 3 ⲚⲚⲒⲘⲞⲨⲈⲒ L ⲚⲚⲒⲘⲞⲨⲒ Z ⲚⲚⲈⲒⲘⲞⲨⲒ R | 4 om ⲀⲨⲰ ?

p. 62 ⲍ̅ⲃ̅ ОⲨ ЄⲂОⳊ ⲌⲒⲬⲙ̅ xvi, 14–15
ⲠⲔⲀⲌ· ⲠОϢОⲨ
Ⲍⲙ̅ ⲠЄⲨⲰⲚⲌ̅· ⲘⲀ
ⲅⲣⲓ̣Є Ⲍⲓ̣Ⲏ̣ⲧОⲨ ⲤЄⲒ ⲚⲦ
5 [Ⲛ]ЄⲔⲠЄ̣Ⲉ̣Ⲏⲡ̣· ⲀⲨ
ⲘЄⲌ ⲌⲎⲧОⲨ ⲚⲀϥ
[Ⲛ]ϢЄ· ⲀⲨⲔⲀ ⲠⲤЄ
[Є]ⲡЄ Ⲛ̅ⲚЄⲨϢⲎⲢЄ:
[ⲀⲚ]ОⲔ ⲆЄ ⲌⲚ̅ ОⲨⲆⲓ̣ⲡ̣
10 [ⲔⲀⲓ̣]Оⳑ̣ⲤⲨⲚⲎ̅ ⲧⲚⲀ
[ОⲨⲰ]Ⲛ̣Ⲍ̅ ЄⲂОⳊ ⲙ̅
[ⲠЄⲔⲌО] ⲦⲚⲀⲤЄⲓ̣ⲓ̣
[Ⲍⲙ̅ ⲠⲦⲣ̣]ⲓ̣Є ⲠЄⲓ̣Ⲕⲓ̣ЄО
ОⲨ ОⲨⲰⲚⲌ̣ ⲓ̣Єⲓ̣ⲂОⳊ:
[ⲓ̣ⲍ̅] ЄⲠⲬⲰⲔ ЄⲂОⳊ
ⲚⲆⲀⲨЄⲓⲆ ⲠⲌⲘⲌⲀⳊ]

p. 63 [ⲍ̅ⲅ̅] ⲘⲠⲬОЄⲒⲤ· ⲚϢ[Ⲁ] xvii, 1–3
ⲬЄ Ⲛ̅ⲦЄⲓ̈ ϢⲀⲎ̅
ЄⲚⲦⲀϥⲬООⲨ Є
ⲠⲬОЄⲒⲤ· Ⲍⲙ̅ ⲠЄ
5 ⲌООⲨ ЄⲚⲦⲀ ⲠⲬО
ЄⲒⲤ ⲚⲀⲌⲘЄϥ ⲉ̄
ⲂОⳊ Ⲍⲓ̈ⲦⲚ̅ ⲚЄϥⲬ[Ⲁ]
ⲬЄ ⲦⲎⲣОⲨ· ⲀⲨⲰ
ЄⲂОⳊ ⲌⲒⲦⲚ̅ ⲤⲀ[ОⲨⳊ·]
ⲧ̣ⲠЄⲬⲀϥ ⲬЄ ⲦⲚ[Ⲁ]
ⲘЄⲣⲒⲦⲕ̅ [ⲠⲬОЄⲒⲤ]
ⲦⲀϬОⲘ· [ⲠⲬОЄⲒⲤ]
ⲠЄ ⲠⲀⲓ̣ⲧ̣[ⲀⲬⲣО]
ⲘⲚ̅ Ⲡ̣[ⲀⲘⲀⲘⲠⲰⲦ
15 ⲘⲚ ⲠⲀⲚОⲨⲌⲘ·
ⲠⲀⲚОⲨⲦЄ ⲠЄ ⲠⲀⲂО
ⲎⲈОⲤ ⲦⲚⲀⲚⲀⲌ]

p. 64 [Ξ̄Δ]

ΤΕ ΕΡΟϤ· ΤΑΝΑϢ
ΤΕ ΠΕ ΑΥⲰ ΠΤΑΠ
Ṁ̄ΠΑΟΥΧΑЇ· ΠΑ
ΡΕϤϢⲞⲠⲦ ΕΡΟϤ·
5 ΕЇⲤΜΟΥ ϮΝΑΑΙ
ΠΙΚΑΛΙ Ṁ̄ΠΧΟЇⲤ
ΑΥⲰ ϮΝΑΟΥΧΑЇ
ΕΒΟΛ 2Ñ ΝΑΧΑΧΕ·
[Α] ΝΝΑΑΚΕ Ṁ̄ΠΜΟΥ
10 [Α]ΜΑⲨ̄ΤΕ Ṁ̄ΜΟЇ·
[Μ]ΜΟΥ ΝⲤⲰΡṀ̄ Ñ
[ΤΑΝ]ΟΜΙΑ ΑΥⲰ
[ΤΡΤ]Ⲱ̄ΡΤ̄· Α ΝΝΑ
[ΑΚΕ Ν]ᾹΜⲚ̄Τ̄Ε
15 [ΑΜΑⲨ̄Τ]Ε̄ Ṁ̄ΜΟⲅ·
Α ΜΠΑϢ] Ṁ̄ΠΜⲅΟΥ
ΡϢΟΡΠ ΕΡΟЇ 2Μ Π
ΤΡΑⲐΛΙΒΕ ΑΙⲰϢ]

xvii, 3-7

p. 65 [Ξ̄Ε]

Ε2ΡΑЇ ΕΠΧΟΕΙⲤ·
ΑЇΧΙϢΚΑΚ Ε2ΡΑЇ
ΕΠΑΝΟΥΤΕ ΑϤ
ⲤⲰΤṀ̄ ΕΠΑ2ΡΟ
5 ΟΥ ΕΒΟΛ 2Ṁ̄ ΠΕϤΡ̄
ΠΕ ΕΤΟΥΑΑΒ·
ΑΥⲰ ΠΑΑϢΚΑⲅΚ
Ṁ̄ΠΕϤṀ̄ΤΟ Ε[ΒΟΛ]
ΝΑΒⲰΚ Ε2ΟⲅΥⲅΝ]
10 ΕΝΕϤΜΑΑΧⲅΕⲅ·]
Α ΠΚΑ2 ΚΙṀ̄ ⲅΑⲅΥⲰ]
ΑϤⲤΤⲰΤⲅ· Α ΝⲤΝ]
ΤΕ ΝṄ̄Τⲅ̄ΟΟΥ ϢΤΟΡ]
ⲅΤⲠ̄Ρ̄· ΑΥΚⲠⲅΜ ΧΕ Α
15 ΠΝΟΥΤΕ ΝΟΥϬⲤ Ε
ΡΟΟΥ· ΑΥΚΑΠΝΟⲤ]

xvii, 7-9

p. 66   [ⲝ̅ⲋ̅]   ⸢ⲉⲓ ⲉⲓⲣⲁⲓ̈ ⲅ̅ⲛ̄ ⲧⲉϥ   xvii, 9–12
ⲟⲣⲅⲏ· ⲁⲩⲕⲱⲅ̄ⲧ̄
ⲙⲟⲩⲅ̄ ⲙ̄ⲡⲉϥⲙⲧⲟ
ⲉⲃⲟⲗ· ⲁ ⲅⲉⲛ.ⲭ̄ⲃ̄ⲃⲉⲥ
5 ϫⲉⲣⲟ̄ ⲉⲃⲟⲗ ⲙ̄ⲙⲟϥ
ⲁϥⲣⲉⲕⲧ ⲡⲉ ⲁϥⲉⲓ
ⲉⲡⲉⲥⲏⲧ· ⲉⲣⲉ ⲟⲩ
ⲋⲟⲥⲙ̄ ⲅⲁ ⲛⲉϥⲟⲩⲉ
[ⲣ]ⲏⲧⲉ· ⲁϥⲁⲗⲉ ⲉⲅ
10 [ⲣⲁ]ⲓ̈ ⲉϫⲛ̄ ⲛⲉⲭⲁⲓⲣⲟⲩ
[ⲃⲓ]ⲛ̄ ⲁϥⲅⲱ̄ⲗ ⲁϥⲅⲱ̄ⲗ
[ⲉϫⲛ] ⲛ̄ⲧⲛ̄ⲅ̄ ⲛ̄ⲛⲧⲏ[ⲩ·
ⲁϥⲕ]ⲱ ⲛⲟⲩⲕⲁⲕ[ⲉ ⲛ
ⲗⲓⲕⲧ]ϥ̄· ⲉⲣⲉ ⲧⲉ[ϥⲥⲕⲏ
15 ⲛⲏ ⲕ]ⲱⲧⲉ ⲉⲣⲟ[ⲟϥ ⲟⲩⲙⲟⲟⲩ
ⲉϥⲅⲏⲡ ⲅ̄ⲛ ⲛⲉⲕⲗⲟⲟⲗⲉ ⲛⲁ]

p. 67   ⲝ̅ⲍ̅   ⲏⲣ· ⲉⲃⲟⲗ ⲙ̄ⲡⲟⲩⲟ   xvii, 13–16
ⲉⲓⲛ̄ ⲁ ⲛⲉⲕⲗⲟⲟⲗⲉ
ⲥⲓⲛⲉ ⲙ̄ⲡⲉϥⲙ̄ⲧⲟ
ⲉⲃⲟⲗ· ⲟⲩⲭⲁⲗⲁⲥ
5 ⲅⲁ ⲙ̄ⲛ̄ ⲅⲉⲛⲋⲃⲃⲉⲥ
ⲛ̄ⲕⲱⲅ̄ⲧ̄· ⲁ ⲡ.ⲭⲟⲓ̈ⲥ
†ⲅ̄ⲣⲟⲩⲃⲃⲁⲓ̈ ⲉⲃⲟⲗ
ⲅ̄ⲛ ⲧⲡⲉ· ⲁ ⲡⲉⲧ
ϫⲟⲥⲉ † ⲛ̄ⲧⲉϥⲥ[ⲙⲏ·]
10 ⲁϥⲧⲛ̄ⲛⲉⲩ ⲅⲉ[ⲛ[ⲥⲟ]
ⲧⲉ ⲁϥϫⲟⲟⲣⲟ⸢ⲩ⸣ [ⲉⲃⲟⲗ·]
ⲁϥⲧⲁϣⲉ ⲛ[ⲉⲃⲣⲏ]
ⲋⲉ ⲁϥϣⲧ[ⲣⲧⲱⲣⲟⲩ·
ⲁ]ⲩⲟⲩⲱⲛ[ⲅ ⲉⲃⲟⲗ ⲛ
15 ⲋ]ⲓ̄ ⲙ̄ⲡⲅⲩ[ⲅⲏ ⲛⲙⲙⲟⲟⲩ ⲁⲩⲋⲱ
ⲗⲡ ⲉⲃⲟⲗ ⲛ̄ⲋⲓ ⲛⲥⲛⲧⲉ ⲛⲧⲟⲓ]

p. 66. 3 ⲙⲟⲩⲅⲙⲟⲩⲅ Lᵇ Lᶜ ⸢ⲙ⸣ⲟⲩⲅ B ⲙⲟⲩⲅ Z | 6 l ⲁϥⲣⲉⲕⲧ ⲧⲡⲉ LZ [ⲁϥⲣⲉⲕⲧ] ⸢ⲧⲡⲉ B
| 10 ⲛⲉⲭⲉⲣⲟⲩⲃⲓⲛ L ⲛⲉⲭⲉⲣⲟⲩ[ⲃ(ⲉ)ⲓⲛ] B ⲛⲉⲭⲁⲓⲣⲟⲩⲃⲓⲛ Z

p. 67. 4 l ⲭⲁⲗⲁⲍⲁ L | 5 ⲭⲃⲃⲉⲥ primo script ⲋⲃⲃⲉⲥ corr, ⲭⲃⲃⲉⲥ LZ | 6 ⲡ.ⲭⲟⲉⲓⲥ LZ | 10
ⲁϥⲧⲛⲉⲩ Lᵇ ⲁϥⲧⲛⲛⲉⲩ LᶜZ [ⲁϥⲧ]ⲛⲛⲉⲩ B | 15 ⲛⲡⲏⲅⲏ Lᵇ ⲙⲡⲏⲅⲏ LᶜB ⲙⲡⲩⲅⲏ Z

p. 68　[ⲝ̄ⲏ̄]　　　Ⲅ̣ⲔⲞⲨⲄ̄ⲘⲈⲚⲎ· ⲈⲂⲞⲖ　　　　xvii, 16–19
　　　　　　　　　Ⲛ̄ⲦⲈⲔⲈⲠⲒⲦⲒⲘⲒⲀ
　　　　　　　　　ⲠⲒⲬⲞⲈⲒⲤ· ⲈⲂⲞⲖ Ⲙ̄
　　　　　　　　　ⲠⲚⲒϥⲈ Ⲙ̄ⲠⲚ̄Ⲁ̄ Ⲛ̄
　　　　5　ⲦⲈⲔ[Ⲟ]ⲢⲄⲎ· ⲀϥⲦⲚ̄
　　　　　　　　　ⲚⲞⲞⲨ ⲈⲂⲞⲖ Ⲋ̄Ⲙ̄ ⲠⲬⲒ
　　　　　　　　　ⲤⲈ ⲀϥⲬⲒⲦ ⲀϥϢⲞ
　　　　　　　　　ⲠⲦ̄ ⲈⲢⲞϥ ⲈⲂⲞⲖ Ⲋ̄Ⲛ̄ Ⲛ̄
　　　　　　　　　[Ⲋ]ⲈⲚⲘⲞⲞⲨ ⲈⲚⲀϢⲱ
　　　10　[Ⲟ]Ⲩ· ϥⲚⲀⲦⲞⲨⲬⲞⲒ̈
　　　　　　　　　[ⲈⲂ]ⲞⲖ Ⲋ̄Ⲛ̄ ⲚⲀⲬⲀⲬⲈ
　　　　　　　　　[Ⲛ.Ⲭ]ϢϢ̣ⲢⲈ· ⲀⲨⲱ Ⲉ
　　　　　　　　　[ⲂⲞⲖ Ⲋ̄Ⲛ̄] ⲚⲈⲦⲘⲞⲤⲦⲈ
　　　　　　　　　[ⲘⲘⲞⲒ Ⲭ]Ⲉ ⲀⲨϬⲘϬ̣Ⲟ̣Ⲙ̣
　　　15　ⲈⲊⲞⲨⲈ ⲈⲢ]ⲞⲒ̈· ⲀⲨⲢ̄ Ⲋ̄Ⲁ
　　　　　　　　　[ⲢⲱⲒ Ⲙ̄ⲠⲈⲦ]Ⲋ̣ⲞⲞⲨ Ⲙ̄[ⲠⲀ
　　　　　　　　　ⲘⲔⲀⲊ· Ⲁ ⲠⲬⲞⲈⲒⲤ]

p. 69　[ⲝ̄ⲑ̄]　　　ϢⲱⲠⲈ ⲚⲀⲒ̈ Ⲛ̄Ⲧ[Ⲁ]—　　　xvii, 19–22
　　　　　　　　　ⲬⲢⲞ· ⲀϥⲚ̄Ⲧ ⲈⲂⲞⲖ ⲈⲨ
　　　　　　　　　ⲞⲨⲞⲤⲦⲚ̄· ϥⲚⲀⲦⲞⲨ
　　　　　　　　　ⲬⲞⲒ̈ Ⲭ̣Ⲉ ⲀϥⲞⲨⲀϢ̄Ⲧ̄
　　　　5　ϥⲚⲀⲚⲀⲊⲘⲈⲦ ⲈⲂ̣Ⲟ̣Ⲗ
　　　　　　　　　Ⲋ̄Ⲛ̄ ⲚⲀⲬⲀⲬⲈ Ⲛ̄Ⲭⲱ
　　　　　　　　　ⲱⲢⲈ ⲀⲨⲱ ⲈⲂⲞⲖ Ⲋ̄Ⲛ̄
　　　　　　　　　ⲚⲈⲦⲘⲞⲤⲦⲈ Ⲙ̄Ⲙ̄[ⲞⲒ·]
　　　　　　　　　ⲠⲬⲞⲈⲒⲤ ⲚⲀⲦⲱϢ
　　　10　ⲂⲈ ⲚⲀⲒ̈ ⲔⲀⲦⲀ Ⲧ[ⲀⲀⲒ]
　　　　　　　　　ⲔⲀⲒⲞⲤⲨⲚⲎ· ⲀⲨ[ⲱ]
　　　　　　　　　ϥⲚⲀⲦⲞⲨⲈⲒ̄Ⲟ [ⲚⲀⲒ ⲔⲀ]
　　　　　　　　　ⲦⲀ ⲠⲦⲂ̄Ⲃ̄[Ⲟ ⲚⲚⲀϬⲒⲬ·]
　　　　　　　　　Ⲭ̣Ⲉ ⲀⲒ̈Ⲋ̣Ⲁ̣Ⲣ̣[ⲈⲊ ⲈⲚⲈⲊⲒ]
　　　15　Ⲅ̣ⲞⲞⲨⲈ Ⲙ̄Ⲡ[ⲬⲞⲈⲒⲤ·
　　　　　　　　　ⲀⲨⲱ Ⲙ̄ⲠⲒⲢϢⲀϥⲦⲈ
　　　　　　　　　ⲈⲠⲀⲚⲞⲨⲦⲈ· Ⲭ̣Ⲉ ⲚⲈϥ]

p. 70 [Ō] ⳟⲀⲡ ⲦⲎⲢⲞⲨ ⲘⲠⲀⲘ   xvii, 23–26
ⲦⲞ ⲈⲂⲞⲖ· ⲀⲨⲱ ⲚⲈϤ
ⳟⲆⳟⲔⲀⲓⲱⲘⲀ· Ⲙ̄
ⲠⲒⲤⲀⳟⲰⲞⲨ ⲈⲂⲞⲖ
5 Ⲙ̄ⲘⲞⲓ· ϮⲚⲀϢⲱ
ⲠⲈ Ⲉⲓ̈ⲞⲨⲀⲀⲂ ⲚⲘ̄
ⲘⲀϤ· ϮⲚⲀⳟⲀⲢⲈⳟ
ⲈⲢⲞⲓ̈ ⲈⲂⲞⲖ ⳟⲚ̄ ⲦⲀⲀ
ⲚⲞⲘⲒⲀ· ⲀⲨⲱ ⲠⲬⲞ
10 [Ⲉ]ⲒⲤ ⲚⲀⲦⲞⲨⲈⲒⲞ ⲚⲀⲓ̈
[Ⲕ]ⲀⲦⲀ ⲦⲀⲆⲒⲔⲀⲒⲞ
[ⲤⲨ]ⲚⲎ· ⲀⲨⲱ ⲔⲀⲦⲀ
[ⲠⲦⲂ̄]ⲂⲞ Ⲛ̄ⲚⲀϬⲒⲬ
[ⲘⲠⲈ]Ⲙ̄ⲦⲞ ⲈⲂⲞⲖ [Ⲛ
15 ⲚⲈϤⲂⲀ]Ⲗ· ⲔⲚⲀⲞⲨ
[ⲞⲠ ⲘⲚ] ⲠⲈⳟⲦⲞⲨⲀ
ⲀⲂ· ⲀⲨⲱ ⲔⲚⲀⲢ]

p. 71 [ⲞⲀ̄] ⲀⲦⲚⲞⲂⲈ ⲘⲚ̄ ⲚⲞⲨ   xvii, 26–29
ⲢⲰⲘⲈ Ⲛ̄ⲚⲀⲦⲚⲞ
ⲂⲈ· ⲔⲚⲀⲢ̄ⲤⲰⲦⲠ̄
ⲘⲚ̄ ⲚⲞⲨⲤⲰⲦⲠ̄·
5 ⲀⲨⲱ ⲔⲚⲀϬⲰⲰ
ⲘⲈ ⲘⲚ̄ ⲠⲈⲦϬⳟⲞⲞⳞ
ⲘⲈ· ⲬⲈ Ⲛ̄ⲦⲞⲔ ⲔⳟⲚⲀⳞ
ⲬⲒⲤⲈ Ⲙ̄ⲠⲖⲀⲞⲤ ⲈⳟⲦⳞ
ⲐⲂ̄ⲂⲒⲎⲨ· ⲀⲨⲱ
10 ⲔⲚⲀⲐⲂ̄ⲂⲒⲞ ⲚⲚ̄[ⲂⲀⲖ]
ⲚⲚ̄ⲬⲀⲤⲒⳟⲎⲦ[· ⲬⲈ]
Ⲛ̄ⲦⲞⲔ ⲈⲦⲢ̄[Ⲟ[ⲨⲞⲈⲒⲚ]
ⲈⲠⲀⳟⲎⲂⲤ̄] [ⲠⲬⲞⲈⲒⲤ]
ⲠⲀⲚⲞⲨ[ⲦⲈ ⲔⲢⲞⲨⲞ
15 ⲈⲒⲚ ⲈⲠⲀⲔⲀⲔⲈ
ⲬⲈ ϮⲚⲀⲚⲞⲨⳟⲘ
ⲚⳟⲎⲦⲔ ⲈⲨⲘⲀ Ⲛ]

p. 71. 1 ⲘⲚ ⲞⲨⲢⲰⲘⲈ ⲚⲀⲦⲚⲞⲂⲈ LZ ⲚⲘ ⲞⲨⲢⲰⲘⲈ ⲚⲀ[ⲦⲚⲞⲂⲈ] B | 4 ⲘⲚ ⲞⲨⲤⲰⲦⲠ
LZ ⲚⲘ [ⲞⲨ]ⲤⲰⲦⲠ B

p. 72   O͞B   COONE· ⲀⲨⲰ ϨⲘ̄   xvii, 30–33

           ⲠⲀⲚⲞⲨⲦⲈ ϮⲚⲀⲞⲨ

           ⲰⲦⲂ̄ ⲚⲞⲨCⲞⲂⲦ̄·

           ⲠⲀⲚⲞⲨⲦⲈ ⲦⲈϤϨⲒⲎ

   5   ⲞⲨⲀⲀⲂ· Ⲛ̄ϢⲀⲬⲈ Ⲙ̄

           ⲠⲬⲞⲈⲒC ⲠⲞCⲈ Ⲧ̄

           ⲚⲀϢⲦⲈ ⲠⲈ ⲚⲞⲨⲞⲚ

           ⲚⲒⲘ ⲈⲦϨⲈⲖⲠⲒⲌⲈ

           ⲈⲢⲞϤ· ⲬⲈ ⲚⲒⲘ ⲠⲈ

  10   [Ⲡ]ⲚⲞⲨⲦⲈ Ⲛ̄ⲂⲖ̄Ⲗ̄ Ⲙ̄

           [Ⲡ]Ⲉ̣ⲚⲬⲞⲈⲒC· Ⲏ̄ ⲚⲒⲘ

           [ⲠⲈ] ⲠⲚ̣ⲞⲨⲦⲈ Ⲛ̄ⲂⲖ̄Ⲗ̄

           [ⲘⲠⲈⲚⲚ]ⲞⲨⲦⲈ: ⲠⲚ[ⲞⲨ

           ⲦⲈ ⲈⲦ]Ⲙ̣ⲞⲨⲢ Ⲙ̄ⲘⲞ[Ⲓ

  15   ⲚⲞⲨϬⲞ]Ⲙ̣: ⲀⲔⲔ[Ⲁ ⲦⲀϨⲒⲎ

           ⲈCⲞⲨⲀⲀⲂ· ⲠⲈⲦCⲞⲂⲦⲈ

           ⲚⲚⲀⲞⲨⲈⲢⲎⲦⲈ Ⲛ̄ⲐⲈ ⲚⲚⲀ]

p. 73   O͞Γ   ⲚⲒⲈⲒ̈ⲞⲨⲖ· ⲈϤⲦⲀ   xvii, 34–37

           ϨⲞ Ⲙ̄ⲘⲞⲒ̈ ⲈⲢⲀⲦ̄ Ⲉ

           ⲬⲚ̄ ⲚⲀⳬⲒCⲒⲈⲞⲨ· ⲈϤ

           ⲦCⲀⲂⲞ Ⲛ̄ⲚⲀϬⲒ⳯

   5   ⲈⲠⲠⲞⲖⲈⲘⲞC· ⲀⲔ

           ⲔⲰ Ⲛ̄ⲚⲀϬⲂⲞⲒ̈ Ⲙ̄Ⲡ̄Ⲓ

           ⲦⲈ Ⲛ̄ϨⲞⲘⲚ̄Ⲧ ⲀⲔϮ

           ⲚⲀⲒ̈ ⲚⲞⲨⲚⲀϢⲦⲈ

           ⲚⲞⲨⲬⲀⲒ̈· ⲦⲈⲔⲞⲨ

  10   ⲚⲀⲘ̄ ⲦⲈⲚⲦⲀC[Ϣ][Ⲟ]

           Ⲡ̄Ⲧ̄ ⲈⲢⲞC· ⲦⲈⲔ[CⲂⲰ]

           ⲦⲈⲚⲦⲀCCⲀϨ[Ⲱ][Ⲓ Ϣ]Ⲁ̣

           [Ⲃ]ⲞⲖ· ⲦⲈⲔ[C][ⲂⲰ ⲦⲈⲦ]

           [ⲚⲀ]ϮCⲂⲰ [Ⲛ̄][ⲀⲒ·]

---

p. 72. 10 spatium pro ⲠⲚⲞⲨⲦⲈ, ⲠⲚⲞⲨⲦⲈ Z ⲚⲞⲨⲦⲈ L τίς θεός ⑤ | ⲚⲂⲖ LZ | 12 ⲚⲂⲖ LZ

p. 73. 1 ⲚⲒⲈⲈⲒⲞⲨⲖ LZ | 3 ⲚⲀⳬⲒCⲒⲈⲈⲨ L ⲚⲀⳬⲒCⲈⲈⲨⲈ Z

p. 74 ˉˉϐ   ⲦⲚⲀⲠⲰⲦ ⲚⲤⲀ   xvii, 38–39

              ⲚⲀⲬⲀⲬⲈ Ⲛ̄ⲦⲀ

              ⲦⲀϨⲞⲞⲨ· ⲀⲨⲰ Ⲛ̄

              ⲚⲀⲔⲦⲞⲒ ⲈⲘⲠⲞⲨ

5   Ⲱ̄ⲬⲚ̄· ⲦⲚⲀⲖⲞⲬ

              ϨⲞⲨ Ⲛ̄ⲤⲈⲦⲘ̄ⲈϢ

              [Ϭ]ⲈⲘϬⲞⲘ ⲈⲀϨⲈⲢⲀ

              [Ⲧ]ⲞⲨ· ⲤⲈⲚⲀϨⲈ ϨⲀ

              [Ⲛ]ⲀⲞⲨⲈⲢⲎⲦⲈ. ⲀⲔ

10   [Ⲙ]ⲞⲢⲦ ⲚⲞⲨϬⲞⲘ

              [ⲈⲠ]ⲠⲞⲖⲈⲘⲞⲤ:

              [ⲀⲔ]ⲀⲨⲞ ⲈⲠⲈⲤⲎ[Ⲧ

              ϨⲀ ⲢⲀ]Ⲧ] Ⲛ̄Ⲛ[ⲈⲦ]Ⲧⲱ

              ⲞⲨⲚ ⲦⲎⲢⲞⲨ Ⲉ

15   ϨⲢⲀⲒ ⲈⲬⲰⲒ ⲀⲔⲦ

              ⲚⲚⲀⲬⲀⲬⲈ ϨⲀ ⲚⲀ]

p. 75 ˉˉϐ   ⲞⲨⲈⲢⲎⲦⲈ ⲀⲔ   xvii, 40–43

              ϤⲰⲦⲈ ⲈⲂⲞⲖ Ⲛ̄

              ⲚⲈⲦⲘⲞⲤⲦⲈ Ⲙ̄

              ⲘⲞⲒ· ⲀⲨⲬⲒϢⲔⲀⲔ

5   ⲈⲂⲞⲖ ⲀⲨⲰ ⲚⲈ ⲘⲚ̄

              ⲠⲈⲦⲚⲞⲨϨⲘ̄ ⲈϨ

              ⲢⲀⲒ ⲈⲠϪⲞⲈⲒⲤ ⲀⲨ

              Ⲱ̄ Ⲙ̄Ⲡϥ̄ⲤⲰⲦⲘ̄ [Ⲉ]

              ⲢⲞⲞⲨ· ⲦⲚⲀⲦⲢ[ⲈⲨ]

10   ⲠⲀⲔⲈ Ⲛ̄ⲐⲈ Ⲛ[ⲞⲨ]

              ϢⲞⲈⲒϢ Ⲛ̄Ⲛ[Ⲁ[Ϩ]

              ⲢⲚ̄ ⲚⲞⲨⲦⲎ[Ⲩ] [Ⲧ

              ⲚⲀⲞ]ⲤϬⲞ[Ⲩ Ⲛ̄ⲐⲈ

              ⲚⲞⲨⲞⲘⲈ Ⲛ̄ϨⲒⲢ.

15   ⲔⲚⲀⲦⲞⲨⲬⲞⲒ Ⲉ

              ⲂⲞⲖ ϨⲚ ⲚⲞⲨⲰϨⲘ]

---

p. 74. 6 ⲚⲤⲈⲦⲘ̄ϬⲘϬⲞⲘ ⲚⲀϨⲈ ⲢⲀⲦⲞⲨ L [ⲚⲤⲈⲦ]Ⲙ̄ϬⲘ[ϭ]Ⲟ[Ⲙ ⲈⲀϨⲈ[ⲢⲀⲦⲞⲨ] B
ⲚⲤⲈⲦⲘ̄ϬⲘϬⲞⲘ ⲈⲀϨⲈⲢⲀⲦⲞⲨ Z

p. 75. 11 ⲚⲀϨⲢⲚ ⲞⲨⲦⲎⲨ L ⲚⲚⲀϨⲢⲚ ⲞⲨⲦⲎⲨ Z | 12 ⲦⲚⲀⲞⲤϬⲞⲨ Lᵇ ⲦⲚⲀⲞϢϬⲞⲨ, corr
ⲦⲚⲀⲞⲤϬⲞⲨ· Lᶜ ⲦⲚⲀⲞⲨⲞⲤϬⲞⲨ Z

p. 76 ο̅ϛ xvii, 44–46

Ⲙ̄ⲠⲀⲖⲀⲞⲤ· ⲀⲨⲰ ⲉ̅
ⲔⲚⲀⲔⲀⲐⲒⲤⲦⲀ Ⲙ̄
ⲘⲞⲒ̈ ⲚⲀⲠⲈ ⲚⲚ̄ϨⲈⲐ·
ⲚⲞⲤ· ⲠⲖⲀⲞⲤ ⲈⲦⲈ
Ⲙ̄Ⲡ̄ⲒⲤⲞⲨⲰⲚϤ̄ ⲀϤ
⸢Ⲣ⸣ϨⲘ̄ϨⲀⲖ ⲚⲀⲒ̈· ⲀϤ
ⲤⲰⲦⲘ̄ Ⲛ̄ⲤⲰⲒ̈ ϨⲚ̄
ⲞⲨⲤⲰⲦⲘ̄ Ⲙ̄ⲘⲀⲀ
[Ϫ]Ⲉ· Ⲁ ⲚϢⲎⲢⲈ Ⲛ̄ϢⲘ̄
[Ⲙ]Ⲟ̄ ϪⲒϬⲞⲖ ⲈⲢⲞⲒ̈· Ⲁ Ⲛ
[ϢⲎ]ⲢⲈ Ⲛ̄ϢⲘ̄ⲘⲞ Ⲣ̄
[ⲀⲤ.] ⲀⲨⲢ̄ϬⲀⲖⲈ ⲈⲂ⸢Ⲟ⸣[Ⲗ
ϨⲚ ⲚⲈ]⸢Ⲩ⸣Ϩ⸢ⲒⲞⲞ⸣ⲨⲈ·
[ⲠϪⲞⲈⲒ]Ⲥ ⸢ⲞⲚ⸣[Ϩ] ⸢ⲀⲨ⸣[Ⲱ
ϤⲤⲘⲀⲘⲀⲀⲦ̄ ⲚϬⲒ
ⲠⲀⲚⲞⲨⲦⲈ· ⲘⲀⲢⲈϤ
ϪⲒⲤⲈ ⲚϬⲒ ⲠⲚⲞⲨ]

p. 77 [ο̅ζ̅] xvii, 47–49

ⲦⲈ Ⲙ̄ⲠⲀⲞⲨϪⲀⲒ̈·
ⲠⲚⲞⲨⲦⲈ ⲈⲦϮ
ⲚⲀⲒ̈ Ⲛ̄ϨⲈⲚ ϪⲒⲔⲂⲀ·
ⲠⲈⲚⲦⲀϤϨⲨⲠⲞⲦⲀⲤ
ⲤⲈ Ⲛ̄Ⲛ̄ⲖⲀⲞⲤ ϨⲀ
ⲢⲀⲦ: ⲠⲀⲢⲈϤⲚ⸢Ⲁ⸣Ϩ
ⲘⲈⲦ̄ ⲈⲂⲞⲖ ϨⲚ̄ ⲚⲀ
ϪⲀϪⲈ Ⲛ̄ⲢⲈϤⲚⲞⲨϬ̄Ⲥ̄·
ⲔⲚⲀϪⲀⲤ̄Ⲧ̄ ⲈⲂⲞ[Ⲗ]
ϨⲚ̄ ⲚⲈⲦⲦⲰⲞⲨ[Ⲛ]
ⲈϨⲢⲀⲒ̈ ⲈϪⲰⲒ̈· ⸢Ⲕ⸣[ⲚⲀ]
ⲚⲀϨⲘⲈⲦ̄ Ⲉ⸢Ⲃ⸣[ⲞⲖ ϨⲒ
Ⲧ]Ⲛ̄ Ⲛ⸢ⲒⲞⲨⲢ⸣Ⲱ[ⲘⲈ
ⲚϪⲒⲚϬⲞⲚ]Ⲥ̄ [ⲈⲦⲂⲈ
ⲠⲀⲒ ϮⲚⲀ ⲞⲨⲰⲚϨ̄
ⲚⲀⲔ ⲈⲂⲞⲖ ⲠϪⲞⲈⲒⲤ]

p. 77. 12 ϨⲒⲦⲚ ⲞⲨ LZ | 14 ⲔϪⲒⲚϬⲞⲚⲤ L^b ⲚϪⲒⲚϬⲞⲚⲤ L^c

p. 78   О̄Н̄   ϨⲚ Ⲛ̄ϨⲈⲐⲚⲞⲤ· ⲀⲨ   xvii, 50–xviii, 2
                    ⲱ ϮⲚⲀϮⲀⳖⳖⲈⲒ
                    ⲈⲠⲈⲔⲢⲀⲚ ⲠⲈⲦ
                    ϪⲒⲤⲈ Ⲛ̄ⲚⲈⲨϪⲀⲒ̈ Ⲙ̄
            5   ⲠⲈϥⲢ̄ⲢⲞ· ⲈⲦⲈⲒⲢⲈ
                    ⲚⲞⲨⲚⲀ̄ ⲘⲚ̄ ⲠⲈϥ
                    ⲬⲢⲎⲤⲦⲞⲤ ⳖⲀⲨⲈⲒⳖ
                    ⲘⲚ̄ ⲠⲈϥⲤⲠⲈⲢⲘⲀ
                    ⲰⲀ ⲈⲚⲈϨ:
            [ⲒⲎ̄] [Ⲉ]ⲠϪⲰⲔ ⲈⲂⲞⳖ ⲠⲈ
                    [ϮⲀ]ⳖⲘⲞⲤ Ⲛ̄ⳖⲀⲨⲈⲒⳖ
                    [ⲘⲠ]ⲎⲒⲄⲈ ϪⲰ Ⲙ̄ⲠⲈ
                    [ⲞⲞⲨ] ⌈Ⲙ̄⌉ⲠⲚⲞⲒⲨⲦ⌈Ⲉ·
                    ⲀⲨⲰ Ⲡ⌉Ⲉ⌈ⲤⲦⲈⲢⲈ
            15   ⲰⲘⲀ ϪⲰ Ⲙ̄ⲠⲦⲀ
                    ⲘⲒⲞ ⲚⲚⲈϥϬ̅Ⲓ̅Ϫ̅.]

p. 79   [Ⲟ̄Ⲑ̄·]   ⲠⲈϨⲞⲞⲨ ϪⲰ ⲚⲞⲨ   xviii, 3–6
                    ⲰⲀϪⲈ ⲘⲠⲈϨⲞⲞⲨ·
                    ⲦⲈⲨϢⲎ ϪⲰ ⲚⲞⲨ
                    ⲤⲞⲞⲨⲚ ⲚⲦⲈⲨϢⲎ
            5   Ⲛ̄ϨⲈⲚⲚⲀⲤⲠⲈ ⲀⲚ
                    ⲚⲈ· ⲞⲨⳖⲈ Ⲛ̄ϨⲈⲚ
                    ⲰⲀϪⲈ ⲀⲚ ⲚⲈ· ⲈⲚ
                    ⲤⲈⲚⲀⲤⲰⲦⲘ̄ ⲀⲚ
                    ⲈⲠⲈⲨϨⲢⲞⲞⲨ. Ⲁ
            10   ⲠⲈⲨϨⲢⲞⲞⲨ ⲈⲒ ⲈⲂ⌈Ⲟ⌉[Ⳗ]
                    ⲈϪⲘ̄ ⲠⲔⲀϨ ⲦⲎⲢ⌈ϥ.]
                    ⲀⲨⲰ Ⲁ ⲚⲈⲨϢⲀ[ϪⲈ]
                    ⲠⲰϨ ϢⲀ ⲚⲈⲔ⌈ⲢⲰ
                    ⲞⲨ] ⌈Ⲛ⌉ⲦⲞⲒⲔⲞ[Ⲩ
            15   ⲘⲈⲚⲎ. Ⲁ⌉ϥ⌈ⲔⲰ [Ⲙ̄
                    ⲠⲈϥⲘⲀⲚϢⲰⲠⲈ·
                    ϨⲘ̄ ⲠⲢⲎ. ⲀⲨⲰ ⲚⲦⲞϥ]

p. 78. 6 ⲠⲈϥⲬⲢ̅Ⲥ̅ L ⲠⲈϥⲬⲢⲎⲤⲦⲞⲤ V ⲠⲈϥⲬⲢⲎⲤⲦⲞⲤ Z τῷ χριστῷ αὐτοῦ Ⓖ מְשִׁיחוֹ 𝔐
p. 79. 5 ⲚϨⲈⲚⲀⲤⲠⲈ LZV [ⲚϨ]⌈ⲈⲒ⌉ⲚⲀⲤⲠⲈ B

p. 80   ⲡ̅ⲏ̅   ⲉϥⲟ ⲛ̅ⲑⲉ ⲛⲟⲩⲛⲩⲙ   xviii, 6–8

ⲫⲓⲟⲥ· ⲉϥⲛⲏⲩ ⲉⲃⲟⲗ

ϩⲙ̅ ⲡⲉϥⲙⲁⲛ̅ϣⲉ

ⲗⲉⲉⲧ· ϥⲛⲁⲧⲉⲗⲏⲗ

5 ⲛ̅ⲑⲉ ⲛⲟⲩⲅⲓⲅⲁⲥ ⲉ

ⲡⲱⲧ̅ ϩⲛ̅ ⲧⲉϥϩⲓⲏ·

ϫⲓⲛ ⲛⲁⲣⲏ.ϫⲥ̅ ⲛ̅ⲧⲡⲉ

ⲡⲉ ⲡⲉϥⲙⲁⲛⲉⲓ ⲉⲃⲟⲗ

ⲁⲩⲱ ϣⲁ ⲁⲣⲏ.ϫⲥ̅

10 ⌈ⲛ̅ⲧ̅ⲡⲉ ⲡⲉ ⲡⲉϥⲙⲁ

⌈ⲛ⌉ⲃⲱⲕ ⲉϩⲟⲩⲛ· ⲙⲛ̅

⌈ⲡ⌉ⲉⲧⲛⲁϣϩⲱⲡ̅

⌈ⲉⲧ⌉ⲉⲓϥ ϩ̅ⲙⲙⲉ:

⌈ⲡⲛⲟ⌉ⲙⲟⲥ ⌈ⲙ̅⌉ⲡϫⲟⲉⲓⲥ ⲟⲩⲁ

15 ⲁⲃ ⲉϥⲕⲧⲟ ⲛⲛⲉⲯⲩⲭⲏ. ⲧⲙⲛⲧ⌉

p. 81   ⲡ̅ⲁ̅   ⲙⲛ̅ⲧⲣⲉ ⲙ̅ⲡϫⲟⲓ̈ⲥ   xviii, 8–10

ⲛ̅ϩⲟⲧ̅ ⲉⲥⲧⲥⲁⲃⲟ

ⲛ̅ⲛⲓⲕⲟⲩⲓ̈: ⲛ̅ⲇⲓⲕⲁⲓ

ⲱⲙⲁ ⲙ̅ⲡϫⲟⲉⲓⲥ·

5 ⲥⲟⲩⲧⲱⲛ̅ ⲉⲩⲉⲩⲫⲣⲁ

ⲛⲉ ⲙ̅ⲡϩⲏⲧ· ⲧⲉⲛ

ⲧⲟⲗⲏ ⲙ̅ⲡϫⲟⲉⲓⲥ

ⲟⲩⲟⲉⲓⲛ ⲧⲉ· ⲉⲥⲣ̅

ⲟⲩⲟⲉⲓⲛ̅ ⲉⲛⲃⲁⲗ ⲛ̅

10 ⲛⲓⲕⲟⲩⲓ̈: ⲑⲟⲧⲉ ⲙ̅

ⲡϫⲟⲉⲓⲥ ⲟⲩⲁⲁⲣⲃ⌉

ⲉⲥϣⲟⲟⲡ ϣⲁ⌉ ⌈ⲉⲛⲉϩ⌉

ⲛ̅ⲉⲛⲉϩ· ⲛ̅ϩ⌈ⲁⲡ ⲙⲡ

ⲭⲟⲉⲓ⌉ⲥ ϩⲉ⌈ⲛⲙⲉ

15 ⲛⲉ ⲉⲩⲧⲙⲁⲉⲓⲏⲩ

ϩⲓ ⲟⲩⲥⲟⲡ. ⲛⲉϥⲟⲩ⌉

p. 80. 6 ⲛⲧⲉϥϩⲓⲏ LZ ⌈ⲛ⌉⌈ⲧⲉϥϩⲓⲏ⌉ B | 7 ϫⲓ ⲛⲁⲣⲏⲭⲥ male LZ ϫⲓⲛ ⌈ⲁⲣⲏⲭ⌉⌈ⲥ⌉ B

p. 81. 1 ⲡⲭⲟⲉⲓⲥ LZ ⌈ⲙ̅ⲡⲭⲟ⌉ⲉ⌈ⲓ⌉ⲥ B | 3 ⲛⲛⲕⲟⲩⲓ LZ | 8 1 ⲟⲩⲟⲩⲟⲉⲓⲛ LZ |

10 ⲛⲛⲕⲟⲩⲓ LZ

p. 82   ⲡ̅ⲃ̅   ⲱ̅ϣ ⲥⲟⲧⲡ̅ ⲉⲡⲛⲟⲩⲃ   xviii, 11–14

               ⲙⲛ̅ ⲡⲱⲛⲉ ⲙ̅ⲙⲉ

               ⲉⲧⲛⲁϣⲱϥ· ⲁⲩⲱ

               ⲥⲉϩⲟⲗϭ̅ ⲉⲡⲉⲃⲓⲱ

      5   ⲙⲛ̅ ⲡⲙⲟⲩⲗ̅ϩ̅· ⲕⲁⲓ

               ⲅⲁⲣ ⲡⲉⲕϩⲙ̅ϩⲁⲗ

               ϩⲁⲣⲉϩ ⲉⲣⲟⲟⲩ· ϩⲙ̅

               ⲡⲧⲣⲉϥϩⲁⲣⲉϩ ⲇⲉ ⲉ

               ⲣⲟⲟⲩ ⲟⲩⲧⲟⲩⲉⲓⲟ ⲡⲉ

    10   ⲉⲛⲁϣⲱϥ· ⲛⲓⲙ ⲡⲉⲧ

               [ⲛ]ⲁⲉⲓⲙⲉ ⲉⲙⲡⲁⲣⲁ

               [ⲡⲧ]ⲱⲙⲁ· ⲧⲃ̅ⲃⲟⲓ̈

               [ⲡⲭ]ⲟ̣ⲉⲓⲥ ⲉⲛⲁⲡ[ⲉ]

               [ⲑⲏⲡ.] ⲧ̣ⲓⲥ̣[ⲟ̣] [ⲉⲡⲉⲕ

    15   ϩⲙ̅ϩⲁⲗ ⲉⲃⲟⲗ ϩⲛ̅

               ⲛ̣ϣⲙ̅ⲙⲟ - - -]

p. 83   ⲡ̅ⲅ̅   ϯⲛⲁϣⲱⲡⲉ ⲉⲓⲟⲩ   xviii, 14–xix, 2

               ⲁⲁⲃ· ⲁⲩⲱ ϯⲛⲁⲧⲃ̅

               ⲃⲟ ⲉⲃⲟⲗ ϩⲛ̅ ⲛⲟⲩⲛⲟϭ

               ⲛ̅ⲛⲟⲃⲉ· ⲛ̅ϣⲁϫⲉ

      5   ⲛ̅ⲧⲁⲧⲁⲡⲣⲟ̅ ⲥⲉⲛⲁ

               ϣⲱⲡⲉ ⲉⲩⲥⲙⲟⲩ

               ⲁⲩⲱ ⲧⲙⲉⲗⲉⲧⲁ

               ⲙ̅ⲡⲁϩⲏⲧ̅ ⲛ̅ⲟⲩⲟ

               ⲉⲓϣ ⲛⲓⲙ ⲙ̅ⲡⲉⲕ

    10   ⲙ̅ⲧⲟ ⲉⲃⲟⲗ· ⲡϫⲟ

               ⲉⲓⲥ ⲡⲉ ⲡⲁⲃⲟⲏⲑⲟ[ⲥ]

               ⲁⲩⲱ ⲡⲁⲣⲉϥⲥⲱ[ⲧⲉ: —]

   [ⲓ̅ⲑ̅]   ⲉⲡϫⲱⲕ ⲉⲃⲟ̣[ⲗ ⲡⲉ]

               ⲧ̣ⲯⲁⲗⲙⲟⲥ ⲛ̅ⲇ[ⲁⲩⲉⲓⲇ]

p. 84 ⲡⲇ   ⲉϥⲉⲣ̄ⲛⲁϣⲧⲉ ⲉⲣⲟⲕ   xix, 2–6
              ⲛ̄ϭⲓ ⲡⲣⲁⲛ ⲙ̄ⲡ̄ⲛⲟⲩ
              ⲧⲉ ⲛ̄ⲓ̈ⲁⲕⲱⲃ· ⲉϥⲉ
              ⲧⲛ̄ⲛⲟⲟⲩ ⲛⲁⲕ ⲛⲟⲩ
        5 ⲃⲟⲏⲑⲓⲁ ⲉⲃⲟⲗ ϩ̄ⲙ̄
              ⲡ̄ⲡⲉⲧⲟⲩⲁⲁⲃ· ⲁⲩ
              ⲱ̄ ⲉϥⲉϣⲟⲡⲕ̄ ⲉ
              ⲣⲟϥ ⲉⲃⲟⲗ ϩ̄ⲛ̄ ⲥⲓⲱⲛ
              ⲉϥⲉⲣ̄ⲡⲙⲉⲉⲩⲉ ⲛ̄
      10 ⲧⲉⲕⲑⲩⲥⲓⲁ ⲧⲏⲣⲥ̄ –
              ⲉⲣⲉ ⲛⲉⲕϭⲗⲓⲗ
              ϣⲱⲡⲉ ⲛⲁϥ ⲉⲩⲕⲓ
              ⲅⲱⲟⲩ ⲇ̄ⲓ̄ⲁ̄ⲯⲁⲗⲙⲁ̄
              [ⲉϥ]ⲉϯ ⲛⲁⲕ ⲕⲁ
      15 [ⲧⲁ ⲡⲉⲕϩⲏⲧ – – –
              ⲧⲛ̄ⲛⲁⲧⲉⲗⲏⲗ ⲉ]

p. 85 ⲡⲉ̄   ⲭⲙ ⲡⲉⲕⲟⲩⲭⲁⲓ̈·   xix, 6–7
              ⲁⲩⲱ ⲧⲛ̄ⲛⲁ ⲁⲓ̈ⲁⲓ̈
              ϩ̄ⲙ̄ ⲡⲣⲁⲛ ⲙⲡⲉⲛ
              ⲛⲟⲩⲧⲉ· ⲉⲣⲉ ⲡⲭⲟ
        5 ⲉⲓⲥ ⲭⲱⲕ̄ ⲉⲃⲟⲗ ⲛ̄
              ⲛⲉⲕⲁⲓⲧⲏⲙⲁ ⲧⲏ
              ⲣⲟⲩ· ⲧⲉⲛⲟⲩ ⲁⲓ̈
              ⲉⲓⲙⲉ ⲭⲉ ⲁ ⲡⲭⲟⲓ̈ⲥ
              ⲧⲟⲩⲭⲉ ⲡⲉϥⲭⲣⲏⲥ
      10 ⲧⲟⲥ· ⲉϥⲉⲥⲱⲧⲙ̄
              ⲉⲣⲟⲕ ϩ̄ⲙ̄ ⲡⲉϥⲡ[ⲉ]
              ⲧⲟⲩⲁⲁⲃ· ⲉⲣⲉ[ⲡⲟⲩ]
              ⲭⲁⲓ̈ ⲛ̄ⲧⲉⲕⲟⲅⲩⲅⲛⲁⲙ ϩⲛ
              ϩⲉⲛϭⲟⲙ. ⲛⲁⲓ ϩⲛ ϩⲉⲛ
      15 ϩⲁⲣⲙⲁ ⲁⲩⲱ ⲛⲉⲓⲕⲟ
              ⲟⲩⲉ ϩⲛ ϩⲉⲛϩⲧⲱⲱⲣ.]

p. 84. 5 ⲃⲟⲏⲑⲓⲉⲁ Lᵇ ⲃⲟⲏⲑⲉⲓⲁ Lᶜ ⲃⲟⲏⲑⲓⲁ Z | 6 ⲡⲉⲧⲟⲩⲁⲁⲃ LZ
p. 85. 8 ⲡⲭⲟⲉⲓⲥ LBZ | 9 ⲡⲉϥⲭⲣ̄ⲥ̄ L ⲡ[ⲉϥⲭ(ⲣⲓⲥⲧⲟ)ⲥ] B ⲡⲉϥⲭⲣⲏⲥⲧⲟⲥ Z τὸν χριστὸν
  αὐτοῦ ⑥ מְשִׁיחוֹ 𝔐

p. 86 ⲡ̄ⲋ̄ xix, 8–xx, 1

ⲁⲛⲟⲛ ⲇⲉ ⲉⲛⲁⲁⲓ̈ⲁⲓ̈
ϩⲙ̄ ⲡ̄ⲣⲁⲛ ⲙ̄ⲡϫⲟⲓ̈ⲥ
ⲡⲉⲛⲛⲟⲩⲧⲉ: ⲛⲧⲟ
ⲟⲩ ⲁⲩϭⲗⲟⲙⲗⲙ̄ ⲁⲩⲱ
ⲁⲩϩⲉ· ⲁⲛⲟⲛ ⲇⲉ ⲁⲛ
ⲧⲱⲟⲩⲛ̄ ⲁⲩⲱ ⲁⲛⲥⲟ
ⲟⲩⲧⲛ̄ ⲡϫⲟⲉⲓⲥ ⲛⲉ
ϩⲙ̄ ⲡⲉⲕⲣⲣⲟ̄ ⲁⲩⲱ
ⲛⲅ̄ⲥⲱⲧⲙ̄ ⲉⲣⲟⲛ
ϩⲙ̄ ⲡⲉϩⲟⲟⲩ ⲉⲧⲛ̄
⸢ⲛ⸣ⲁⲱϣ ⲉϩⲣⲁⲓ̈ ⲉⲣⲟⲕ·
[ⲕ̄] ⲉⲡϫⲱⲕ ⲉⲃⲟⲗ ⲡⲉ
[ⲯ]ⲁⲗⲙ⸢ⲟⲥ ⲛ⸣ⲇⲁⲩⲉⲓ[ⲇ]

p. 87 ⲡ̄ⲍ̄ xx, 2–4

ⲁⲕϯ ⲛⲁϥ ⲙ̄ⲡⲟⲩ
ⲱϣ ⲙ̄ⲡⲉϥϩⲏⲧ
ⲁⲩⲱ ⲙ̄ⲡⲕ̄ϩⲟⲩⲣⲱ
ⲱⲣ ⲙ̄ⲡⲥⲟⲡ̄ⲥ̄ ⲛ̄ⲛⲉϥ
ⲥⲡⲟⲧⲟⲩ· ϫⲉ ⲁⲕ
ⲧⲣⲉϥⲣ̄ϣⲟⲣ̄ⲡ ⲛ
ⲛⲉⲥⲙⲟⲩ ⲛ̄ⲧⲉⲕ
ⲙⲛ̄ⲧⲭⲣⲏⲥⲧⲟⲥ·
ⲇⲓⲁⲯⲁⲗⲙⲁ·
ⲁⲕⲕⲱ ⲛⲟⲩⲕⲗⲟⲙ
ⲉϫⲛ̄ ⲧⲉϥⲁⲡⲉ ⲉⲃⲟ⸢ⲗ⸣
ϩⲛ̄ ⲛⲟⲩⲱⲛⲉ ⲙ̄ⲙ[ⲉ]
ⲁ⸢ϥ⸣[ⲁⲓⲧⲉⲓ ⲙⲙⲟⲕ - -]

p. 86. 2 ⲡϫⲟⲉⲓⲥ L om Z contra 𝔊 | 7 ⲛⲁϩⲙ L ⲛⲉϩⲙ Z |
p. 87. 3 l ⲙⲡⲕϩⲟⲩⲣⲱⲱϥ L | 6 l ϩⲛ pro ⲛ LBZR | 7 ⲛⲧⲉⲕⲙⲛⲧⲭ̄ⲣ̄ⲥ̄ L[c] | 12 ϩⲛ ⲟⲩⲱⲛⲉ LZR

p. 88 ⲠⲎ

ⲞⲨⲚⲞϬ ⲠⲈ ⲠⲈϤⲈⲞⲞⲨ
ϨⲘ ⲠⲈⲔⲞⲨⲬⲀⲒ·
ⲔⲚⲀⲔⲰ ⲈⲬⲰϤ ⲚⲞⲨ
ⲈⲞⲞⲨ ⲘⲚ ⲞⲨⲤⲀ· ϪⲈ
5 ⲔⲚⲀϯ ⲚⲀϤ ⲚⲞⲨⲤ
ⲘⲞⲨ ϢⲀ ⲈⲚⲈϨ ⲚⲈ·
ⲚⲈϨ· ⲔⲚⲀⲈⲨⲪⲢⲀ
ⲚⲈ ⲘⲘⲞϤ ϨⲚ ⲞⲨⲢⲀ
ϢⲈ ⲘⲚ ⲠⲈⲔϨⲞ· ϪⲈ
10 ⲠⲢ̄ⲢⲞ ϨⲈⲖⲠⲒⲌⲈ Ⲉ
ⲠⲬⲞⲈⲒⲤ· ⲀⲨⲰ ⲚⲚⲈϤ
ⲔⲒⲘ ϨⲘ ⲠⲚⲀ̄ ⲘⲠⲈⲦ
[Ⲭ]ⲞⲤⲈ· [Ⲉ]Ⲩ[Ⲉ]Ⲍ[Ⲉ] ⲦⲈⲔ
[ϬⲒⲬ ϨⲚ ⲚⲈⲔⲬⲀⲬ]Ⲉ
15 [ⲦⲎⲢⲞⲨ]

XX, 5–8

p. 89 [ⲠⲐ̄]

Ⲛ̄ⲐⲈ ⲚⲞⲨⲦⲢⲒⲢ̄ Ⲛ̄
ⲔⲰϨⲦ̄ ⲈⲨⲞⲈⲒϢ
ⲘⲠⲈⲔⲘ̄ⲦⲞ ⲈⲂⲞⲖ
ⲠⲬⲞⲈⲒⲤ· ⲠⲬⲞⲈⲒⲤ
5 ⲔⲚⲀϢⲦ̄ⲢⲦⲰⲢⲞⲨ
ϨⲚ ⲦⲈⲔⲞⲢⲄⲎ̄ Ⲛ̄ⲦⲈ
ⲞⲨⲤⲀⲦⲈ ⲞⲨⲞⲘⲞⲨ·
ⲔⲚⲀⲦⲀⲔⲞ ⲘⲠⲈⲨ
ⲔⲀⲢⲠⲞⲤ ⲈⲂⲞⲖ ϨⲘ
10 ⲠⲔⲀϨ· ⲀⲨⲰ ⲠⲈⲨ
ⲤⲠⲈⲢⲘⲀ ⲈⲂⲞⲖ ϨⲚ Ⲛ̄
ϢⲎⲢⲈ ⲚⲚ̄ⲢⲰⲘⲈ·
ϪⲈ ⲀⲨⲢⲒⲔⲈ ⲈⲢⲞⲔ [Ⲛ̄]
[Ϩ]Ⲉ[Ⲛ] Ⲡ[Ⲉⲑⲟ]Ⲟ[Ⲩ·]

XX, 9–11

p. 90   [ϥ̄]   ⲭⲉ ⲕⲛⲁⲕⲱ ⲙ̄ⲙⲟⲟⲩ   XX, 12–XXI, 1
                    ⲉⲧⲣⲉⲩϩⲟⲙⲟⲩ·
                    ⲕⲛⲁⲥⲟⲃⲧⲉ ⲙ̄ⲡⲉⲩ
                    ϩⲟ̄ ϩⲛ̄ ⲛ̄ⲥⲉⲉⲡⲉ·
              5   ⲭⲓⲥⲉ ⲡⲭⲟⲉⲓⲥ ϩⲛ̄
                    ⲧⲉⲕϭⲟⲙ ⲧⲛ̄ⲛⲁⲭⲱ
                    ⲛ̄ⲧⲛ̄ϯⲁⲗⲗⲉⲓ ⲉ
                    ⲛⲉⲕϭⲟⲙ:
         ⲕ̄ⲗ̄   ⲉⲡⲭⲱⲕ ⲉⲃⲟⲗ ϩⲁ
              10   ⲡϯⲧⲟⲟⲧϥ̄ ⲙ̄ⲡⲛⲁⲩ
                    ⲛϩ̄ⲧⲟⲟⲩⲉ ⲡⲉϯⲁⲗ
                    ⲙⲟⲥ ⲛ̄ⲗⲁⲩⲉⲓⲁ·
                    [ⲡⲛⲟⲩ]ⲧ̣ⲉ ⲡⲁⲛⲟⲩ
                    [ⲧⲉ ⲙⲁϯϩ̄]ⲧ̣[ⲏⲕ] ⲉ̣[ⲉ
              15   [ⲣⲟⲓ ⲉⲧⲃⲉ ⲟⲩ ⲁⲕ
                    ⲕⲁⲁⲧ ⲛ̄ⲥⲱⲕ. ⲥⲉ
                    ⲟⲩⲏⲩ ⲉⲃⲟⲗ ⲙ̄ⲡⲁⲟⲩ]

p. 91   [ϥ̄ⲗ̄]   ⲭⲁⲓ̈ ⲛ̄ϭⲓ ⲛ̄ϣⲁⲭⲉ   xxi, 2–5
                    ⲛⲙ̄ⲡⲁⲣⲁⲡⲧⲱⲙ[ⲁ][.]
                    ⲡⲁⲛⲟⲩⲧⲉ ϯⲛⲁⲱϣ
                    ⲉϩⲣⲁⲓ̈ ⲉⲣⲟⲕ ϩⲙ̄ ⲡⲉ
              5   ϩⲟⲟⲩ ⲛϥ̄ⲧⲙ̄ⲥⲱⲧⲙ̄
                    ⲉⲣⲟⲓ̈· ϩⲛ̄ ⲧⲉⲩϣⲏ ⲛϭ̄
                    ⲧⲙ̄ϣⲱⲡⲉ ⲛⲁⲓ̈ ⲛⲟⲩ
                    ⲙⲛ̄ⲧⲁⲑ-ⲏⲧ· ⲛ̄
                    ⲧⲟⲕ ⲇⲉ ⲉⲕⲟⲩⲏϩ ϩⲛ̄
              10   ⲛⲉⲧⲟⲩⲁⲁⲃ ⲡⲧⲁ
                    ⲉⲓⲟ ⲙ̄ⲡⲓⲏ̄ⲗ̄· ⲛ̄ⲧⲁ
                    ⲛⲉⲛⲉⲓⲟⲧⲉ ⲛⲁ[ϩⲧⲉ]
                    ⲉⲣ[ⲟ]ⲕ· ⲁⲩⲛⲁ[ϩ][ⲧⲉ]
                    [ⲁⲩ][ⲱ ⲁ]ⲕ[ⲛ]ⲁϩⲙⲟⲩ.
              15   ⲁⲩⲱϣ ⲉϩⲣⲁⲓ̈ ⲉⲣ
                    ⲟⲕ ⲁⲩⲟⲩⲭⲁⲓ· ⲁⲩ]

p. 90. 11 ⲙⲙⲟⲟⲩ L | 7 ⲧⲛ̄ϯⲁⲗⲗⲉⲓ L ⲛⲧⲛ̄ϯⲁⲗⲗⲉⲓ ZT | ⲛⲛⲉⲕϭⲟⲙ L ϩⲛ ⲛⲉⲕϭⲟⲙ
        ZT | 15 male ⲁⲕⲁⲁⲧ Lᵇ ⲁⲕⲕⲁⲁⲧ Lᶜ
p. 91. 15 ⲉϥⲟⲕ male Lᵇ tacet Lᶜ

p. 92 [ⲯⲃ]

ⲈⲘⲠⲒⲌⲈ ⲈⲢⲞⲔ [Ⲙ̄]
ⲠⲞⲨϪⲒϢⲒⲠⲈ· Ⲁ̄
ⲚⲞⲔ ⲆⲈ ⲀⲚⲦ̄ ⲞⲨϤⲚⲦ
ⲀⲚⲦ̄ ⲞⲨⲢⲰⲘⲈ ⲀⲚ·
5 ⲈⲒⲞ Ⲛ̄ⲚⲞϬⲚⲈϬ ⲚⲚ̄
ⲢⲰⲘⲈ Ⲛ̄ⲤⲰϢϤ̄
Ⲙ̄ⲠⲖⲀⲞⲤ: ⲞⲨⲞⲚ
ⲚⲒⲘ ⲈⲦⲚⲀⲨ ⲈⲢⲞⲒ̈
ⲀⲨⲔⲰⲘϢ̄ Ⲛ̄ⲤⲰⲒ̈
10 ⲀⲨϢⲀϪⲈ Ⲍ̄Ⲛ̄ ⲚⲈⲨ
ⲤⲠⲞⲦⲞⲨ· ⲀⲨⲔⲒⲘ
ⲄⲚ̄ⲒⲈⲨⲀⲠⲎⲨⲈ· ⲀⲨ
[Ⲱ] ⲠⲈϪⲀⲨ ϪⲈ Ⲁϥ
[ⲚⲀⲌⲦⲈ] Ⲉ[ⲠϪⲞ]ⲈⲒ[Ⲥ
15 ⲘⲀⲢⲈϤⲚⲀⲌⲘϤ̄.
ⲘⲀⲢⲈϤⲦⲞⲨϪⲞϤ Ⲉ]

xxi, 6–9

p. 93 [ⲯⲅ]

ϢϪⲈ ϤⲞⲨⲀϢϤ̄· ϪⲈ
Ⲛ̄ⲦⲞⲔ ⲠⲈⲚⲦⲀⲔ
ⲚⲦ̄ ⲈⲂⲞⲖ Ⲍ̄Ⲛ̄ ·Ⲑ·Ⲏ·
ⲚⲦⲔ ⲦⲀⲌⲈⲖⲠⲒⲤ ϪⲒⲚ
5 ⲈⲒ̈ϪⲒ ⲈⲔⲒⲂⲈ Ⲛ̄ⲦⲚ̄
ⲦⲀⲘⲀⲀⲨ· ⲀⲒ̈ⲚⲞϪⲦ̄
ⲈⲢⲞⲔ ϪⲒⲚ ⲈⲒ̈ Ⲍ̄Ⲛ̄ ⲦⲞ
ⲞⲦⲈ ϪⲒⲚ ⲈⲒ̈ Ⲛ̄Ⲍ̄ⲎⲦⲤ̄
Ⲛ̄ⲦⲀⲘⲀⲀⲨ ⲚⲦⲔ̄
10 ⲠⲀⲚⲞⲨⲦⲈ Ⲙ̄ⲠⲢ̄
ⲞⲨⲈ Ⲙ̄ⲘⲞⲒ̈· ϪⲈ ⲞⲨⲚ
ⲌⲈⲚⲐⲖⲒϯⲤ ⲌⲎⲚ
ⲈⲢⲞⲒ̈ ⲀⲨⲰ Ⲛ̄ϤⲄϢⲞⲄ
ⲞⲠ ⲀⲚ Ⲛ̄ϬⲒ ⲠⲒⲈⲄⲦⲂⲞⲎ
15 ·Ⲑ·ⲈⲒ. ⲀⲨⲘⲎⲎϢⲈ Ⲙ̄ⲘⲀⲤⲈ
ⲔⲰⲦⲈ ⲈⲢⲞⲒ. Ⲁ ⲌⲈⲚⲘⲀⲤⲈ]

xxi, 9–13

p. 94 [ϥⲇ]

ⲈⲨⲤⲀⲚⲀϢⲦ ⲀⲘ[Ⲁ]Ϩ
ⲦⲈ Ⲙ̄ⲘⲞⲒ̈· ⲀⲨⲞⲨ
ⲰⲚ ⲚⲢⲰⲞⲨ ⲈⲢⲞⲒ̈
Ⲛ̄ⲐⲈ Ⲛ̄ⲚⲒⲘⲞⲨⲒ̈ ⲈⲦ
5 ⲦⲰⲢⲠ̄ ⲈⲦⲀ̄Ϩ ⲎⲘ·
ⲀⲒ̈ⲠⲰⲚ Ⲛ̄ⲐⲈ ⲚⲞⲨ
ⲘⲞⲞⲨ· ⲀⲨⲬⲰⲰⲢⲈ
ⲈⲂⲞⲗ Ⲛ̄ϬⲒ ⲚⲀⲔⲈⲈⲤ
ⲦⲎⲢⲞⲨ· Ⲁ ⲠⲀϨⲎⲦ
10 Ⲣ̄ⲐⲈ ⲚⲞⲨⲘⲞⲨⲗ̄Ϩ ⲈϤ
ⲂⲰⲗ ⲈⲂⲞⲗ Ⲛ̄ⲦⲘⲎ
ⲦⲈ Ⲛ̄ϨⲎⲦ· Ⲁ ⲦⲀ
[ϬⲞⲘ] ϢⲞⲞⲨⲈ Ⲛ̄ⲐⲈ
[ⲚⲚⲒⲂⲗ]ⲬⲈ: [Ⲁ] ⲠⲀ
15 [ⲗⲀⲤ ϬⲰⲗⲬ ⲈⲦⲀ
ϢⲞⲨⲰⲂⲈ. ⲀⲨⲰ]

xxi, 13–16

p. 95 [ϥ̄Ⲉ]

[Ⲁ]Ⲕ⌉ⲬⲒⲦ̄ ⲈϨⲢⲀⲒ̈ ē
ⲠⲈⲬⲞⲨⲤ Ⲙ̄ⲠⲘⲞⲨ·
ⲀⲨⲔⲰⲦⲈ ⲈⲢⲞⲒ̈
Ⲛ̄ϬⲒ ⲞⲨⲀⲦⲟ̄ ⲚⲞⲨ
5 ϨⲞⲞⲢ̄ ⲀⲨⲤⲨⲚⲀⲅ⌈Ⲱ⌉
ⲄⲎ Ⲙ̄ⲠⲞⲚⲎⲢⲞⲤ
ⲀⲘⲀϨⲦⲈ Ⲙ̄ⲘⲞⲒ̈.
ⲀⲨⲈϤⲦ ⲦⲞⲞⲦ
ⲘⲚ̄ ⲢⲀⲦ †ⲚⲀⲬⲰ
10 Ⲛ̄ⲚⲈⲔϢⲠⲎⲢⲈ ⲦⲎ
ⲢⲞⲨ· ⲀⲨϢⲠ̄ ⲈⲂⲞⲗ
Ⲛ̄ⲚⲀⲔⲈⲈⲤ ⲦⲎⲢⲞⲨ
Ⲛ̄ⲦⲞⲞⲨ ⲆⲈ ⲀⲨ⌈†⌈Ϩ̄⌉
ⲦⲎⲨ ⲀⲨⲈⲒⲘ[Ⲉ ⲈⲢⲞⲒ]
15 ⌈ⲀⲨ⌈Π⌉Ⲉ⌈ϣ⌉ [ⲚⲀϨⲞⲈⲒ
ⲦⲈ ⲈⲬⲰⲞⲨ ⲀⲨⲈⲚⲒⲘ
ⲈⲦⲀϨⲂⲤⲰ. ⲚⲦⲞⲔ]

xxi, 16–19

p. 96   [Ϥ]Ⲋ   ⲆⲈ ⲠⳲⲞⲈⲒⲤ ⲘⲠ[Ⲣ]   xxi, 20–24

                  ⲦⲢⲈ ⲦⲈⲔⲂⲞⲎⲐⲒⲀ

                  ⲞⲨⲈ ⲘⲘⲞⲒ: †Ⲍ̄

                  ⲦⲎⲔ ⲈϢⲞⲠⲦ̄ ⲈⲢⲞⲔ·

          5 ⲘⲀⲦⲞⲨⳜⲈ ⲦⲀ†Ⲩ

                  ⳜⲎ ⲈⲦⲤⲚϤⲈ· ⲀⲨⲱ

                  ⲦⲀⲘⲚ̄ⲦϢⲎⲢⲈ ⲚⲞⲨ

                  ⲱⲦ̄ ⲈⲦ6ⲒⳜ Ⲛ̄ⲚⲒⲞⲨ

                  ⳞⲞⲞⲢ· ⲘⲀⲦⲞⲨⳜⲞⲒ

         10 ⲈⲦⲦⲀⲠⲢⲞ ⲘⲠⲘⲞⲨⲒ.

                  ⲀⲨⲱ ⲠⲀⲐⲂ̄ⲂⲒⲞ ⲈⲚ

                  ⲦⲀⲠ Ⲛ̄ⲚⲀ ⲚⲒⲦⲀⲠ̄

                  Ⲛ̄ⲞⲨⲱⲦ· †ⲚⲀⳜⲱ

                  [ⲘⲠⲈ]ⲔⲢⲀⲚ Ⲛ̄ⲚⲀⲤⲚⲎⲨ

         15 [†ⲚⲀⲤⲘ]Ⲟ̣Ⲩ ⲈⲢ[Ⲟ]Ⲕ Ⲛ̄[Ⲧ

                  ⲘⲎⲦⲈ ⲚⲦⲈⲔⲔⲖⲎ

                  ⲤⲒⲀ. ⲚⲈⲦⲢⳞⲞⲦⲈ]

p. 97   [ϤⲌ̄]   [Ⳟ]Ⲏ̣Ⲧ̣Ϥ̣ ⲘⲠⳲⲞⲈⲒⲤ   xxi, 24–26

                  ⲤⲘⲞⲨ ⲈⲢⲞϤ ⲠⲈⲤ

                  ⲠⲈⲢⲘⲀ ⲦⲎⲢϤ̄ Ⲛ̄ⲒⲀ

                  ⲔⲱⲂ †ⲈⲞⲞⲨ ⲚⲀϤ·

          5 ⲘⲀⲢⲞⲨ Ⲣ̄ⳞⲞⲦⲈ ⳞⲎⲦϤ̄

                  Ⲛ̄6Ⲓ ⲠⲈⲤⲠⲈⲢⲘⲀ

                  ⲦⲎⲢϤ̄· ⳜⲈ Ⲙ̄

                  Ⲡ̄Ϥ̄ⲤⲱϢϤ̄ ⲞⲨⲆⲈ Ⲙ̄

                  ⲠϤ̄ⲘⲈⲤⲦⲈ ⲠⲤⲞⲠⲤ̄

         10 Ⲙ̄ⲠⳞⲎⲔⲈ: ⲞⲨⲆⲈ Ⲙ̄

                  ⲠϤ̄ ⲔⲱⲦⲈ Ⲙ̄ⲠⲈϤ

                  ⳞⲞ̄ Ⲛ̄ⲤⲀⲂⲞⲖ ⲘⲘⲞⲒ·

                  ⲀⲨⲱ ⳞⲘ̄ ⲠⲦ[ⲢⲀⲱϢ]

                  ⲈⳞ[Ⲣ]Ⲁ̣Ⲓ ⲈⲢ[Ⲟ]ϥ̣ ⲀϤ

         15 ⲤⲱⲦⲘ ⲈⲢⲞⲒ. ⲈⲢⲈ ⲠⲀ

                  ⲦⲘⲀⲈⲒⲞ ⳞⲀ ⳞⲦⲎⲔ ⳞⲚ]

---

p. 96. 2 ⲂⲞⲎⲐⲈⲒⲀ LT ⲂⲞⲎ·ⲐⲒⲀ ZR | 7 ⲦⲀⲘⲚⲦⲱⲢ L [Ⲧ]Ⲁ̣Ⲓ̣Ⲙ̣Ⲛ̣̄Ⲧ̣ϢⲎ̣Ⲣ̣Ⲓ̣Ⲉ B ⲦⲀⲘⲚⲦϢⲎⲢⲈ ZTR   p. 97. 1 ⲠⳲⲞⲒⲤ L ⲠⳲⲞⲈⲒⲤ ZT | 12 ⲤⲀⲂⲞⲖ L ⲚⲤⲀⲂⲞⲖ BZ | 15 ⲚⲀⲦⲘⲀⲈⲒⲞ Lᵇ ⲠⲀⲦⲘⲀⲈⲒⲞ LᶜZT ⲠⲦⲀⲈⲒⲞ B ὁ ἔπαινός μου Ⓖ | 16 ⳞⲀ[Ⳟ]ⲦⲎⲔ Ḻ

p. 98   ⳟⲏ⳧   ΟΥΝΟϬ ΝΝΕΚΚⳑⲓΗ⳧   xxi, 26–28
ⲤΙⲀ· ⳩ⲚⲀ⳥ ⲚⲚⲀϢ
ⳑⲎⳑ Ⲙ⳥ⲠΕⲘⲦΟ ΕⲂΟⳑ
ⲚΟΥΟΝ ΝΙⲘ ΕⲦⲢ̄ⲅΟ
5   ⲦΕ ⲅⲎⲦ⳥· Ⲛ̄ⲅⲎⲔΕ
ⲚⲀΟΥⲱⲘ̄ Ⲛ̄ⲤΕⲤΕⲒ̄.
ⲀΥⲱ ⲤΕⲚⲀⲤⲘΟΥ
ΕⲠⲬΟΕΙⲤ Ⲛ̄Ϭⲓ ΟΥΟΝ
ΝΙⲘ ΕⲦϢΙΝΕ ΝⲤⲱ⳥·
10   ⳥ⲚⲀⲱⲚⲅ̄ Ⲛ̄Ϭⲓ ⲠΕΥ
ⲅⲎⲦ ϢⲀ ΕⲚΕⲅ ⲚΕ
ⲚΕⲅ: ⲤΕⲚⲀⲢ̄ⲠⲘΕ
ΕⳑⲅΕ Ⲛ̄ⲤΕⲔΟⲦΟΥ Ε
⳧ⲠⲬΟ⳩ΕΙⲤ Ⲛ̄Ϭⲓ ΝΕⲔ
15   ⳧ⲢⲱΟΥ Ⲧ⳧ⲎⲢΟΥ Ⲙ̄ⲠⲔⲀⲅ⳧.
ⲚⲤΕΟΥⲱϢⲦ ⲘⲠΕ⳥
ⲘⲦΟ ΕⲂΟⳑ Ⲛ̄Ϭⲓ Ⲙ⳧

p. 99   ⳧ⳟ⳦·⳦   ⲠⲀⲦⲢΙⲀ ⲦⲎⲢΟΥ Ⲛ̄Ⲛ̄   xxi, 28–31
ⲅΕⲐⲚΟⲤ· ⲬΕ ⲦⲀ
ⲠⲬΟΕΙⲤ ⲦΕ ⲦⲘⲚ̄Ⲧ̄
ΕⲢⲟ̄ Ⲛ̄ⲦΟ⳥ ΕⲦΟ Ⲛ̄
5   ⲬΟΕΙⲤ ΕⲬⲚ̄ Ⲛ̄ⲅΕⲐ
ⲚΟⲤ ⲦⲎⲢΟΥ· ⲀΥΟΥ
ⲱⲘ̄ ⲀΥⲱ ⲀΥΟΥ
ⲱϢⲦ̄ Ⲛ̄Ϭⲓ Ⲛ̄Ⲭⲱⲱ
ⲢΕ ⲦⲎⲢΟΥ Ⲙ̄ⲠⲔⲀⲅ
10   ⲤⲚⲀⲠⲀⲅⲦΟΥ Ⲙ̄
ⲠΕ⳥Ⲙ̄ⲦΟ ΕⲂΟⳑ Ⲛ̄
Ϭⲓ ΝΕⲦⲂⲎⲔ ⲦⲎⲢΟΥ
ΕⲠΕⲤⲎⲦ ΕⲠⲔ⳧Ⲁⲅ⳧·
ⲦⲀ⳩ΥⲬⲎ ΟΝⲅ̄⳧ ⳧ⲚⲀ⳥· ⲠⲀⲤⲠ
15   ΕⲢⲘⲀ ⲚⲀⲢⲅⲘⲅⲀⳑ ⲚⲀ⳥
ⲤΕⲚⲀ Ⲭⲱ ΕⲠⲬΟΕΙⲤ Ⲛ̄Ϭⲓ⳧

p. 98. 1 ⲚΕⲔⲔⳑⲎⲤΙⲀ LZT Ⲛⲅⲉ⳧ⲔⲔⳑⲎⲤΙⲀ⳧ B | 8 ⲠⲀⲬΟΕΙⲤ Lᵇ ⲠⲬΟΕΙⲤ Lᶜ
p. 99. 12 ΕⲦⲂⲎⲔ L ΝΕⲦⲂⲎⲔ ZT

p. 100   [Ⲣ̄]   ⲦⲄⲈⲚⲈⲀ̄ ⲈⲦⲚⲎⲨ   xxi, 32–xxii, 3

ⲀⲨⲰ ⲤⲈⲚⲀϪⲰ Ⲛ̄

ⲦⲈϤⲆⲒⲔⲀⲒⲞⲤⲨⲚⲎ

Ⲙ̄ⲠⲖⲀⲞⲤ ⲈⲦⲞⲨⲚ̄Ⲁ

5 ϪⲠⲞϤ ⲠⲈⲚⲦⲀ ⲠϪⲞ

Ⲕ̄Ⲃ   ⲈⲒⲤ ⲦⲀⲘⲒⲞϤ:

ⲦⲠⲈϤⲀⲖⲘⲞⲤ Ⲛ̄ⲆⲀⲨⲈⲒⲆ:

ⲠϪⲞⲈⲒⲤ ⲠⲈⲦⲘⲞⲞ

ⲚⲈ Ⲙ̄ⲘⲞⲒ̈ Ⲛ̄ⲅ̄ⲚⲀⲦⲢⲀ

10 ϢⲰⲰⲦ ⲀⲚ Ⲛ̄ⲖⲀⲀⲨ.

ⲀϤⲦⲢⲀⲞⲨⲰ̅ϩ Ϩ̄Ⲛ ⲞⲨ

ⲘⲀⲚⲞⲨⲞⲦⲞⲨⲈⲦ·

ⲀϤⲤⲀⲚⲞⲨϢ̅Ⲧ̅ Ϩ̅ⲒⲬⲚ̄

[ⲞⲨ]ⲘⲞⲞⲨ Ⲛ̄Ⲙ̄ⲦⲞⲚ·

15 [ⲀϤⲔⲦ]Ⲉ ⲦⲀϮⲨⲬⲎ Ⲁϥ

[ϪⲒ ⲘⲞⲈⲒⲦ] Ϩ̄ⲎⲦ̄ Ϩ̄Ⲓ

ⲚⲈϨⲒⲞⲞⲨⲈ Ⲛ̄ⲦⲀⲒ]

p. 101   [Ⲣ̄Ⲁ̄]   ⲔⲀⲒⲞⲤⲨⲚⲎ̄ ⲈⲦⲂⲈ   xxii, 3–5

ⲠⲈϤⲢⲀⲚ· ⲔⲀⲚ ⲈⲒ̈

ϢⲀⲚⲘⲞⲞϢⲈ Ⲛ̄Ⲧ̄

ⲘⲎⲦⲈ Ⲛ̄ⲐⲀⲒ̈ⲂⲈⲤ

5 Ⲙ̄ⲠⲘⲞⲨ Ⲛ̄ϮⲚⲀⲢ̄

ϨⲞⲦⲈ ⲀⲚ ϨⲎⲦⲞⲨ

Ⲛ̄Ⲙ̄ⲠⲈⲐⲞⲞⲨ ϪⲈ Ⲛ̄

ⲦⲞⲔ Ⲕ̄ϢⲞⲞⲠ Ⲛ̄Ⲙ̄

ⲘⲀⲒ̈· ⲠⲈⲔϢⲖⲀϨ

10 ⲘⲚ̄ ⲠⲈⲔϬ̄ⲈⲢⲰⲂ

Ⲛ̄ⲦⲞⲞⲨ ⲚⲈⲚⲦⲀⲨ

ⲤⲈⲠⲤⲰⲠ̅Ⲧ̅ ⲀⲔ

ⲤⲞⲂⲦⲈ ⲚⲞⲨⲦⲢⲀ[Ⲡ̄[Ⲉ]

ϩⲀ Ⲙ̄ⲠⲀⲘⲦ[Ⲟ ⲈⲂⲞⲖ·]

15 Ⲙ̄Ⲡ̄ϨⲞ̅Ⲧ̅ Ⲉ[ⲂⲞⲖ ⲚⲚ

Ⲉ]Ⲧ̄Ⲑ̄[ⲖⲒⲂⲈ ⲘⲘⲞⲒ.

ⲀⲔⲦⲈϨⲤ ⲦⲀⲀⲠⲈ]

p. 102   ⲣⲃ̄   ⲚⲞⲨⲚⲈⳅ· ⲀⲨⲰ ⲠⲈⲔ   xxii, 5–xxiii, 1
                      ⲬⲰ ⲈϤⲦⲀⳅⲈ Ⲛ̄ⲐⲈ Ⲙ̄
                      ⲠⲈⲦⲀⲘⲀⳅⲦⲈ:
                      ⲠⲈⲔⲚⲀ̄ ⲚⲀⲠⲰⲦ
              5   Ⲛ̄ⲤⲰ̈Ⲓ Ⲛ̄ⲚⲈⳅⲞⲞⲨ
                      ⲦⲎⲢⲞⲨ Ⲙ̄ⲠⲀⲰⲚ⳨·
                      ⲈⲦⲂⲈ ⲬⲈ ⲀⲒ̈ⲞⲨⲰⳅ ⳅⲘ̄
                      ⲠⲎⲒ̈ Ⲙ̄ⲠⲬⲞⲈⲒⲤ Ⲛ̄
                      ⳅⲈⲚ ⳅⲞⲞⲨ ⲈⲚⲀϢⲰ
             10   ⲞⲨ:
                     [ⲔⲄ̄] ⲠⲈϮⲀⲖⲘⲞⲤ Ⲛ̄ⲆⲀⲨ
                      ⲈⲒⲆ Ⲛ̄ⲤⲞⲨⲀ Ⲛ̄ⲚⲤⲀⲂ
                     [ⲂⲀⲦ]ⲞⲚ:
                     [ⲠⲀ Ⲡ.Ⲭ]ⲞⲒⲈⲒⲤ ⲠⲈ ⲠⲔⲀⳅ
             15   [ⲘⲚ̄ⲠⲈϤⲬⲰ]Ⲕ ⲈⲂ[Ⲟ]Ⲗ[·
                      ⲦⲞⲒⲔⲞⲨⲘⲈⲚⲎ ⲘⲚ]

p. 103   ⲣⲅ̄   ⲚⲈⲦⲞⲨⲎⳅ ⲦⲎⲢⲞⲨ   xxiii, 1–4
                      ⳅⲢⲀⲒ̈ Ⲛ̄ⳅⲎⲦⲤ̄: [Ⲛ]
                      ⲦⲞϤ ⲀϤⲤⲘⲚ̄ⲤⲚⲦⲈ
                      Ⲙ̄ⲘⲞⲤ ⳅⲒⲬⲚ̄ ⲐⲀⲖⲀⲤ
              5   ⲤⲀ· ⲀⲨⲰ ⲀϤⲤ̄ⲂⲦⲰ
                      ⲦⲤ̄ ⳅⲒⲬⲚ̄ ⲚⲒⲈⲢⲰⲞⲨ·
                      ⲚⲒⲘ ⲠⲈⲦⲚⲀⲂⲰⲔ
                      ⲈⳅⲢⲀⲒ̈ Ⲉ[Ⲡ]ⲦⲞⲞⲨ Ⲙ
                      ⲠⲬⲞⲈⲒⲤ· Ⲏ ⲚⲒⲘ
             10   ⲠⲈⲦⲚⲀⲀⳅⲈⲢⲀⲦϤ̄
                      ⳅⲘ̄ ⲠⲘⲀ Ⲙ̄ⲠⲈϤ
                      ⲦⲂ̄ⲂⲞ· ⲠⲈⲦⲞⲨ[Ⲁ]
                      ⲀⲂ ⳅⲚ̄ ⲚⲈϤϬⲒ[Ⲭ] [ⲠⲈ]
                      ⲈϤⲦⲂ̄ⲂⲎⲨ [ⳅⲘ] [ⲠⲈϤ]
             15   ⳅⲎⲦ· Ⲉ[Ⲙ̄Ⲡϥ]ϪⲒ ⲚⲦⲈϤ
                      ϮⲨⲬⲎ ⲈⲬⲚ ⲞⲨ
                      ⲘⲚⲦⲈⲠⲢⲀ ⲈⲘⲠϥ]

p. 102. 4 ⲠⲈⲔⲔⲀ Lᵇ ⲠⲈⲔⲚⲀ Lᶜ | 12 ⲚⲚⲤⲀⲂⲂⲂⲀⲦⲞⲚ Lᵇ ⲚⲚⲤⲀⲂⲂⲀⲦⲞⲚ Lᶜ
p. 103. 4 ⲚⲈⲐⲀⲖⲀⲤⲤⲀ LZⲦⲰⲘ | 10 ⲚⲈⲦⲚⲀⲀⳅⲈⲢⲀⲦϥ Lᵇ ⲠⲈⲦⲚⲀⲀⳅⲈⲢⲀⲦϥ LᶜBZT

p. 104   [ⲣⲇ]

ⲱⲣⲕ̄ ⲙⲡⲉⲧϩⲓⲧⲟⲩ
ⲱϥ ϩⲛ̄ ⲟⲩⲕⲣⲟϥ·
ⲡⲁⲓ̈ ⲛⲁϫⲓ ⲛⲟⲩⲥⲙⲟⲩ
ⲉⲃⲟⲗ ϩⲓⲧⲙ̄ ⲡϫⲟⲓ̈ⲥ
5 ⲁⲩⲱ ⲟⲩⲛⲁ̄ ⲉⲃⲟⲗ ϩⲓ
ⲧⲙ̄ ⲡⲛⲟⲩⲧⲉ ⲡⲉϥ
ⲥⲱⲧⲏⲣ· ⲧⲁⲓ̈ ⲧⲉ ⲧ
ⲅⲉⲛⲉⲁ ⲛ̄ⲛⲉⲧϣⲓⲛⲉ
ⲛ̄ⲥⲁ ⲡϫⲟⲉⲓⲥ· ⲉⲧ
10 ϣⲓⲛⲉ ⲛ̄ⲥⲁ ⲡϩⲟ ⲙ̄
ⲡⲛⲟⲩⲧⲉ ⲛⲓ̈ⲁⲕⲱⲃ
ⲇⲓⲁ̄ⲯⲁⲗⲙⲁ· ϥⲓ ⲛ̄ⲛⲉ
ⲧⲙ̄ⲡⲩⲗⲏ ⲉϩⲣⲁⲓ̈ ⲛ̄
[ⲛ]ⲁ̣ⲣⲭⲱⲛ· ⲛ̄ⲧⲉⲧⲛ̄
15 [ϫⲓⲥ]ⲉ ⲉϩⲣⲁⲓ̈ ⲙ̄ⲡⲩⲗⲏ
[ⲛϣⲁ ⲉⲛ]ⲉϩ· ⲧⲁⲣⲉϥⲉⲓ
[ⲉϩⲟⲩⲛ ⲛϭⲓ] ⲡ̄ⲣ̄[ⲣ̄]ⲟ ⲙ̄
[ⲡⲉⲟⲟⲩ. ⲛⲓⲙ ⲡⲉ ⲡⲉⲓ]

xxiii, 4–8

p. 105   ⲣ̄ⲉ̄

ⲣ̄ⲣⲟ ⲙ̄ⲡⲉⲟⲟⲩ ⲡϫⲟ
ⲉⲓⲥ ⲡⲉ ⲡⲇⲩⲛⲁⲧⲟⲥ
ⲉⲧⲧⲁⲭⲣⲏⲩ· ⲡϫⲟ
ⲉⲓⲥ ⲉⲧⲉ ⲟⲩⲛ ϭⲟⲙ
5 ⲙ̄ⲙⲟϥ ϩⲙ̄ ⲡⲡⲟⲗⲉ
ⲙⲟⲥ· ⲇⲓⲁ̄ⲯⲁ̄ⲗⲙⲁ·
ϥⲓ ⲛ̄ⲛⲉⲧⲙ̄ⲡⲩⲗⲏ ⲉϩ
ⲣⲁⲓ̈ ⲛ̄ⲛⲁⲣⲭⲱⲛ·
ⲛ̄ⲧⲉⲧⲛ̄ϫⲓⲥⲉ ⲉϩ
10 ⲣⲁⲓ̈ ⲙ̄ⲡⲩⲗⲏ ϣⲁⲉⲛⲉϩ
ⲧⲁⲣⲉϥⲉⲓ ⲉϩⲟⲩⲛ ⲛ̄
ϭⲓ ⲡⲣⲣⲟ ⲙ̄ⲡⲉⲟⲟⲩ·
ⲛⲓⲙ ⲡⲉ ⲡⲡ̣ⲣ̄ⲣⲟ [ⲙ̄ⲡⲉ]
ⲟⲟⲩ ⲡϫ[ⲟⲉⲓⲥ ⲛⲛ]
15 ϭⲟⲙ ⲛ̣̄[ⲧ]ⲟϥ ⲡⲉ
ⲡⲣⲣⲟ ⲙ̄ⲡⲉⲟⲟⲩ]

xxiii, 8–10

---

p. 104. 4 ⲡϫⲟⲉⲓⲥ LZT | 9 ⲛⲉⲧϣⲓⲛⲉ L, Z=F | 12 ⲛⲛⲉⲧⲙⲡⲩⲗⲏ LT, Z=F | 14 spat pro ⲛⲛⲁⲣⲭⲱⲛ in F ⲛⲁⲣⲭⲱ̄ L ⲛⲁⲣⲭⲱⲛ BZT   p. 105. 4 ⲡⲉⲧⲉⲟⲩⲛϭⲟⲙ L ⲉⲧⲉⲟⲩⲛϭⲟⲙ ZT | 7 ⲛⲛⲉⲧⲙⲡⲩⲗⲏ LᵇT ⲛⲛⲉⲧⲙⲡⲩⲗⲏ LᶜZ | 8 ⲛⲁⲣⲭⲱⲛ LZ | 13 ⲡⲣⲣⲟ Z ⲡⲉⲓⲣⲣⲟ LT

p. 106 ⲣ̅ⲋ̅ ⲕ̅ⲁ̅ ⲉⲡⲭⲱⲕ ⲉⲃⲟⲗ ⲡⲉ   xxiv, 1–4

ⲯⲁⲗⲙⲟⲥ ⲛ̅ⲇⲁⲩⲉⲓⲇ:

ⲡⲭⲟⲉⲓⲥ ⲁⲓ̈ϥⲓ ⲛ̅ⲧⲁ

ⲯⲩⲭⲏ ⲉϩⲣⲁⲓ̈ ⲉⲣⲟⲕ

5 ⲡⲁⲛⲟⲩⲧⲉ ⲁⲓ̈ⲕⲁ

ϩⲧⲏⲓ̈ ⲉⲣⲟⲕ ⲙ̅ⲡ̅ⲣ̅ⲧⲣⲁ

ϫⲓϣⲓⲡⲉ· ⲟⲩⲇⲉ ⲙ̅

ⲡ̅ⲣ̅ⲧⲣⲉ ⲛⲁϫⲁϫⲉ

ⲥⲱⲃⲉ ⲛ̅ⲥⲱⲓ̈· ⲕⲁⲓ

10 ⲅⲁⲣ ⲟⲩⲟⲛ ⲛⲓⲙ

ⲉⲧϩⲩⲡⲟⲙⲓⲛⲉ ⲉ

ⲣⲟⲕ ⲛ̅ⲥⲉⲛⲁϫⲓϣⲓ

[ⲡ]ⲉ ⲁⲛ· ⲉⲩⲉϫⲓϣⲓ

[ⲡⲉ] ⲛ̅ϭⲓ ⲛⲉⲧⲁⲛⲟⲙⲓ

15 [ⲉⲡϫⲓⲛ]ϫⲏ: ⲡⲭⲟⲓ̈ⲥ

[ⲙⲁⲧⲁⲙⲟ]ⲓ̈ ⲉⲛⲉⲕ

[ϩⲓⲟⲟⲩⲉ. ⲁⲩⲱ ⲛⲅ̅ⲧ]

p. 107 ⲣ̅ⲍ̅ ⲥⲁⲃⲟⲓ̈ ⲉⲛⲉⲕⲙⲁⲙ   xxiv, 4–7

ⲙⲟⲟϣⲉ· ϫⲓⲙⲟⲉⲓⲧ

ϩⲏⲧ ϩⲓ ⲧⲉⲕⲙⲉ:

ⲁⲩⲱ ⲛⲅ̅ⲧⲥⲁⲃⲟⲓ̈

5 ϫⲉ ⲛ̅ⲧⲟⲕ ⲡⲉ ⲡⲛⲟⲩ

ⲧⲉ ⲡⲁⲥⲱⲧⲏⲣ·

ⲁⲩⲱ ϯⲛⲁϩⲩⲡⲟ

ⲙⲓⲛⲉ ⲉⲣⲟⲕ ⲙ̅ⲡⲉ

ϩⲟⲟⲩ ⲧⲏⲣϥ̅· ⲁⲣⲓ

10 ⲡⲙⲉⲉⲩⲉ ⲛ̅ⲛⲉⲕ

ⲙⲛ̅ⲧϣⲁⲛϩⲧⲏϥ

ⲡⲭⲟⲉⲓⲥ· ⲁⲩⲱ ⲛⲉⲕ

ⲛⲁ̅ ϫⲉ ⲥⲉϣⲟⲟⲡ

ϫⲓⲛ ⲛⲉⲛⲉϩ: ⲛ̅ⲛ̅ⲟ

15 ⲃⲉ ⲛ̅ⲧⲁⲙⲛ̅ⲧ[ⲕⲟⲩⲓ]

ⲙⲛ̅ ⲛⲁⲙⲛ̅[ⲧⲁⲧ

ⲥ]ⲟⲟ[ⲩⲛ] [ⲙⲡⲣ̅ⲣ̅ⲡⲉⲩ

ⲙⲉⲉⲩⲉ ⲁⲣⲓ ⲡⲙⲉ]

p. 106. 11 ϩⲩⲡⲟⲙⲉⲓⲛⲉ L, BTPist = F ϩⲩⲡⲟⲙⲟⲛⲏ ZR | 14 ⲛⲉⲧⲁⲛⲟⲙⲉⲓ LBZR ⲛⲉⲧⲁ-
ⲛⲟⲙⲓⲁ T, Pist = F | 15 ⲡⲭⲟⲉⲓⲥ LZTPist   p. 107. 3 ϩⲛ L^bZT ϩⲓ L^cBPist |
7 ϩⲩⲡⲟⲙⲉⲓⲛⲉ LB, ZTPist = F | 14 ϫⲓⲛ ⲉⲛⲉϩ LZTPist

p. 108   **ρΗ**   ЄΥЄ ΝΤΟⲕ ⲔⲀⲦⲀ   xxiv, 7–10

ПⲀϢⲀЇ ⲘⲠЄⲔⲚⲀ

ЄⲦⲂЄ ⲦЄⲔⲘⲚⲦ

ⲬⲢⲎⲤⲦⲞⲤ ⲠⲬⲞЇⲤ

5 ⲞΥⲬⲢⲎⲤⲦⲞⲤ ⲀΥⲰ

ЄϤⲤⲞΥⲦⲰⲚ ⲠЄ

ⲠⲬⲞЄⲒⲤ· ЄⲦⲂЄ

ⲠⲀЇ ϤⲚⲀⳁⲤⲂⲰ̄

ⲚⲚЄⲦⲢ̄ⲚⲞⲂЄ ϨⲒ

10 ⲦЄϨⲒⲎ· ϤⲚⲀⲬⲒⲘⲞ

ЄⲒⲦ ϨⲎⲦⲞΥ ⲚⲚ̄

[Ⲣ]Ⲙ̄ⲢⲀϢ ϨⲚ̄ ⲞΥϨⲀⲠ·

[ϤⲚ]ⲀⲦⲤⲀⲂЄ Ⲛ̄ⲢⲘ̄

[ⲢⲀϢ] ⌈Є⌉ⲚЄ⌈Ϥ⌉ϨⲒⲞⲞΥЄ·

15 [ⲚЄϨⲒⲞⲞ]⌈Υ⌉Є ⲦⲎⲢ

[ⲞΥ ⲘⲠⲬⲞⲒⲤ ϨЄⲚ

ⲚⲀ ⲚЄ ϨⲒ ⲘЄ ⲚⲚЄⲦ]

p. 109   **ⲢⲐ**   ϢⲒⲚЄ Ⲛ̄ⲤⲀ ⲦЄϤ   xxiv, 10–13

ⲆⲒⲀⲐⲎⲔⲎ ⲀΥⲰ

ⲚЄϤⲘⲚ̄ⲦⲘ̄ⲚⲦⲢЄ

ЄⲦⲂЄ ⲠЄⲔⲢⲀⲚ

5 ⲠⲬⲞЄⲒⲤ ⲔⲀ ⲠⲀⲚⲞ

ⲂЄ ⲚⲀЇ ЄⲂⲞⲖ ⲬЄ

ϤⲞϢ ⲄⲀⲢ· ⲚⲒⲘ ⲠЄ

ⲠⲢⲰⲘЄ Є⌈Ⲧ⌉Ⲣ̄ϨⲞⲦЄ

ϨⲎⲦϤ̄ ⲘⲠⲬⲞЄⲒⲤ·

10 ϤⲚⲀⲤⲘⲚ̄ ⲚⲞⲘⲞⲤ

ⲚⲀϤ ϨⲒ ⲦЄϨⲒⲎ̄ ЄⲚ

ⲦⲀϤⲞΥⲀϢⲤ̄· Ⲧ[ЄϤ]

ⳁΥⲬⲎ ⲚⲀϢⲰ[ⲠЄ]

ϨⲚ̄ ϨЄⲚ⌈Ⲛ⌉Ⲁ⌈ⲄⲀⲐⲞⲚ.

15 Ⲡ⌉Є⌈Ϥ⌉⌈ⲤⲠЄⲢⲘⲀ ⲚⲀ

ⲔⲖⲎⲢⲞⲚⲞⲘЄⲒ ⲘⲠⲔⲀϨ]

---

p. 108. 3 ⲘⲚⲦⲬⲢ̄Ⲥ̄ LPist ⲘⲚⲦⲬⲢⲎⲤⲦⲞⲤ ZTV | ⲠⲬⲞЄⲒⲤ ZTVPist ⲠⲬⲞⲒⲤ L | 11 Ϩ super

ε in ras

p. 109. 14 ϨЄⲚⲀⲄⲀⲐⲞⲚ LBZTPist

p. 110   ⲣ̄ⲓ   ⲠⲬⲞⲈⲒⲤ ⲠⲈ Ⲡ̄Ⲡ̄ⲦⲀ   xxiv, 14–16

                ⲬⲢⲞ̄ ⲚⲚⲈⲦⲢ̄ⳞⲞⲦⲈ

                ⳞⲎⲦϤ̄· ⲀⲨⲰ ⲠⲢⲀⲚ

                ⲘⲠⲬⲞⲈⲒⲤ ⲠⲀ ⲚⲈⲦⲢ̄

      5   ⳞⲞⲦⲈ ⳞⲎⲦϤ̄ ⲠⲈ.

                ⲀⲨⲰ ⲈⲦⲀⲘⲞⲞⲨ ⲉ̄

                ⲦⲈϤⲆⲒⲀⲐⲎⲔⲎ· ⲉ̄

                ⲢⲈ ⲚⲀⲂⲀⲖ ⲈⲒⲞⲢⲘ̄

                ⲚⲞⲨⲞⲈⲒϢ ⲚⲒⲘ̄ Ⲉ

     10   ⲠⲬⲞⲈⲒⲤ· ⲬⲈ Ⲛ̄ⲦⲞϤ

                ⲠⲈⲦⲚⲀⲦⲈⲔⲘ̄ ⲚⲀ

                [Ⲟ]ⲨⲈⲢⲎⲦⲈ ⲈⲂⲞⲖ ⳞⲘ̄

                [ⲠⲠ]ⲀϢ· ϬⲰϢ̄Ⲧ ⲈⳞ

                [ⲢⲀⲒ Ⲉ]Ⲧ[Ⲭ]Ⲱ̈Ⲓ Ⲛ̄Ⲛ̄Ⲁ̄ Ⲛ[ⲀⲒ

     15   ⲬⲈ ⲀⲚⲅ ⲞⲨϢⲎ]ⲢⲈ

                [ⲚⲞⲨⲰⲦ ⲀⲨⲰ ⲀⲚⲅ]

p. 111   ⲣ̄ⲓ̄ⲁ̄   ⲞⲨⳞ[Ⲏ]ⲔⲈ ⲀⲚⲞⲔ: ⲁ̄   xxiv, 16–21

                ⲚⲈⲐⲖⲒ⳦ⲒⲤ Ⲙ̄ⲠⲀ

                ⳞⲎⲦ̄ ⲞⲨⲰϢ̄ⳅ̄ ⲈⲂⲞⲖ

                ⲀⲚⲒⲦ̄ ⲈⲂⲞⲖ ⳞⲚ̄ ⲚⲀ

      5   ⲀⲚⲀⲅⲔⲎ· ⲀⲚⲀⲨ Ⲉ

                ⲠⲀⲐ̄ⲂⲂⲒⲞ ⲘⲚ̄ ⲠⲀ

                ⳞⲒⲤⲈ ⲚⲦ̄ⲔⲰ ⲈⲂⲞⲖ

                Ⲛ̄ⲚⲀⲚⲞⲂⲈ ⲦⲎⲢⲞⲨ.

                ⲀⲚⲀⲨ ⲈⲚⲀⲬⲀⲬⲈ

     10   ⲬⲈ ⲀⲨⲞⲨⲰϢ̄ ⲉ̄

                ⲂⲞⲖ· ⲀⲨⲰ ⲀⲨⲘⲈ[Ⲥ]

                ⲦⲰⲒ̈ ⳞⲚ̄ ⲚⲞⲨⲘⲞ[ⲤⲦ]Ⲉ

                Ⲛ̄ⲬⲒⲚϬⲞⲚⲤ̄· Ⳟ[ⲀⲢⲈⳞ]

                ⲈⲦⲀ⳦ⲬⲎ Ⲛ[ⲦⲞⲨ]

     15   [Ⲭ]ⲞⲒ̈ ⲘⲠ[Ⲡ]ⲢⲦⲢⲀⲬⲒ

                ϢⲒⲠⲈ ⲬⲈ ⲀⲒⳞⲈⲖ

                ⲠⳆⲈ ⲈⲢⲞⲔ· ⲚⲂⲀⲖ]

p. 111. 12 ⳞⲚ ⲞⲨⲘⲞⲤⲦⲈ LZRPist

p. 112 ⲣ̄ⲓ̄ⲃ̄ xxiv, 21–xxv, 2

ϩⲏⲧ̄ ⲙⲛ̄ ⲛⲉ[ⲧⲥ]ⲟⲩ
ⲧⲱⲛ̄ ⲁⲩⲧⲟϭⲟⲩ
ⲉⲣⲟⲓ̈ ϫⲉ ⲁⲓ̈ϩⲩⲡⲟ
ⲙⲓⲛⲉ ⲉⲣⲟⲕ ⲡϫⲟⲓ̈ⲥ
ⲡⲛⲟⲩⲧⲉ ⲥⲉⲧ ⲡⲓⲏ̄ⲗ̄
ⲉⲃⲟⲗ ϩⲛ̄ ⲛⲉϥⲑⲗⲓⲯⲓⲥ
ⲧⲏⲣⲟⲩ:
ⲕ̄ⲉ̄ ⲡⲉⲯⲁⲗⲙⲟⲥ ⲛ̄ⲇⲁⲩ
ⲉⲓⲇ:
ⲕⲣⲓⲛⲉ ⲙ̄ⲙⲟⲓ̈ ⲡϫⲟⲓ̈ⲥ
⸢ϫ⸣ⲉ ⲁⲛⲟⲕ ⲁⲓ̈ⲙⲟⲟ
[ϣ]ⲉ ϩⲛ̄ ⲧⲁⲙⲛ̄ⲧ
[ⲃⲁⲗ]ϩⲏⲧ· ⲁⲩⲱ ⲉⲓ̈
[ⲕⲱ] ⲛ̄ϩⲧⲏⲓ̈ ⲉⲡϫ[ⲟ
ⲉⲓⲥ ⲛ̄ϯⲛⲁ]⸢ⲕ⸣ⲓⲙ ⸢ⲁ⸣[ⲛ.
ⲇⲟⲕⲓⲙⲁⲍⲉ ⲙ̄ⲙⲟⲓ
ⲡϫⲟⲉⲓⲥ ⲛ⸢ⲅ⸣ⲡⲉⲓⲣⲁ]

p. 113 ⲣ̄ⲓ̄ⲅ̄ xxv, 2–5

ⲍⲉ ⲙ̄ⲙⲟⲓ̈· ⲡⲓⲥⲉ
ⲛ̄ⲛⲁϭⲗⲟⲟⲧⲉ ⲙⲛ̄
ⲡⲁϩⲏⲧ· ϫⲉ ⲡⲉⲕ
ⲛⲁ̄ ⲙ̄ⲡⲉⲙⲧⲟ ⲛ̄⸢ⲛ⸣ⲁ
ⲃⲁⲗ ⲉⲃⲟⲗ· ⲁⲩⲱ ⲁⲓ̈
ⲣ̄ⲁⲛⲁⲕ ϩⲛ̄ ⲧⲉⲕ⸢ⲙ⸣ⲉ.
ⲙ̄ⲡⲓϩⲙⲟⲟⲥ ⲙⲛ̄ ⲟⲩ
ⲥⲩⲛϩⲉⲇⲣⲓⲟⲛ̄ ⲉϥ
ϣⲟⲩⲉⲓⲧ· ⲁⲩⲱ
ⲛ̄ⲛⲁⲃⲱⲕ ⲉϩⲟ⸢ⲩ⸣[ⲛ]
ⲙⲛ̄ ⲛⲣⲉϥⲣ̄ⲛ[ⲟⲃⲉ.]
ⲁⲓ̈ⲙⲉⲥⲧⲉ ⲧ[ⲥⲟⲟⲩ]
ϩⲥ ⲛ̄ⲛⲉⲧⲟ [ⲙⲡⲟ]
⸢ⲛ⸣ⲏⲣⲟⲥ· ⲁ⸢ⲩ⸣[ⲱ ⲛⲛⲁϩ]
⸢ⲙ⸣ⲟⲟ[ⲥ ⲙⲛ ⲛⲁⲥⲉⲃⲏⲥ.
ϯⲛⲁⲉⲓⲱ ⲛⲛⲁϭⲓϫ ϩⲛ
ⲛⲉⲧⲟⲩⲁⲁⲃ ⲧⲁⲕⲱⲧⲉ ⲉ]

p. 112. 3 ϩⲩⲡⲟⲙⲉⲓⲛⲉ L ϩⲩⲡⲟⲙⲓⲛⲉ ZPist ϩⲩⲡⲟⲙⲟⲛⲏ T | 4 ⲡϫⲟⲉⲓⲥ LZTPist | 8 ⲕ̄ⲏ̄ male L^b ⲕ̄ⲉ̄ L^c | 10 ⲡϫⲟⲉⲓⲥ LZTV | 14 ⲕⲱ ⲛ̄ϩⲧⲏⲓⲉ ⲡϫⲟⲉⲓⲥ male L^b corr L^c p. 113. 2 ⲛⲁϭⲗⲟⲧⲉ L ⲛⲁϭⲗⲟⲟⲧⲉ ZT ⲛⲁⲧϭⲗⲟⲧⲉ B

p. 114   P̅I̅Δ   ΠΕΚΘΥСΙΑСΤΗΡΙ   XXV, 5–10
ΟΝ ΠΧΟΕΙС· ΕСⲰ
Τ̅Μ̅ ΕΠΕϨΡΟΟΥ Μ̅
ΠΕΚСΜΟΥ ΕΧⲰ Ν̅
5 ΝΕΚϢΠΗΡΕ ΤΗΡΟΥ.
ΠΧΟΕΙС ΔΪΜΕΡΕ
ΠСΔ Μ̅ΠΕΚΗ̅Ι̅ ΜΝ̅
ΠΜΑΝϢⲰΠΕ Μ̅ΠΕΚ
ΕΟΟΥ· Μ̅Π̅Ρ̅ΤΑΚΟ
10 Ν̅ΤΑ[Ϯ]ΥΧΗ ΜΝ̅ ΝΑ
[С]Ε[ΒΗ]С· ΑΥⲰ ΠΑ
[ⲰΝ]Ϩ̅ ΜΝ̅ ϨΕΝ ΡⲰ
[ΜΕ Ν̅]СΝΟϤ. ΝΑΪ Ε
[ΡΕ ΤΑ]ΝΟΜΙΑ Ϩ[Ν̅
15 ΝΕΥϬΙΧ. Α Τ[ΕΥ[ΟΥ
ΝΑΜ ΜΟΥϨ ΝΑϢΡΟΝ. ΑΝ
ΟΚ ΔΕ ΑΙΜΟΟϢΕ ϨΝ ΤΑΜΝΤ]

p. 115   P̅I̅Ε   Β[ΑΛ Ϩ]Η̅Τ С[Ⲱ]ΤΕ   XXV, 11–XXVI, 1
Μ̅ΜΟΪ Ν̅ΓΝΑ ΝΑΪ
Α ΤΑΟΥΕΡΗΤΕ
ΓΑΡ ΑϨΕΡΑΤ̅С̅ Ϩ̅Μ̅
5 ΠСΟΟΥΤ̅Ν̅ ϮΝΑС
ΜΟΥ ΕΡΟΚ ΠΧΟΪС
Ϩ̅Ν̅ ΝΝΕΚΚΛΗСΙΑ·
Κ̅Ϛ̅ ΠΕϮΑΛΜΟС Ν̅ΔΑΥ
ΕΙΔ ΕΜΠΑΤΟΥΤΑϨ
10 С̅Ϥ̅:
Ε̅ΠΧΟΕΙС ΠΕ ΠΑΟΥΟ
ΕΙΝ ΜΝ̅ ΠΑСⲰΤΗΡ
ΕΪΝΑΡ̅ϨΟΤ[Ε ϨΗΤϤ]
Ν̅ΝΙΜ̅ ΠΧ[Ο[ΕΙС]
15 [ΠΕΤ]ΝΑϢ[ΤΕ ΜΠΑ
ΟΥΧΑΙ ΕΪΝΑΡϬⲰΒ
ϨΗΤϤ ΝΝΙΜ. Ϩ̅Μ̅]

p. 114. 11 ΝΑСΗΒΗС L ΝΑСΕΒΗС ZT | 15 littera penultima ⲱ?
p. 115. 6 ΠΧΟΕΙС LZV | 7 Ϩ̅Ν̅ ΝΕΚΚΛΗСΙΑ LZTV

p. 116   ⲣ̅ⲓ̅ⲋ̅   ⲡⲧⲣⲉⲩϩⲱ[ⲛ ⲉ]ϩⲟⲩⲛ   xxvi, 2–4
       ⲉⲣⲟ̈ⲓ ⲛ̅ϭⲓ ⲛⲉⲧⲙⲟⲩ
       ⲕⲏ̅ ⲙ̅ⲙⲟ̈ⲓ· ⲉⲩⲟⲩⲱⲙ
       ⲛ̅ⲛⲁⲥⲁⲣⲝ̅· ⲛⲉⲧ
    5   ⲑⲗⲓⲃⲉ ⲙ̅ⲙⲟ̈ⲓ ⲙⲛ̅
       ⲛⲁϫⲁϫⲉ ⲛ̅ⲧⲟⲟⲩ
       ⲁⲩϭⲃ̅ⲃⲉ ⲁⲩϩⲉ· ⲕⲁⲛ
       ⲉⲣϣⲁⲛ ⲟⲩⲙⲁⲁϩ
       ⲥⲱⲣ ⲉⲣⲟ̈ⲓ ⲙ̅ⲡⲁϩⲏⲧ
    10   ⲛⲁⲣ̅ϩ[ⲟ]ⲧⲉ ⲁⲛ· ⲕⲁⲛ
       ⲉⲣ[ϣ][ⲁ]ⲛ ⲟⲩⲡⲟⲗⲉ
       ⲙⲟⲥ ⲧⲱⲟⲩⲛ ⲉϫⲱ̈ⲓ
       [ϩ]ⲙ̅ ⲡⲁ̈ⲓ ⲁⲛⲟⲕ ϯⲛⲁ
       [ⲕⲁ] [ϩ]ⲧⲏ̈ⲓ· ⲟⲩϩⲱⲃ
    15   [ⲛⲟⲩⲱⲧ] [ⲡ]ⲉⲛⲧ[ⲁ
       ⲁⲓⲧⲉⲓ ⲙⲙⲟϥ ⲛⲧⲙ
       ⲡⲭⲟⲉⲓⲥ ⲡⲁⲓ ⲡⲉϯ]

p. 117   ⲣ̅ⲓ̅ⲍ̅   ⲛⲁ[ϣ]ⲛⲉ ⲛⲥⲱϥ·   xxvi, 4–6
       ⲉⲧⲣⲁⲟⲩⲱϩ ϩⲙ̅ ⲡⲏ̈ⲓ
       ⲙ̅ⲡⲭⲟⲉⲓⲥ ⲛ̅ⲛⲉ
       ϩⲟⲟⲩ ⲧⲏⲣⲟⲩ ⲙ̅ⲡⲁ
    5   ⲱⲛϩ̅· ⲉⲧⲣⲁⲛⲁⲩ ⲉ
       ⲡⲟⲩⲛⲟϥ ⲙ̅ⲡⲭⲟ̈ⲓⲥ
       ⲉϭⲙ̅ⲡϣⲓⲛⲉ ⲙ̅
       ⲡⲉϥⲗⲁⲟⲥ· ϫⲉ ⲁϥ
       ϩⲟⲡⲧ̅ ϩⲛ̅ [ⲧ]ⲉϥⲥⲕⲏ
    10   ⲛⲏ̅ ϩⲙ̅ ⲡⲉϩⲟⲟⲩ ⲛⲙ̅
       ⲡⲉⲑⲟⲟⲩ· ⲁϥⲣ̅ϩⲁ̈ⲓ
       ⲃⲉⲥ ⲉⲣⲟ̈ⲓ ϩⲙ̅ ⲡ[ⲡⲉ]
       ⲑⲏⲡ̅ ⲛ̅ⲧⲉ[ϥ][ⲥⲕⲏⲛⲏ·]
       [ⲁ]ϥϫⲁ[ⲥⲧ ϩⲛ ⲟⲩⲡⲉ
    15   ⲧⲣⲁ· ⲧⲉⲛⲟⲩ ⲉⲓⲥ
       ϩⲏⲏⲧⲉ ⲁϥϫⲓⲥⲉ
       ⲛⲧⲁⲁⲡⲉ ⲉϫⲛ ⲛⲁϫⲁ]

p. 116. 13 ι supra, manu altera?

p. 117. 1 ϣⲓⲛⲉ sine ⲛⲁ LZT ἐκζητήσω ⓖ | 6 ⲡⲭⲟⲉⲓⲥ LZ

p. 118 ⲢⲒⲎ̅

ϪⲈ· ⲀⲒⲔⲰ[ⲦⲈ ⲀⲒ]
ϢⲰⲰⲦ̅ ⲄⲚ ⌈Ⲧ⌉[ⲉ]ϥ
ⲤⲔⲎⲚⲎ̅ ⲚⲞⲨⲐⲨⲤⲒⲀ
ⲚⲤ̅ⲘⲞⲨ· ϯⲚⲀϪⲰ
5 ⲦⲀϯⲀⲖⲖⲈⲒ ⲈⲠϪⲞⲒⲤ
ⲤⲰⲦⲘ̅ ⲠϪⲞⲈⲒⲤ ⲉ̅
ⲠⲈⲄⲢⲞⲞⲨ ⲈⲚⲦⲀⲒ
ϢϢ ⲈⲂⲞⲖ ⲘⲘⲞϥ·
ⲚⲀ ⲚⲀⲒ ⲠϪⲞⲈⲒⲤ Ⲛⲅ̅
10 ⲤⲰⲦⲘ̅ ⲈⲢⲞⲒ· ⲚⲦⲀ
ⲠⲀⲄⲎⲦ ϢⲀϪⲈ ⲉ̅
[Ⲣ]⌈Ⲟ⌉Ⲕ ⲀϥϢⲒⲚⲈ Ⲛ̅ⲤⲀ
[ⲠⲈⲔ]ⲄⲞ· ⲠⲈⲔⲄⲞ
[ⲠϪⲞⲈⲒⲤ ϯ]ⲚⲀϢⲒ
15 [ⲚⲈ ⲚⲤⲰϥ. ⲘⲠⲢⲔⲰⲦⲈ
ⲘⲠⲈⲔⲄⲞ ⲤⲀⲂⲞⲖ ⲘⲘⲞⲒ]

xxvi, 6–9

p. 119 ⲢⲒⲐ̅·

⌈Ⲙ⌉[Ⲡ]⌈Ⲣ⌉ⲢⲀⲔⲦ̅Ⲕ ⲈⲂⲞⲖ
ⲘⲠⲈⲔⲄⲘⲄⲀⲖ ⲄⲚ̅ ⲞⲨ
ⲞⲢⲄⲎ· ϢⲰⲠⲈ ⲚⲀⲒ
Ⲛ̅ⲂⲞⲎⲐⲞⲤ ⲘⲠⲢ̅
5 ⲤⲦⲞⲒ ⲈⲂⲞⲖ· Ⲙ̅ⲠⲢ̅
ⲔⲀⲀⲦ̅ Ⲛ̅ⲤⲰⲔ ⲠⲚⲞⲨ
ⲦⲈ ⲠⲀⲤⲰⲦⲎⲢ̅ ϪⲈ Ⲁ
ⲠⲀⲈⲒⲰⲦ ⲘⲚ̅ ⲦⲀⲘⲀ
ⲀⲨ ⲔⲀⲀⲦ̅ Ⲛ̅ⲤⲰⲞⲨ.
10 ⲠϪⲞⲈⲒⲤ ⲆⲈ ⲠⲈⲚⲦⲀϥ
ϢⲞⲠⲦ̅ ⲈⲢⲞϥ· ⲤⲘ̅Ⲛ
ⲚⲞⲘⲞⲤ ⲚⲀⲒ ⲠϪⲞⲒⲤ
ⲄⲚ̅ ⲦⲈⲔⲄⲒⲎ̅ ⌈Ⲁ⌉[ⲨⲰ]
Ⲛⲅ̅ϪⲒ [ⲘⲞⲈⲒⲦ ⲄⲎⲦ
15 ⲄⲚ ⲞⲨⲄⲒⲎ ⲈⲤⲤⲞⲨⲦⲰⲚ
ⲈⲦⲂⲈ ⲚⲀϪⲀϪⲈ
ⲘⲠⲢⲦⲀⲀⲦ ⲈⲦⲞⲞ]

xxvi, 9–12

p. 118. 5. ⲚⲦⲀϯⲀⲖⲖⲈⲒ LB ⲦⲀϯⲀⲖⲖⲈⲒ Z | 7 ⲚⲦⲀⲒϢϢ LZ ⲈⲚⲦⲀⲒϢϢ B | 9 ⲚⲀⲒⲠϪⲞⲈⲒⲤ
male L^b cor L^c | 10 ⲈⲢϢⲒ L^b ⲈⲢⲞⲒ L^c

p. 119. 1 ⲘⲠⲢⲢⲀⲦⲔ L^bL^c ⲘⲠⲢⲢⲀⲔⲦⲔ Z | 4 l ⲘⲠⲢⲦⲤⲦⲞⲒ LZ | 12 ⲠϪⲞⲈⲒⲤ LZ

p. 120   Ρ̅Κ̅   ΤΟΥ Ν̅ΝΕΤ̅ΥⳋΧⳋⳋΗ Ν̅⳾   xxvi, 12–xxvii, tit
ΝΕΤⲐⲖⲒΒΕ Μ̅ΜΟⳠ·
ⲬΕ ⲀΥⲦⲰΟΥΝ ΕⲢΟⳠ
Ν̅ϬⲒ Ⲥ̅ΕΝ Μ̅Ν̅ΤⲢΕ Ν̅
5   ⲬⲒΝ̅ϬΟΝϹ̅· ⲀΥⲰ Ⲁ
ΠⳤⲬⲒΝϬΟΝϹ̅ ⲬⲒ ϬⲞⲖ
ⲈⲢΟⳠ ΟΥⲀⲀⳠ· Ϯ̅ΠⲒⲤ
ⲦⲈΥⲈ ⲈΝⲀΥ ⲈΝⲀⳐⳐⲀ
ⲐⲞΝ Μ̅ΠⳤⲬΟΕⲒⲤ Ⲥ̅Μ̅
10   ΠⲔⲀⲤ Ν̅ΝⲈⲦⲞΝ̅ϩ̅·
Ϯ̅ΝⲀⲤ̅ΥΠⲞⲘⲒΝⲈ ⲉ̅
⳾ΠⳤⲬⲞ⳾ⲈⲒⲤ· ⲬⲢⲞ̅ ⲀΥⲰ
⳾ⲘⲀⲢⲈ⳾ ΠⲈⲔⲤ̅ⲎⲦ
⳾ⲦⲰⲔ ΝⳋⲤ̅ΥΠⲞⲘⲈⲒΝⲈ
15   ⲈΠⳤⲬⲞⲈⲒⲤ
⳾Κ̅Ζ̅⳾ ΠⲈ ϮⲀⲖⲘⲞⲤ Ν̅ⲖⲀΥⲈⲒⲀ⳾

p. 121   Ρ̅Κ̅Ⲁ̅   ⳋⲦ⳾ⳋⲀⲒⲬⲒⲰⳋⲔⲀⲔ ⲈⲤ̅ⲢⲀⳠ   xxvii, 1–3
ⲈⲢⲞⲔ ΠⳤⲬⲞⲈⲒⲤ ΠⲀ
ΝⲞΥⲦⲈ Μ̅ΠⳤⲢ̅ⲔⲀⲢⲰⲔ
ⲈⲢⲞⳠ· ⲘⲎΠⲰⲤ Ⲛⳋⲅ̅
5   ⲔⲀⲢⲰⲔ ⲈⲢⲞⳠ ⲦⲀⲢ̅
ⲐⲈ Ν̅ΝⲈⲦⲂⲎⲔ ⲉ̅
ΠⲈⲤⲎⲦ̅ ⲈΠⲰⲎⳠ·
ⲤⲰⲦⲘ̅ ⲈΠⲈⲤ̅ⲢⲞⲞΥ
Μ̅ΠⲀⲤⲞⲠϹ̅ Ⲥ̅Μ̅ Π
10   ⲦⲢⲀⲤⲈΠⲤⲰΠⲔ̅·
ⲦⲀϤⲒ Ν̅ΝⲀϬⲒⲬ ⲈⲤ̅ⲢⲀⳠ
ⲈΠⲈⲔⲢ̅ⲠⲈ ⲈⲦ⳾ⲞΥⲀ⳾
ⲀⲂ· Μ̅ΠⳤⲢ̅ⲤⲈ⳾Ⲕ ⲦⲀ⳾
⳾ⲦⳋΥⲬⳋⲎ ⲘⲚ ΝⲢⲈϤⲢ̅
15   ΝⲞΒⲈ - - -⳾

p. 120. 11 Ⲥ̅ΥΠⲞⲘⲈⲒΝⲈ L Ⲥ̅ΥΠⲞⲘⲒΝⲈ Z | 12 ⲈΠⳤⲬⲞ⳾Ⲓ̅Ⲥ L ⲈΠⳤⲬⲞⲈⲒⲤ Z·
p. 121. 11 ΝⲦⲀϤⲒ L ⲦⲀϤⲒ BZR

p. 122   ⲣⲕⲃ   ⲚⲈⲦϢⲀⲬ[Ⲉ ϨⲚ ⲞⲨⲈⲒ]   xxvii, 3–6

                   ⲢⲎⲚⲎ ⲘⲚ̄ ⲚⲈ[Ⲧ]ϨⲒⲦⲞⲨ

                   ϢⲞⲨ ⲈⲢⲈ Ⲙ̄ⲠⲈⲐⲞⲞⲨ

                   ϨⲚ̄ ⲚⲈⲨϨⲎⲦ· † ⲚⲀⲨ

5   ⲔⲀⲦⲀ ⲚⲈⲨϨⲂⲎⲨⲈ·

                   ⲀⲨⲰ ⲔⲀⲦⲀ ⲦⲠⲞⲚⲎ

                   ⲢⲒⲀ Ⲛ̄ⲚⲈⲨⲘⲈⲈⲨⲈ·

                   ⲦⲰⲰⲂⲈ ⲚⲀⲨ ⲔⲀⲦⲀ

                   ⲚⲈϨⲂⲎⲨⲈ Ⲛ̄ⲚⲈⲨϬⲒⲬ·

10   † ⲚⲀⲨ Ⲙ̄ⲠⲈⲨⲦⲞⲨ

                   ⲈⲒⲞ· ⲬⲈ Ⲙ̄ⲠⲞⲨⲈⲒ

                   ⲘⲈ ⲈⲚⲈϨⲂⲎⲨⲈ Ⲙ̄

                   [ⲠⲬⲞ]ⲈⲒⲤ· ⲀⲨⲰ ⲚⲈϨ

                   [ⲂⲎⲨⲈ] ⌈Ⲛ̄ⲚⲈϥϬⲒⲬ⌉

15   [ⲔⲚⲀϢⲢⲰⲰⲢⲞⲨ ⲚⲄ

                   ⲦⲘⲔⲞⲦⲞⲨ ⲠⲬⲞⲈⲒⲤ ⲤⲘⲀ]

p. 123   ⲣⲕⲅ   [ⲘⲀⲀⲦ ⲬⲈ] ⲀϥⲤⲰⲦⲘ̄   xxvii, 6–9

                   Ⲉ[ⲠⲈ]⌈Ϩ⌉ⲢⲞⲞⲨ Ⲙ̄ⲠⲀ

                   ⲤⲞ[Ⲡ]Ⲥ̄· ⲠⲬⲞⲈⲒⲤ ⲠⲈ

                   ⲠⲀⲂⲞⲎⲐⲞⲤ ⲀⲨⲰ

5   ⲦⲀⲚⲀϢⲦⲈ· Ⲛ̄ⲦⲀ

                   ⲠⲀϨⲎⲦ ⲔⲀϨⲦⲎϥ

                   ⲈⲢⲞϥ· ⲀⲒ̄Ⲣ̄ϨⲞⲦⲈ

                   Ⲁ ⲦⲀⲤⲀⲢⲎ̄Ⲝ † ⲞⲨⲰ̄

                   †ⲚⲀⲈⳅⲞⲘⲞⲖⲞⲄⲒ

10   ⲚⲀϥ ϨⲘ ⲠⲀⲞⲨⲰϢ·

                   ⲠⲬⲞⲈⲒⲤ ⲠⲈ ⲠⲦⲀⲬ

                   ⲢⲞ Ⲙ̄ⲠⲈϥⲖⲀⲞⲤ·

                   ⲀⲨⲰ ⲦⲚⲀϢⲦⲈ ⲠⲈ

                   Ⲛ̄ⲚⲈⲨⲬⲀⲒ̈ Ⲙ̄[ⲠⲈϥ

15   Ⲭ̄Ⲣ̄Ⲥ̄ ⲘⲀⲦⲞⲨⲬⲈ

                   ⲠⲈⲔⲖⲀⲞⲤ ⲚⲄⲤ

                   ⲘⲞⲨ ⲈⲦⲈⲔⲔⲖⲎ]

p. 122. 4 †ⲚⲀⲨ male L[b]

p. 123. 9 †ⲀⲚⲈⳅⲞⲘⲞⲖⲞⲄⲈⲒ male L[b] corr L[c]

p. 124 ⲢⲔⲀ̄   ⲢⲞⲚⲞⲘⲒⲀ [ⲚⲄⲘⲞ]   xxvii, 9–xxviii, 3
                  ⲞⲚⲈ ⲘⲘⲞⲞ[Ⲩ ⲚⲄ]
                  ⲬⲀⲤⲦⲞⲨ Ⲱ[Ⲁ] [Ⲉ]ⲚⲈⲌ·
                  ⲠⲈⲮⲀⲖⲘⲞ[Ⲥ] [Ⲛ]ⲀⲀⲨ
            5   ⲈⲒⲀ ⲈⲂⲞⲖ ⲌⲚ̄ ⲦⲈⲌⲒⲎ̄
                  ⲔⲎ̄ Ⲛ̄ⲦⲈⲤⲔⲎⲚ[Ⲏ]:
                  ⳨ⲀⲚⲒⲚⲈ ⲘⲠⲬⲞⲈⲒⲤ Ⲛ̄
                  ⲰⲎⲢⲈ ⲘⲠ̄ⲚⲞⲨⲦⲈ·
                  ⲀⲚⲒⲚⲈ ⲘⲠⲬⲞⲈⲒⲤ
            10   Ⲛ̄ⲌⲈⲚⲰⲎⲢⲈ Ⲛ̄ⲚⲞⲒ̈ⲖⲈ
                  ⲀⲚⲒ ⲞⲨⲦⲀⲒ̈Ⲟ ⲘⲚ̄
                  ⲞⲨⲦⲒⲘⲎ ⲘⲠ̄ⲬⲞ
                  ⲈⲒⲤ· ⲀⲚⲒ ⲞⲨⲈⲞⲞⲨ
                  [ⲘⲠⲈ]ⳋⲢⲀⲚ· ⲞⲨⲰ
            15   [ⲰⲦ ⲠⲬⲞⲈⲒⲤ ⲌⲚ
                  ⲦⲈⳋⲀⲨⲖⲎ ⲈⲦⲞⲨⲀⲀⲂ
                  ⲦⲤⲘⲎ ⲘⲠⲬⲞⲈⲒⲤ]

p. 125 ⲢⲔⲈ̄   ⲌⲒ[Ⲭ][Ⲛ] [Ⲙ]ⲘⲞⲞⲨ: Ⲁ̄   xxviii, 3–6
                  ⲠⲚ[Ⲟ]ⲨⲦⲈ ⲘⲠⲈⲞⲞⲨ
                  ⲰⲰ ⲈⲂⲞⲖ: ⲠⲬⲞⲒ̈Ⲥ
                  ⲌⲒ.ⲬⲚ̄ ⲌⲈⲚ ⲘⲞⲞⲨ
            5   ⲈⲚⲀ[Ⲱ]ⲰⲞⲨ: ⲦⲈⲤ
                  ⲘⲎ ⲘⲠ̄ⲬⲞⲈⲒⲤ ⲌⲚ̄
                  ⲞⲨⳘⲞⲘ ⲦⲈⲤⲘⲎ Ⲙ̄
                  ⲠⲬⲞⲈⲒⲤ ⲌⲚ̄ ⲞⲨⲘⲚ̄Ⲧ̄
                  ⲚⲞⳘ· ⲦⲈⲤⲘⲎ Ⲙ̄
            10   ⲠⲬⲞⲈⲒⲤ Ⲉ
ⳋⲞⲨⲰ
                  Ⲱⳋ̄ ⲚⲚⲔⲈⲀⲢⲞⲤ·
                  ⲠⲬⲞⲈⲒⲤ ⲚⲀ ⲞⲨⲰⲰⳋ̄
                  ⲚⲚ̄ⲔⲈⲀⲢⲞⲤ Ⲙ̄[ⲠⲀⲒ
                  ⲂⲀⲚ]ⲦⲞⲤ]. Ⲛ[ⳋ̄ⲦⲢⲈⲨ
            15   ⲢⲰⲌⲒⳘ ⲘⲚ ⲠⲀⲒⲂⲀ
                  ⲚⲞⲤ Ⲛ̄ⲐⲈ ⲘⲠⲘⲀⲤⲈ
                  ⲀⲨⲰ ⲠⲘⲈⲢⲒⲦ Ⲉⳋ]

p. 124. 10 ⲚⲞⲒⲖⲈ LZ | 16 ⲦⲈⳋⲀⲨⲖⲈ Lᵇ ⲦⲈⳋⲀⲨⲖⲎ Lᶜ
p. 125. 3 ⲠⲬⲞⲈⲒⲤ LZ

p. 126   P̄K̄Ⳉ   Ⲟ Ⲛ̄ⲐⲈ ⲚⲞⲨ[Ϣ][ⲎⲢ]Ⲉ   xxviii, 6–9

                 Ⲙ̄ⲘⲞⲚⲞⲔⲀⲢⲞⲤ

                 ⲦⲈⲤⲘⲎ Ⲙ̄ⲡⲬⲞⲒⲤ

                 ⲈϤⲞⲨⲰϢϤ̄ Ⲛ̄ⲞⲨ

         5   ϢⲀⲢ Ⲛ̄ⲤⲀⲦⲈ· ⲦⲈⲤ

                 ⲘⲎ Ⲙ̄ⲡⲬⲞⲈⲒⲤ Ⲉϥ

                 ⲔⲒⲘ ⲈⲦⲈⲢⲎⲘⲞⲤ·

                 ⲡⲬⲞⲈⲒⲤ ⲚⲀ ⲔⲒⲘ Ⲉ̄

                 ⲦⲈⲢⲎⲘⲞⲤ ⲚⲔⲀ

       10   ⲆⲎⲤ· ⲦⲈⲤⲘⲎ Ⲙ̄

                 ⲡⲬⲞⲈⲒⲤ ⲈϤⲤⲞⲂⲦ[Ⲉ

                 Ⲛ̄]Ⲛ̄ⲒⲈ̈ⲒⲞⲨⲀ· ⲀⲨⲰ ϤⲚⲀ

                 [Ϭ̄ⲞⲖⲡ] ⲈⲂⲞⲖ ⲚⲘ̄ⲘⲀ [Ⲛ̄]

                 [ϢⲎⲚ ⲞⲨⲞⲚ ⲚⲒⲘ

       15   ⲈⲦ Ⳉ̄Ⲙ ⲡⲈϤⲢⲡⲈ ⲬⲰ

                 ⲘⲡⲈϤⲈⲞⲞⲨ ϢⲀⲢⲈ]

p. 127   P̄K̄Ⳝ   [ⲡ[ⲬⲞⲈⲒ]Ⲥ ⲈⲒⲚⲈ [Ⲙ]   xxviii, 10–xxix, 1

                 ⲡⲔⲀⲦⲀⲔⲖⲎⲤ[Ⲙ[ⲞⲤ]

                 ⲀⲨⲰ Ⲛϥ̄ⲦⲢⲈϤⳈ[ⲘⲞ]

                 ⲞⲤ· ⲡⲬⲞⲈⲒⲤ ⲚⲀ[ⲢⲢ]

         5   ⲢⲞ ϢⲀ ⲈⲚⲈⳉ· ⲡⲬⲞ

                 ⲈⲒⲤ ⲚⲀϮ Ϭ̄ⲞⲘ Ⲙ̄

                 ⲡⲈϤⲖⲀⲞⲤ· ⲡⲬⲞⲒ̈Ⲥ

                 ⲚⲀⲤⲘⲞⲨ ⲈⲡⲈϤⲖⲀ

                 ⲞⲤ Ⳉ̄Ⲛ̄ ⲞⲨ ⲈⲒⲢⲎⲚⲎ:

       10   ⲈⲡⲬⲰⲔ ⲈⲂⲞⲖ ⲡⲈ

                 ϮⲀⲖⲘⲞⲤ Ⲛ̄ⲦⲰ

    [K̄]ⲐⲆⲎ̄ Ⲙ̄ⲡⲬⲒⲆⲈⲒⲔ.

                 Ⲙ̄ⲡⲎ̈Ⲓ̈ Ⲛ̄ⲆⲀⲨⲈⲒ[Ⲇ

                 ϮⲚⲀⲬⲀⲤⲦⲔ̄ ⲡ[ⲬⲞⲈⲒⲤ - - -]

---

p. 126. 2 ⲘⲘⲞⲚⲞⲔⲈⲢⲰⲤ L ⲘⲘⲞⲚⲞⲄⲈⲢⲞⲤ Z | 3 Ⲙ̄ⲡⲬⲞⲈⲒⲤ LZ Ⲙ̄ⲡⳄ̄Ⲥ B |
    12 ⲚⲚⲈⲈⲒⲞⲨⲀ L ⲚⲚⲒⲈⲞⲨⲀ ZR

p. 127. 2 ⲡⲔⲀⲦⲀⲔⲖⲨⲤⲘⲞⲤ LZ Ⲙ̄ⲡⲡ ⲔⲀⲦⳄⲔⲖⲎⲤⲘⲞⲤ R | 4 [ⲬⲈ] ⲡⲬⲞⲈⲒⲤ Lᵇ parenth
    del Lᶜ | ⲚⲀⲢⲢⲞ LᵇLᶜ ⲚⲀⲢⲢⲢⲞ ZR | 7 ⲡⲬⲞⲈⲒⲤ LZV ⲡⳄ̄Ⲥ R

p. 128 Ρ̅Κ̅Ϩ̅ Π[ΧΟ]ΕΙϹ ΓΠ[ΑΝΟΥΤ]Ε xxix, 3–6
      [ΑΙ]ΧΙϢΚΑΚ ΕϨΡΑΪ
      [ΕΡ]ΟΚ· ΑΚΤΑΛϬΟΪ·
      [Π]ΧΟΕΙϹ ΑΚΝ̅ ΤΑ
    5 ϮΥΧΗ ΕϨΡΑΪ ϨΝ̅ ΝΑ
      ΜΝ̅ΤΕ· ΑΚΤΟΥ
      ΧΟΪ ΕΒΟΛ ϨΝ̅ ΝΕΤ
      ΒΗΚ ΕΠΕϹΗΤ̅ ΕΠ
      ϢΗΪ: ϮΑΛΛΕΙ ΕΠ
    10 ΧΟΕΙϹ ΝΕϥΠΕΤΟΥ
      ΛΑΒ· Ν̅ΤΕΤΝ̅ΟΥ
      ΩΝϨ ΕΒΟΛ Μ̅Π̅Ρ̅
      [Π]ΜΕΕΥΕ Μ̅ΠΕϥ̅ΟΥ
      [ΟΠ] ΧΕ ΟΥΝ ΟΥΟΡ
    15 [ΓΗ ϨΜ ΠΕϥϬΩΝΤ
      ΑΥΩ ΟΥΩΝϨ ϨΜ
      ΠΕϥΟΥΩϢ ΠΡΙΜΕ]

p. 129 Ρ̅Κ̅Θ̅· ΓΝ̅[ΑϢΩ]ΠΕ ΕΡΓΟΓ[ΥϨΕ] xxix, 6–10
      Ν̅ΤΕ ΠΤΕΛ[ΗΛ]
      ϢΩΠΕ ΕϨΤΟΟ[ΥΕ]
      ΑΝΟΚ ΔΕ ΑΪΧΟ[ΟϹ]
    5 ϨΜ̅ ΠΑΟΥΩϢΛ[Ε]
      ΧΕ Ν̅ϮΝΑΚΙΜ Α
      Ν̅ϢΑ ΕΝΕϨ· ΠΧ[Ο]
      ΕΙϹ ϨΜ̅ ΠΕΚΟΥ
      ΩϢ ΑΚϮ ΝΟΥϬΟΜ
    10 ΕΠΑϹΑ· ΑΚΚΤΕ
      ΠΕΚϨΟ ΔΕ ΕΒΟΛ
      ΑΪϢΩΠΕ ΕΪϢΤΡ̅
      ΤΩΡ· ΕΪΝΑΧΙϢ
      ΚΑΚ ΕϨΡΑΪ ΓΕΓΠ
    15 ΧΟΓ[Ε]ΙϹ Τ[ΑϹΟΠϹ
      ΜΠΑΝΟΥΤΕ ΟΥ ΠΕ
      ΠϨΗΥ ΜΠΑϹΝΟϥ]

p. 130 [ΡΛ]

[ϩⲘ Ⲡ]ⲦⲢⲀ[ⲂⲰⲔ

ⲈⲠⲈⲤ]ⲚⲦ̅ ⲈⲠ[Ⲧ]ⲀⲔⲞ·

[ⲘⲎ] ⲈⲢⲈ ⲠⲈⲬⲞⲨⲤ

[ⲚⲀ]ⲈϨⲞⲘⲞⲖⲞⲄⲒ

5 [Ⲛ]Ⲁ]Ⲕ. ⲘⲎ ⲈϤⲚⲀⲬⲰ

[Ⲛ]ⲦⲈⲔⲘⲈ· ⲀⲠⲬⲞ

[Ⲉ]ⲒⲤ ⲤⲰⲦⲘ̅ ⲀϤⲚⲀ

ⲚⲀⲒ· Ⲁ ⲠⲬⲞⲈⲒⲤ ϢⲰ

ⲠⲈ ⲚⲀⲒ Ⲛ̅ⲂⲞⲎⲐⲞⲤ.

10 ⲀϤⲔⲦⲈ ⲠⲀⲚⲈϨⲠⲈ

ⲚⲀⲒ ⲈⲨⲢⲀϢⲈ· ⲀⲔ

ⲠⲈϨ ⲦⲀϬⲞⲞⲨⲚⲈ

ⲀⲔⲘⲞⲢⲦ̅ ⲚⲞⲨⲞⲨ

[ⲚⲞ]Ϥ ⲬⲈ ⲈⲢⲈ ⲦⲀⲞⲨ

15 [ⲚⲀ]Ⲙ̅ ⲤⲘⲞⲨ ⲈⲢⲞⲔ

[ⲚⲦⲀⲦ]Ⲙ̅Ⲙ[Ⲕ]ⲀϨ Ⲛ

ϨⲎⲦ ⲠⲬⲞⲈⲒⲤ ⲠⲀ]

xxix, 10–13

p. 131 [ΡΛΑ]

[ⲚⲞⲨⲦⲈ ϮⲚⲀⲈϨⲞ

ⲘⲞⲖ]ⲞⲄ[ⲈⲒ] Ⲛ[ⲀⲔ]

ϢⲀ ⲈⲚⲈϨ:

ⲈⲠⲬⲰⲔ ⲈⲂⲞⲖ [ⲠⲈ]

Ξ̅Λ ϮⲀⲖⲘⲞⲤ Ⲛ̅ⲆⲀ[ⲨⲈⲒⲆ]

Ⲛ̅ⲦⲈ ⲠⲠⲰϢ̅Ⲥ̅]

Ⲁ]Ⲓ ⲔⲀϨⲦⲎ ⲈⲢⲞⲔ

ⲠⲬⲞⲈⲒⲤ Ⲙ̅ⲠⲢ̅

ⲦⲢⲀⲬⲒϢⲒⲠⲈ ϢⲀ Ⲉ

10 ⲚⲈϨ· ⲚⲀϨⲘⲈⲦ Ⲛ̅Ⲅ̅

ⲦⲞⲨⲬⲞⲒ̈ ϨⲚ̅ ⲦⲈⲔⲆⲒ

ⲔⲀⲒⲞⲤⲨⲚⲎ· ⲢⲒⲔⲈ Ⲙ̅

ⲠⲈⲔⲘⲀⲀⲬⲈ ⲈⲢⲞⲒ̈

Ⲛ̅Ⲅ̅ϬⲈⲠⲎ ⲈⲦⲞⲨⲬⲒⲞⲒ̈

15 ϢⲰⲠⲈ ⲚⲀⲒ ⲈⲨ[ⲚⲞⲨ]

ⲦⲈ Ⲛ̅ⲚⲀϢⲦ[Ⲉ] [ⲀⲨ

Ⲱ] ⲈⲨⲎⲒ̈ Ⲙ̅[ⲘⲀⲘ

ⲠⲰⲦ] ⲈⲦ[ⲞⲨⲬⲞⲒ̈]

xxix, 13–xxx, 3

p. 130. 4 ⲉϩⲟⲙⲟⲗⲟⲅⲉⲓ LZ ⲉϩⲟⲙⲟⲗⲟⲅⲓ V
p. 131. 4 ⲙⲡⲉϯⲁⲗⲙⲟⲥ L tac Lᶜ ⲡⲉϯⲁⲗⲙⲟⲥ BZR | 17 ⲟⲩⲏⲓ L ⲉⲩⲏⲓ Z

p. 132　[Ρ]Λ[Β]　　[ΧЄ ΝΤΟΚ ΠЄ ΠΑ　　　　XXX, 4–7
　　　　　　　ΤΑ]ΧΡΟ [Α][ΓѠ Π]Α]
　　　　　　　[ΜΑΜ]ΠѠΤ· ЄΤΒЄ
　　　　　　　[Π]ЄΚΡΑΝ ΚΝΑΧΙ
　　　　　5　[Μ]ΟЄΙΤ 2ΗΤ ΑΓѠ
　　　　　　　[Ν]ΙΓϹΑΝΟΥѠΤ·
　　　　　　　[Κ]ΝΑΝΤ ЄΒΟΛ 2Ν
　　　　　　　[Τ]ЄΙϬΟΡϬϹ ЄΝΤΑΥ
　　　　　　　2ΟΠϹ ЄΡΟΪ· ΧЄ Ν
　　　　　10　ΤΟΚ ΠЄ ΤΑΝΑϢ
　　　　　　　ΤЄ †ΝΑϬΟΪΛЄ Μ
　　　　　　　ΠΑΠΝΑ ЄΝЄΚϬΙΧ·
　　　　　　　ΑΚϹѠΤЄ ΜΜΟΪ
　　　　　　　ΠΧΟЄΙϹ ΠΝΟΥΤЄ
　　　　　15　[Ν]Τ]ΜЄ· ΑΚΜЄϹ
　　　　　　　[ΤЄ Ν]ЄΤ 2ΑΡ[Є2
　　　　　　　ЄΜΠЄΤϢ]ΟΥЄ[ΙΤ]

p. 133　[ΡΛΓ]　　[ЄΠΧΙΝΧΗ ΑΝΟΚ ΔЄ　　　XXX, 7–10
　　　　　　　ΑΙΚΑ2Τ]ΗΙ Є[ΠΧΟЄΙϹ]
　　　　　　　†ΝΑΤЄΛΗΛ Τ[Α]ЄΥ
　　　　　　　ΦΡΑΝЄ ЄΧΜ Π[ЄΚ]ΝΑ
　　　　　5　ΧЄ ΝΤΟΚ ΑΚϬѠ[Ϣ]Τ]
　　　　　　　ЄΧΜ ΠΑΘΒΒΙΟ
　　　　　　　ΑΓѠ ΑΚΤΟΥΧЄ ΤΑ
　　　　　　　†ΥΧΗ ЄΒΟΛ 2Ν ΝΑ
　　　　　　　ΑΝΑΓΚΗ· ΑΓѠ Μ
　　　　　10　ΠΚΤΑΑΤ ЄΤΟΟΤϤ
　　　　　　　ΜΠΧΑΧЄ· ΑΚΤΑ
　　　　　　　2Є ΝΑΟΥЄΡΗΤЄ Є
　　　　　　　ΡΑΤΟΥ 2Ν ΟΥΟ[ϹΤ[Ν]·
　　　　　　　ΝΑ ΝΑΪ ΠΧΟЄΙ[Ϲ] [ΧЄ]
　　　　　15　[†Θ-[ΛΙ]ΒЄ· Α ΠΑ[ΒΑΛ
　　　　　　　ϢΤΟ]ΡΤΡ [2][Μ ΠЄΚ
　　　　　　　ϬѠΝΤ ΑΓѠ ΤΑ†Υ]

p. 133. 10 ΜΠΚΤΑΑΤЄ male Lᵇ corr Lᶜ | 14 ΟΥΟΥΟϹΤΝ L ΟΥΟϹΤΝ Z

p. 134   [ⲣⲗⲇ]   ⸌ⲭ⸍[ⲏ ⲙⲛ ⲋⲏⲧⲧ ⲁ ⲡⲁⲁ]   xxx, 11–13
                   ⲋ⸌ⲉ⸍ [ⲱ].ⲭ̄ⲛ ⲋ[ⲛ ⲟⲩⲙⲕⲁ]⸌ⲋ⸍
                   ⲛ[ⲋ]ⲏⲧ· ⲁⲩⲱ ⲛⲁⲣⲙ̄
                   ⲡⲡⲟⲟⲩⲉ ⲋⲛ̄ ⲋⲉⲛⲁ
            5   ϣⲁⲋⲟⲙ· ⲁ ⲧⲁϭⲟⲙ
                   ϭⲃⲃⲉ ⲋⲛ̄ ⲟⲩⲙⲛ̄ⲧ⳿ⲋⲏ
                   ⲕⲉ· ⲁⲩⲱ ⲁⲩϣⲧⲟⲣ
                   ⲧⲣ̄ ⲛ̄ϭⲓ ⲛⲁⲕⲉⲉⲥ: ⲁ̈ⲓ
                   ϣⲱⲡⲉ ⲛ̄ⲛⲟϭⲛⲉϭ
            10   ⲡⲁⲣⲁ ⲛⲁⲭⲁϫⲉ ⲧⲏ
                   ⲣⲟⲩ· ⲁⲩⲱ ⲛⲛⲉⲧⲋⲓ
                   ⲧⲟⲩϣ̈ⲓ ⲉⲙⲁⲧⲉ:
                   ⲁⲩⲱ ⲛⲋⲟⲧⲉ ⲛⲛⲉⲧ
                   ⲥⲟⲟⲩⲛ ⲙⲙⲟ̈ⲓ ⲛⲉⲧ
            15   [ⲛ]ⲁⲩ ⲉⲣⲟ̈ⲓ ⲁⲩⲟⲩⲉ ⲛ̄
                   [ⲛⲥⲁ]ⲃⲟⲗ ⲙ̄ⲙⲟ̈ⲓ· ϫⲉ ⲁⲩ
                   [ⲣⲡ]ⲱⲃϣ̄ ⲋ[ⲛ ⲛⲉⲩ]
                   ⲋⲏⲧ ⲛ̄ⲑ⸌ⲉ⸍ [ⲛⲛⲓⲕⲱ]

p. 135   [ⲣⲗⲉ̄]   [ⲱⲥ] ⸌ⲁⲓⲣ⸍ⲑⲉ ⲛ[ⲟⲩ]ⲋ   xxx, 13–16
                   ⲛⲁⲁⲩ ⲉⲁϥⲥⲱⲣⲙ̄
                   ϫⲉ ⲁⲓⲥⲱⲧⲙ̄ ⲉⲡ
                   ⲥⲱϣϥ̄ ⲛ̄ⲋⲁⲋ ⲉⲩ[ⲟ]ⲩ
            5   ⲏⲋ ⲋⲙ̄ ⲡⲁⲕⲱⲧⲉ:
                   ⲋⲙ̄ ⲡⲧⲣⲉⲩⲥⲱⲟⲩⲋ
                   ⲋⲓ ⲟⲩⲥⲟⲡ̄ ⲉⲣⲟ̈ⲓ ⲁⲩ
                   ϣⲟϫⲛⲉ ⲉϫⲓ ⲛ̄ⲧⲁ
                   ⲯⲩⲭⲏ· ⲁⲛⲟⲕ ⲁ̈ⲓ
            10   ⲕⲁⲋⲧⲏ̈ⲓ ⲉⲣⲟⲕ
                   ⲡϫⲟⲉⲓⲥ· ⲁ̈ⲓϫⲟⲟⲥ
                   ϫⲉ ⲛ̄ⲧⲟⲕ ⲡⲉ ⲡⲁ
                   ⲛⲟⲩⲧⲉ ⲉⲣⲉ ⲛⲁⲕ⸌ⲗⲏ⸍
                   ⲣⲟ⸌ⲥ⸍ ⲋⲛ̄ ⲛⲉⲕϭⲓⲭ
            15   [ⲙⲁⲧ]ⲟⲩϫⲟ̈ⲓ [ⲉⲧ
                   ϭⲓⲭ ⲛⲛ]ⲁϫ[ⲁϫⲉ
                   ⲙⲛ ⲛⲉⲧⲡⲏⲧ ⲛⲥⲱ]

p. 135. 8 ⲉϫⲛ Lᵇ ⲉϫⲓ ⲛ Lᶜ | 17 ⲛⲉⲡⲏⲧ LᵇLᶜ ⲛⲉⲧⲡⲏⲧ Z

p. 136 [Ρ̄Λ̄Ϛ] ΟΥ[Ε]ΝϨ ΠΕΙΚΓϨΟ [ΕΒΟΛ] XXX, 17–20
     ΕΧΜ̄ ΠΕΚϨΜ̄ϨΑΛ
     ΜΑΤΟΥΧΟΪ ϨΜ̄
     ΠΕΚΝᾹ ΠΧΟΕΙС·
    5 ΜΠ̄Ρ̄ΤΡΑΧΙϢΙΠΕ
     ΧΕ ΑΪϢϢ ΕϨΡΑΪ Ε
     ΡΟΚ· ΕΥΕΧΙϢΙΠΕ
     Ν̄ϬΙ ΝΑСΕΒΗС ΑΥϢ
     Ν̄СΕΧΙΤΟΥ ΕΑΜΝ̄ΤΕ
    10 ΜΑΡΟΥΡ̄ Μ̄ΠΟ Ν̄ϬΙ
     ΝΕСΠΟΤΟΥ Ν̄ΚΡΟ[Ϥ]
     ΝΕΤΧϢ ΝΟΥΑΝΟ
     ΜΙΑ ΕϨΟΥΝ ΕΠΔΙ
     ΚΑΙΟС ϨΝ̄ ΟΥΜΝ̄Τ
    15 [Χ]Α]СΙϨΗΤ̄ Μ[Ν̄] ΟΥ
     [СϢ]Ϣ· ΧΕ Ν[ΑϢΕ
     ΠΑϢΑΙ] Ν̄Τ[ΕΚΜΝΤ]

p. 137 [Ρ̄Λ̄Ζ̄] [ΧΡΗСΤΟС ΠΧΟΕΙС] XXX, 20–22
     Τ[ΑΙ Ε]ΝΤΑ[Κ]ϨΟΠС]
     Ν̄ΝΕΤΡ̄ϨΟΤΕ ϨΗΤΚ̄
     ΑΚΤΟϢС̄ Ν̄ΝΕΤ
    5 ϨΕΛΠΙΖΕ ΕΡΟΚ Μ̄
     ΠΕΜΤΟ ΕΒΟΛ Ν̄Ν̄
     ϢΗΡΕ Ν̄Ν̄ΡϢΜΕ·
     ΚΝΑϨΟΠΟΥ ϨΜ̄
     ΠΠΕΘΗΠ Μ̄ΠΕΚ
    10 ϨΟ̄ ΕΠΕϢΤΟΡΤΡ̄
     Ν̄Ν̄ΡϢΜΕ· ΚΝΑΡ̄
     ϨΑΪΒΕС ΕΡΟΟΥ ϨΝ̄
     ΝΟΥϨΑΪΒΕС ΕΠΟΥ
     ϢϨΜ̄ Ν̄ϨΕΝ ΛΑС·
    15 ΠΧΟΕΙС СΜΑΜ[Α
     Α[Τ] [Χ]Ε ΑϤϮ [Ε]
     [ΟΟΥ ΜΠΕϤΝΑ ΕϨΡΑΙ]

p. 136. 4 ΠΧΟΙС L, BZVWinst = F | 16 СϢϢϤ LBZ
p. 137. 12 ϨΝ ΟΥϨΑΙΒΕС LZV

p. 138 [Ρ̅Λ̅Η̅]   [Ε]ⲬⲰⲠ [ⲌⲚ ⲞⲨⲠⲞⲖⲒⲤ]   XXX, 22–24

ⲈⲤⲦⲀ[Ⲭ]ⲢⲎⲨ ⲀⲚⲞⲔ

ⲆⲈ ⲀⲒ̈ⲬⲞⲞⲤ ⲌⲚ̅ ⲦⲀ

ⲈⲔⲤⲦⲀⲤⲒⲤ ⲬⲈ ⲘⲈ

5 ⲰⲀⲔ ⲀⲒ̈ⲌⲈ ⲈⲂⲞⲖ Ⲛ̅

ⲚⲀⲌⲢⲚ̅ ⲚⲈⲔⲂⲀⲖ·

ⲈⲦⲂⲈ ⲠⲀⲒ̈ ⲀⲔⲤⲰ

ⲦⲘ̅ ⲈⲠⲈⲌⲢⲞⲞⲨ Ⲙ̅

ⲠⲀⲤⲞⲠⲤ̅ ⲌⲘ̅ ⲠⲦⲢⲀ

10 ⲰⲰ ⲈⲌⲢⲀⲒ̈ ⲞⲨⲂⲎⲔ:

ⲘⲈⲢⲈ ⲠⲬⲞⲈⲒⲤ ⲚⲈ[Ϥ]

ⲠⲈⲦⲞⲨⲀⲀⲂ ⲦⲎ

ⲢⲞⲨ· ⲬⲈ ⲈⲢⲈ ⲠⲬⲞⲒ̈Ⲥ

ⲰⲒⲚⲈ Ⲛ̅ⲤⲀ Ⲙ̅ⲘⲚ̅Ⲧ̅

15 [Ⲙ̅]Ⲉ· ⲀⲨⲰ ϤⲚⲀⲦⲞ[Ⲩ]

[ⲈⲒⲞ ⲚⲚⲈ]Ⲧ̅[ⲬⲞⲤⲈ]

p. 139 ΡⲖ·Θ·   [Ⲛ̅ⲌⲎⲦ ⲈⲘ]Ⲁ̅Ⲧ̅Ⲉ: XXX, 24–xxxi, 3

ⲬⲢⲞ [Ⲛ̅]ⲦⲈ ⲠⲈⲦⲚ̅

ⲌⲎⲦ Ϭⲙ̅Ϭⲟⲙ· ⲞⲨ

ⲞⲚ ⲚⲒⲘ̅ ⲈⲦⲌⲈⲖⲠⲒ

5 ⲌⲈ ⲈⲠⲬⲞⲈⲒⲤ:

ⲠⲀ ⲦⲘ̅Ⲛ̅ⲦⲢⲘ̅Ⲛ̅

[Λ̅Ⲁ̅] ⲌⲎⲦ̅ Ⲛ̅ⲆⲀⲨⲈⲒⲆ:

ⲚⲀⲒ̈ⲀⲦⲞⲨ Ⲛ̅ⲚⲈⲚⲦⲀⲨ

ⲔⲰ ⲈⲂⲞⲖ Ⲛ̅ⲚⲈⲨⲀ

10 ⲚⲞⲘⲒⲀ· Ⲙ̅Ⲛ̅ ⲚⲈⲚⲦⲀⲨ

ⲌⲰⲂⲤ̅ ⲈⲂⲞⲖ ⲈⲬⲚ̅

ⲚⲈⲨⲚⲞⲂⲈ· ⲚⲀⲒ̈ⲀⲦϤ̅

Ⲙ̅ⲠⲢⲰⲘⲈ ⲈⲦⲈ Ⲙ̅

ⲠⲬⲞⲈⲒⲤ ⲚⲀⲈⲠ ⲚⲞ

15 ⲂⲈ ⲈⲢⲞϤ ⲀⲚ· ⲞⲨ[ⲆⲈ

ⲈⲘ̅Ⲛ̅]Ⲕ̅[Ⲣ]ⲞϤ ⲌⲚ̅ [ⲦⲈϤⲦⲀⲠⲢⲞ

ⲀⲒⲔⲀⲢⲰⲒ ⲬⲈ Ⲁ ⲚⲀⲔⲈⲈⲤ ⲢⲀⲤ]

---

p. 138. 4 ⲘⲈ ⲰⲀⲔⲀⲒⲌⲈ male LᵇZ | 8 ⲈⲠⲈⲤⲌⲢⲞⲞⲨ male Lᵇ corr Lᶜ | 13 ⲠⲬⲞⲈⲒⲤ LZ

p. 139. 5 ⲈⲠⲀⲬⲞⲈⲒⲤ male Lᵇ corr Lᶜ | 14 ⲚⲀⲈⲢⲚⲞⲂⲈ male Lᵇ corr Lᶜ

p. 140 ⲣⲙ

ϨⲘ ⲠⲦⲢⲀⲬ[ⲓ]ⲱⲓⲔⲀⲔ
ⲈⲂⲞⲖ ⲘⲠⲈϨⲞⲞⲨ
ⲦⲎⲢϤ· ⲬⲈ ϨⲘ ⲠⲈ
ϨⲞⲞⲨ ⲘⲚ ⲦⲈⲨϢⲎ
5 Ⲁ ⲦⲈⲔϬⲒⲬ ϨⲢⲞϢ ⲈϨ
ⲢⲀⲒ ⲈⲬⲰⲒ· ⲀⲒⲔⲦⲞⲒ
ⲈⲨⲦⲀⲖⲀⲒⲠⲰⲢⲒⲀ̅·
ϨⲘ ⲠⲦⲢⲀⲦⲰⲖ̅ⲥ̅ Ⲛ̄
ⲐⲈ Ⲛ̄ⲚⲒϢⲞⲚⲦⲈ·
10 ⲆⲒⲀ̅ⲮⲀⲖ̄ⲘⲀ· ⲀⲒⲬ[Ⲱ]
Ⲙ̄ⲠⲀⲚⲞⲂⲈ Ⲙ̄ⲠⲒ
Ⲙ̄ⲠⲒϨⲈⲠ ⲦⲀⲀⲚⲞ
ⲘⲒⲀ· ⲀⲒⲬⲞⲞⲤ ⲬⲈ †
ⲚⲀ[Ⲭ]Ⲉ ⲠⲀⲚⲞⲂⲈ Ⲉ[Ⲧ
15 † ⲞⲨⲂⲎ]Ⲓ̈ ⲈⲠ[ⲬⲞⲈⲒⲤ
ⲀⲨⲰ ⲚⲦⲞⲔ ⲠⲈⲦ]

xxxi, 3–5

p. 141 [ⲣⲙ̅ⲁ̅]

[ⲚⲀⲔⲰ] ⲈⲂⲞⲖ Ⲛ̄Ⲧ
[Ⲙ]Ⲛ[Ⲧ]ϢⲀϤⲦⲈ Ⲙ̄
ⲠⲀϨⲎⲦ: ⲆⲒⲀⲮⲀⲖ
ⲘⲀ· ⲈⲢⲈ ⲞⲨⲞⲚ ⲚⲒⲘ
5 ⲈⲦⲞⲨⲀⲀⲂ ⲚⲀϢ
ⲖⲎⲖ ⲈⲢⲞⲔ· ϨⲀ ⲦⲀⲒ̈
Ⲙ̄ⲠⲈⲞⲨⲞⲈⲒϢ ⲈⲦ
Ⲥ̅ⲂⲦⲰⲦ· ⲠⲖⲎⲚ
ϨⲚ̄ ⲞⲨⲔⲀⲦⲀ[Ⲕ]ⲖⲎⲤ
10 ⲘⲞⲤ Ⲙ̄ⲘⲞⲞ[Ⲩ] ⲈⲚⲀ
ϢⲰϤ· Ⲛ̄ⲤⲈⲚⲀϨⲰ̅
ⲈⲢⲞϤ ⲀⲚ· Ⲛ̄ⲦⲞⲔ ⲠⲈ
ⲠⲀⲘⲀⲘ̄ⲠⲰⲦ̅ Ⲉ
ⲂⲞⲖ ϨⲚ̄ ⲦⲈⲐⲖⲒⲮⲒⲤ
15 ⲈⲦⲔⲰⲦⲈ ⲈⲢ[ⲞⲒ]
[ⲠⲀ]ⲦⲈⲖⲎⲖ [Ⲥ]ⲞⲦⲦ
ⲈⲂⲞⲖ ϨⲚ ⲚⲈⲦϨⲘ]

xxxi, 5–7

p. 140. 12 ⲘⲠⲒ delendum
p. 141. 9 ⲔⲀⲦⲀⲔⲖⲨⲤⲘⲞⲤ LZ | 11 ⲚⲤⲈⲚⲀϨⲰⲚ Z ⲚⲤⲈⲚⲀ[Ϣ]ϨⲰⲚ male Lᵇ corr Lᶜ

p. 142 [ⲣ̅ⲙ̅ⲃ̅]   ⲡⲁⲕⲱ[ⲧⲉ ⲇⲓⲁ]   xxxi, 7–10
                    ϯⲁⲗⲙⲁ· ϯ[ⲛ]ⲁⲧⲁ
                    ⲙⲟⲕ ⲛ̅ⲧⲁⲧⲥⲁ
                    ⲃⲟⲕ ⲉⲧⲉϩⲓⲏ ⲉⲧⲕ̅
              5   ⲛⲁⲃⲱⲕ ⲛ̅ϩⲏⲧⲥ̅·
                    ϯⲛⲁⲧⲁⲭⲣⲉ ⲛⲁⲃⲁ[ⲗ]
                    ⲉϩⲣⲁï ⲉϫⲱⲕ ⲙ̅ⲡ̅ⲣ̅
                    ⲣ̅ⲑⲉ ⲛ̅ⲛⲓϩⲧⲟ ⲙⲛ̅ ⲛⲓ
                    ⲙⲁⲥ ⲡⲟⲣ̅ⲕ̅ ⲉⲧⲉ ⲙⲛ̅
              10   ⲧⲟⲩ ⲙⲛ̅ⲧⲥⲁⲃⲉ·
                    ⲥⲱ̅ⲕ̅ ⲛ̅ⲟⲩⲟⲟϭⲉ ⲛ
                    ⲛⲉⲧⲉ ⲛ̅ⲥⲉϩⲱⲛ ⲉ
                    ⲣⲟⲕ ⲁⲛ· ϩⲛ̅ ⲟⲩⲭⲁ
                    ⲗⲓⲛⲟⲥ ⲙⲛ̅ ⲟⲩⲱ
              15   [ⲧⲟ]ⲫⲉ· ϩⲁϩ ⲛⲉ ⲙ̅
                    [ⲙⲁⲥ]ⲧⲓⲅ̅ⲝ̅ ⲙ̅
                    [ⲡⲣⲉϥⲣⲛⲟⲃⲉ]

p. 143 ⲣ̅ⲗ̅[ⲅ̅]   [ⲡⲛⲁ ⲇⲉ ⲛⲁⲕⲱ]   xxxi, 10–xxxii, 2
                    [ⲧ]ⲉ [ⲉ]ⲛⲉⲧϩⲉⲗⲡⲓ
                    ⲍⲉ ⲉⲡϫⲟⲉⲓⲥ· ⲛ̅
                    ⲇⲓⲕⲁⲓⲟⲥ ⲉⲩϥⲣⲁ
              5   ⲛⲉ ⲉϫⲙ̅ ⲡϫⲟⲉⲓⲥ·
                    ⲛ̅ⲧⲉⲧⲛ̅ⲧⲉⲗⲏⲗ
                    ⲛ̅ⲧⲉⲧⲛ̅ϣⲟⲩ
                    ϣⲟⲩ ⲙ̅ⲙⲱⲧⲛ̅
                    ⲧⲏⲣⲧⲛ̅ ⲛⲉⲧⲥⲟⲩ
                    [ⲗ]ⲃ ⲧⲱⲛ ϩⲙ̅ ⲡⲉⲩϩⲏⲧ:
                    ⲉⲗⲁⲩⲉïⲗ:
                    ⲛⲇⲓⲕⲁⲓⲟⲥ ⲧⲉⲗⲏⲗ
                    ⲙ̅ⲡϫⲟⲉⲓⲥ· ⲉ[ⲣ]ⲉ
                    ⲡⲉⲥⲙⲟⲩ ⲡ[ⲣⲉⲡⲉⲓ]
              15   ⲛ̅ⲛⲉⲧⲥⲟ[ⲩⲧⲱⲛ
                    ⲟⲩⲱⲛϩ ⲉⲃⲟⲗ ⲙ]

p. 142. 11 1 ⲥⲱⲕ ⲛⲛⲟⲩⲟⲟϭⲉ LZ [ⲥⲉⲕ ⲛⲟ]ⲩⲟϭⲉ B | 15 ⲛⲉⲙⲙⲁⲥⲧⲓⲅ̅ⲝ̅ male L^b
ⲛⲙⲙⲁⲥⲧⲓⲅ̅ⲝ̅ male Z [ⲛⲉ] ⲙⲙⲁⲥⲧⲓⲅ̅ⲝ̅ B

p. 144   ⲢⲘⲆ   ⲠⲬⲞⲈⲒⲤ ⲌⲎ[ⲚⲞⲨⲔⲒ]   xxxii, 2–6

               ⲐⲀⲢⲀ· ⲦⲀ[ⲖⲖⲈⲒ Ⲉ]

               ⲢⲞϤ· Ⲍ̄ⲚⲞⲨⲦⲀⲖⲦⲎ

               ⲢⲒⲞⲚ Ⲙ̄ⲘⲎⲦ̄ ⲚⲔⲀⲠ·

        5   ⲬⲰ ⲈⲢⲞϤ Ⲛ̄ⲞⲨⲬⲰ

               Ⲛ̄ⲂⲢ̄ⲢⲈ· ⲦⲀⲖⲖⲈⲒ

               ⲈⲢⲞϤ ⲔⲀⲖⲰⲤ Ⲍ̄Ⲛ ⲞⲨ

               ⲖⲞⲨⲖⲀⲒ̈· ⲬⲈ ⲠϢⲀⲬⲈ

               Ⲙ̄ⲠⲬⲞⲈⲒⲤ ⲤⲞⲨⲦⲰⲚ

      10   ⲀⲨⲰ ⲚⲈϤⲌⲂⲎⲨⲈ

               ⲦⲎⲢⲞⲨ ϢⲞⲞⲠ̄ ⲌⲚ ⲞⲨ

               ⲠⲒⲤⲦⲒⲤ· ϤⲘⲈ Ⲛ̄Ⲧ̄

               [Ⲙ]Ⲛ̄Ⲧ̄ⲚⲀ̄ ⲘⲚ̄ ⲠⲌⲀⲠ·

               [ⲠⲤⲀⲌ] ⲦⲎⲢϤ̄ ⲘⲈⲌ

      15   [Ⲙ̄ⲠⲚⲀ̄] [Ⲙ̄]ⲠⲬⲞⲈ[ⲒⲤ

               ⲀⲨⲰ ⲌⲘ ⲠⲈϤϢⲀⲬⲈ]

p. 145   Ⲣ̄Ⲙ̄[Ⲉ̄]   [ⲚⲦⲀ Ⲙ̄]ⲠⲎⲨⲈ ⲦⲀ   xxxii, 6–9

               [Ⲭ]Ⲣ̄Ⲟ Ⲁ̄ⲨⲰ ⲚⲈⲨϬⲞⲘ

               ⲦⲎⲢⲞⲨ Ⲍ̄Ⲙ ⲠⲈⲠⲚⲀ̄

               Ⲛ̄ⲢⲰϤ· ⲠⲈⲦⲤⲰⲞⲨⲌ

        5   Ⲛ̄ⲘⲘⲞⲞⲨ Ⲛ̄ⲐⲀⲖⲀⲤ

               ⲤⲀ Ⲛ̄ⲐⲈ Ⲛ̄ⲚⲒⲀⲤⲔⲞⲤ·

               ⲠⲈⲚⲦⲀϤⲔⲰ Ⲛ̄Ⲛ̄ⲞⲨⲚ

               Ⲍ̄Ⲛ ⲚⲈⲨⲀⲌⲰⲰⲢ· ⲘⲀ

               ⲢⲈ ⲠⲔⲀⲌ ⲦⲎⲢϤ̄ Ⲣ̄ⲌⲞ

      10   ⲦⲈ ⲌⲎⲦϤ̄ Ⲙ̄ⲠⲬⲞⲈⲒⲤ·

               ⲘⲀⲢⲈ ⲘⲀ ⲚⲒⲘ ⲤⲦⲰⲦ

               ⲌⲎⲦϤ̄ ⲘⲚ̄ ⲞⲨⲞⲚ ⲚⲒⲘ

               ⲈⲦⲞⲨⲎⲌ Ⲛ̄ⲌⲎⲦⲞⲨ·

               ⲬⲈ Ⲛ̄ⲦⲞϤ ⲠⲈⲚⲦ[Ⲁϥ]

      15   [Ⲭ]ⲞⲞⲤ ⲀⲨϢ[ⲰⲠⲈ

               ⲚⲦⲞ]Ϥ ⲠⲈ[ⲚⲦⲀϤⲌⲰⲚ

               ⲀⲨⲰ ⲀⲨⲤⲰⲚⲦ]

p. 144. 15 ⲘⲠⲬⲞⲒⲤ L ⲘⲠϬ̄Ⲥ R, Z = F

p. 145. 1 ⲘⲠⲎ0Ⲩ ⲈⲦⲀⲬⲢⲞ male Lᵇ, ZR = F | 7 l ⲚⲚⲚⲞⲨⲚ LBZR | 9 ⲠⲒⲔⲀ2 Lᵇ
    ⲠⲔⲀ2 Lᶜ

p. 146 [Ⲣ]ⲙ̅ⲋ̅ ⲡⲭⲟⲉⲓⲥ ⲛ[ⲁⲭⲱ] xxxii, 10–12
ⲣⲉ ⲉⲃⲟⲗ ⲙ̅ⲡⲱ[ⲟ]ⲭ[ⲛⲉ]
ⲛ̅ⲛ̅ϩⲉⲑⲛⲟⲥ· ϥⲛⲁ[ⲁ]
·ⲑⲉⲧⲉⲓ ⲛ̅ⲙⲙⲉⲉⲩⲉ
5 ⲛ̅ⲛ̅ⲗⲁⲟⲥ· ⲁⲩⲱ ϥⲛⲁ
ⲁⲑⲉⲧⲉⲓ ⲛ̅ⲛ̅ϣⲟⲭ
ⲛⲉ ⲛ̅ⲛ̅ⲁⲣⲭⲱⲛ·
ⲡⲱⲟⲭⲛⲉ ⲛ̅ⲧⲟϥ ⲙ̅
ⲡⲭⲟⲉⲓⲥ ϣⲟⲟⲡ ϣⲁ
10 ⲉⲛⲉϩ· ⲙ̅ⲙⲉⲉⲩⲉ
ⲙ̅ⲡⲉϥϩⲏⲧ̅ ϫⲓⲛ ⲟⲩ
ϫⲱⲙ ϣⲁ ⲟⲩϫⲱⲙ
ⲛⲁⲓⲁⲧ̅ϥ̅ ⲙ̅ⲡϩⲉⲑ·
[ⲛⲟ]ⲥ ⲉⲡⲭⲟⲉⲓⲥ ⲡⲉ
15 [ⲡⲉϥⲛ]ⲟⲩⲧⲉ· ⲡⲗ[ⲁ]
[ⲟⲥ ⲉⲛⲧⲁ] [ⲡ.ⲭ.[ⲟⲉⲓⲥ]

p. 147 [Ⲣ̅ⲙ̅ⲍ̅] [ⲥⲟⲧⲡϥ ⲉⲩ]ⲕⲗⲏⲣⲟ xxxii, 12–16
[ⲛⲟⲙⲓ]ⲁ] ⲛⲁϥ· ⲁ ⲡ.ⲭⲟ
[ⲉⲓ]ⲥ 6ⲱϣⲧ ⲉⲃⲟⲗ
ϩ̅ⲛ̅ ⲧⲡⲉ ⲉⲛⲁⲩ ⲉⲛ
5 ϣⲏⲣⲉ ⲧⲏⲣⲟⲩ ⲛ̅ⲛ̅
ⲣⲱⲙⲉ· ⲉⲃⲟⲗ ϩ̅ⲙ̅
ⲡⲉϥⲙⲁⲛϣⲱⲡⲉ
ⲉⲧⲥⲃ̅ⲧⲱⲧ· ⲁϥ
6ⲱϣⲧ ⲉⲭ̅ⲛ̅ ⲛⲉ
10 ⲧⲟⲩⲏϩ ⲧⲏⲣⲟⲩ ϩ̅ⲙ̅
ⲡⲕⲁϩ· ⲡⲉⲛⲧⲁϥ
ⲡⲗⲁⲥⲥⲉ ⲙ̅ⲙⲁⲩ
ⲁⲁϥ ⲛ̅ⲛⲉⲩϩⲏⲧ·
ⲡⲉⲧⲉⲓⲙⲉ ⲉⲛ[ⲉⲩ]
15 ϩⲃⲏⲩⲉ ⲧⲏⲣ[ⲟ][ⲩ ⲙⲛ
ⲟⲩⲣ̅ⲣⲟ ⲛ̅ⲁⲟⲩϫⲁⲓ]

p. 147. 12 ⲙⲁⲩⲁⲁϥ LZR

p. 148 [ⲣ̅ⲙ̅ⲏ̅]   ⲈⲦⲂⲈ [ⲦⲈϤⲚⲞϬ Ⲛ]   xxxii, 16–19

           ϬⲞⲘ· ⲀⲨ[Ⲱ] [ⲘⲚ ⲞⲨ]

           ⲬⲰⲰⲢⲈ ⲚⲀⲚⲞⲨ[ⲌⲘ]

           ⲌⲘ̅ ⲠⲀϢⲀⲒ̈ Ⲛ̅ⲦⲈϤ

     5 ⲚⲞⲘⲦⲈ· ⲘⲚ̅ ⲞⲨⲌ

           ⲦⲞ Ⲛ̅ⲌⲞⲦ ⲈⲞⲨⲬⲀⲒ̈

           Ⲛ̅ϤⲚⲀⲚⲞⲨⲌⲘ̅ ⲀⲚ

           ⲌⲘ̅ ⲠⲀϢⲀⲒ̈ Ⲛ̅ⲦⲈϤ

           ϬⲞⲘ: ⲈⲒⲤ Ⲛ̅ⲂⲀⲖ Ⲙ̅

    10 ⲠⲬⲞⲈⲒⲤ ϬⲰϢ̅Ⲧ

           ⲈⲬⲚ̅ ⲚⲈⲦⲢ̅ⲌⲞⲦⲈ

           ⲌⲎⲦϤ̅· ⲚⲈⲦⲔⲰ

           Ⲛ̅Ⲍ̅ⲦⲎⲨ ⲈⲠⲈϤⲚⲀ

           ⲈⲦⲞⲨⲬⲈ ⲚⲈⲨ┼ⲨⲬⲎ

    15 [ⲈⲂ]ⲞⲒⲀ ⲌⲘ̅ ⲠⲘⲞⲨ·

           [ⲀⲨⲰ] ⲈⲤⲀⲚⲞⲨ[ϢⲞⲨ]

p. 149 [ⲣ̅ⲙ̅ⲑ̅]   [ⲌⲘ̅ ⲠⲌⲈⲂⲰ]ⲰⲚ·   xxxii, 19–xxxiii, 1

           [ⲦⲈⲚ┼]ⲨⲬ[Ⲏ ⲚⲀⲌⲨ

           [ⲠⲞ]ⲘⲒⲚⲈ ⲈⲠ.ⲬⲞⲒ̈Ⲥ

           ⲬⲈ ⲠⲈⲚⲂⲞⲎ⳨ⲞⲤ

     5 ⲠⲈ ⲀⲨⲰ Ⲧ̅Ⲛ̅ⲚⲀϢ

           ⲦⲈ ⲠⲈ· ⲬⲈ ⲈⲢⲈ

           ⲠⲈⲚⲌⲎⲦ̅ ⲚⲀⲈⲨ

           ⲪⲢⲀⲚⲈ Ⲛ̅ⲌⲎⲦϤ̅·

           ⲀⲨⲰ Ⲛ̅ⲦⲀⲚⲚⲀⲌ

    10 ⲦⲈ ⲌⲘ̅ ⲠⲈϤⲢⲀⲚ Ⲉ

           ⲦⲞⲨⲀⲀⲂ· ⲈⲢⲈ ⲠⲈⲔ

           ⲚⲀ ⲠⲬⲞⲈⲒⲤ ϢⲰ

           ⲠⲈ ⲈⲬⲰⲚ̅ ⲔⲀⲦⲀ

           ⳨Ⲉ ⲈⲚⲦⲀⲚⲌⲈⲖ

    15 ⲠⲒⲌ[Ⲉ Ⲉ]ⲢⲞⲔ:

           [ⲗ̅ⲅ̅] [ⲠⲈ┼ⲀⲖ]ⲘⲞ[Ⲥ ⲚⲆⲀⲨ

           ⲈⲒⲆ Ⲛ̅ⲦⲈⲢⲈϤϢⲒⲂⲈ]

p. 148. 6 ⲈⲨⲞⲨⲬⲀⲒ LZ, R = F

p. 149. 2 ⲚⲀⲌⲨⲠⲞⲘⲈⲒⲚⲈ L ⲚⲀⲌⲨⲠⲞⲘⲞⲚⲈ B, Z = F | 3 ⲈⲠ.ⲬⲞⲈⲒⲤ LBZ

p. 150   [P̄Ν̄]   Μ̄[ΠΕϤ2Ο ΜΠΕΜ]   xxxiii, 1–5
                        ΤΟ ΕΒΟ[λ ΝΑΧΙΜΕ]
                        λΕΧ ΑϤΚΑ[ΑϤ]
            Ϯ   ΑϤΒΩΚ:
                        ϮΝΑⲤΜΟΥ ΕΠΧΟΪⲤ
                        ΝΟΥΟΕΙϢ ΝΙΜ̄ ΝΟΥ
                        ΟΕΙϢ ΝΙΜ ΠΕϤⲤΜΟΥ
                        2Ν̄ ΡΩΪ· ΤΑϮΥΧΗ
                        ΝΑΧΙΤΑΪΟ 2Μ̄ ΠΧΟ
            10   ΕΙⲤ ΜΑΡΕ Ν̄ΡΜ̄
                        ΡΑϢ ⲤΩΤΜ̄ Ν̄ⲤΕ
                        ΟΥΝΟϤ· ΧΙⲤΕ ΝΜ̄
                        ΜΑΪ Μ̄ΠΧΟΕΙⲤ·
                        ΑΥΩ Ν̄ΤΕΤΝ̄ΧΙ
            15   ⲤΕ Μ̄ΠΕϤΡΑΝ 2Ι
                        [ΟΥⲤ]ΟΠ· [Α]ΝΟ[Κ] [Α]Ϊ̈
                        [ϢΙΝΕ] Ν̄[ⲤΑ ΠΧΟΕΙⲤ]

p. 151   [P̄Ν̄Ᾱ]   [ΑϤⲤΩΤΜ Ε]ΡΟΙ   xxxiii, 5–8
                        [ΑΥΩ ΑϤΤ]ΟΥΧΟΪ
                        [2Ν] ΝΑΜΑΝ̄6ΟΪλΕ
                        ΤΗΡΟΥ· † Μ̄ΠΕΤΝ̄
            5   ΟΥΟΪ ΕΡΟϤ Ν̄ΤΕΤΝ̄
                        P̄ΟΥΟΕΙΝ̄ ΑΥΩ ΝΕ
                        ΤΝ̄2Ō Ν̄ΝΕΥΧΙϢΙ
                        ΠΕ· ΠΑΪ ΠΕ Π2Η
                        ΚΕ Ν̄ΤΑϤϢϢ ΕΒΟλ
            10   λ ΠΧΟΕΙⲤ ⲤΩΤΜ̄
                        ΕΡΟϤ· ΑΥΩ ΑϤΤΟΥ
                        ΧΟΟϤ 2Ν̄ ΝΕϤΘλΙ
                        Ϯ̄Ⲥ ΤΗΡΟΥ· ϢΑ
                        ΡΕ ΠΑΓΓΕλΟⲤ Μ̄
            15   [ΠΧΟ]ΕΙⲤ ΚΩ[ΤΕ Ε
                        ΝΕΤ]P̄̄2̄[ΟΤΕ 2Η
                        ΤϤ ΝΕϤΝΑ2ΜΟΥ]

p. 150. 5 ΕΠΧΟΕΙⲤ LZ ΕΠ6̄Ⲥ R | 9 ΠΧΟΙⲤ L Π6̄Ⲥ R, Z = F
p. 151. 3 ΕΒΟλ 2Ν LR, Z = F | 4 † ΠΕΤΝΘΟΥΟΙ male L † ΠΕΤΝΟΥΟΙ Z, R = F
   11 Ι ΑϤΤΟΥΧΟϤ LZR

p. 152 [ⲣ̄ⲛ̄]ⲃ

xxxiii, 9-12

ϫⲓ †ⲡ[ⲉ ⲛⲧⲉⲧⲛⲉⲓ]
ⲙⲉ ϫⲉ ⲡϫ[ⲟⲉⲓⲥ]
ⳓⲟⲗⳓ· ⲛⲁⲓⲁⲧϥ [ⲙ]
ⲡⲣⲱⲙⲉ ⲉⲧⲛⲁⳢⲉ[ⲗ]
5 ⲡⲓⳢⲉ ⲉⲣⲟϥ· ⲁⲣⲓ
Ⳣⲟⲧⲉ Ⳣⲏⲧϥ̄ ⲙ̄ⲡⲭⲟ
ⲉⲓⲥ ⲛⲉϥⲡⲉⲧⲟⲩⲁ
ⲁⲃ· ϫⲉ ⲙ̄ⲛ ⳓⲣⲱⳢ
ϣⲟⲟⲡ ⲛ̄ⲛⲉⲧⲣ̄Ⳣⲟ
10 ⲧⲉ Ⳣⲏⲧϥ̄· ⲁ ⲛⲣⲙ̄
ⲙⲁⲟ ⲣ̄Ⳣⲏⲕⲉ ⲁⲩⲱ
ⲁⲩⳢⲕⲟ· ⲛⲉⲧϣⲓ
ⲛⲉ ⲇⲉ ⲛ̄ⲥⲁ ⲡϫⲟⲓⲥ
ⲛ̄ⲥⲉⲛⲁϣⲱⲱⲧ
15 ⲁⲛ ⲛ̄ⲛⲁⲅⲁⲑⲟⲛ
[ⲛⲓⲙ]· ⲇⲓⲁ†ⲁ†ⲁⲙⲁ
ⲁⲙⲏⲓ†ⲧⲛ̄ [ⲛⲁϣⲏⲣⲉ ⲛⲧⲉⲧⲛ]

p. 153 [ⲣ̄ⲛ̄ⲅ]

xxxiii, 12-15

[ⲥⲱⲧⲙ ⲉⲣⲟⲓ ⲧ]ⲁ†ⲥⲃⲱ
[ⲛⲏⲧⲛ] ⲛ̄ⲑⲟⲧⲉ ⲙ̄
[ⲡ]ϫⲟⲉⲓⲥ· ⲛⲓⲙ ⲡⲉ
ⲡⲣⲱⲙⲉ ⲉⲧⲟⲩⲉϣ
5 ⲡⲱⳢ̄ ⲉⲧⲙⲉ ⲛ̄
ⲛⲁⲩ ⲉⲛⲉⳢⲟⲟⲩ ⲉⲧ
ⲛⲁⲛⲟⲩⲟⲩ· ⲙⲁⲧⲁⲗ
ⳓⲉ ⲡⲉⲕⲗⲁⲥ ⲉⲃⲟⲗ
Ⳣⲙ̄ ⲡⲉⲑⲟⲟⲩ· ⲁⲩⲱ
10 ⲛⲉⲕⲥⲡⲟⲧⲟⲩ ⲉ̄
ⲧⲙ̄ϫⲱ ⲛ̄ⲟⲩⲕⲣⲟϥ·
ⲣⲁⲕⲧⲕ̄ ⲉⲃⲟⲗ ⲙ̄
ⲡⲡⲉⲑⲟⲟⲩ· ⲛ̄ⲅⲉⲓ
ⲣⲉ ⲙ̄ⲡⲡⲉⲧⲛⲁ
15 [ⲛ]ⲟⲩϥ· ϣⲓ[ⲛⲉ
ⲛⲥⲁ] †ⲣ[ⲏⲛⲏ
ⲛⲅⲡⲱⲧ ⲛⲥⲱⲥ ϫⲉ ⲉ]

p. 152. 6 ⲧⲏⲧϥ male Lᵇ corr Lᶜ | 13 ⲡϫⲟⲉⲓⲥ LBZ, ⲡ⳥ⲥ R | 15 ⲛⲁⲅⲁⲑⲟⲛ LBZ
ⲉⲁⲅⲁⲑⲟⲛ R
p. 153. 9 ⲙⲡⲉⲑⲟⲟⲩ Lᵇ ⲡⲡⲉⲑⲟⲟⲩ LᶜZRBour

p. 154   [ρ̄ν̄δ̄]   ρε ν̄[βα]λ μπχοειc]   xxxiii, 15–18
ϭⲱϣⲧ̄ εx[ν̄ ν̄δικαι]
oc· αγⲱ ερε ν[εϥ]
μααxε ροκε ε
5 πεγⲥⲟⲡⲥ̄ ερε πⲅⲟ
δε μπχοειc ϭⲱ
ϣⲧ̄ εxν̄ νετειρε
ν̄μπεⲑⲟⲟⲩ· εϥⲱ
τε μ̄πεγⲣⲡⲙε
10 εγε εβⲟⲗ ⲅιxⲙ̄ π
καⲅ: ⲁ ν̄δικαιοc
xιϣκακ εβⲟⲗ ⲁ
πxⲟⲉⲓⲥ ⲥⲱⲧⲙ̄ ε
ροⲟⲩ· ⲁⲩⲱ ⲁϥⲧⲟⲩ
15 [xⲟ]ⲟⲩ ⲅⲛ̄ ⲛⲉⲩ
[ⲑⲗⲓ†]ⲥ ⲧⲏ[ⲣⲟⲩ
ⲡⲭⲟⲉ]ⲓⲥ [ⲅⲏⲛ ⲉⲅⲟⲩⲛ]

p. 155   ρ̄ν̄ε̄   ενετⲟⲩⲟ]ϣϥ̄ ⲅⲙ   xxxiii, 19–23
ⲡⲉⲩⲅ]ⲏⲧ· ⲁⲩⲱ ϥⲛⲁ
ⲧⲁⲛⲅⲉ ⲛⲉⲧⲟ·ⲃ̄ⲃⲓ
ⲏⲩ ⲅⲙ̄ ⲡⲉⲩⲡⲛ̄ⲁ̄·
5 ⲛⲁϣⲱⲟⲩ ⲛⲉⲑⲗⲓ†ⲥ
ⲛ̄ⲛ̄δικⲁⲓⲟⲥ· ⲁⲩⲱ
ⲡⲭⲟⲉⲓⲥ ⲛⲁⲛⲁⲅ
ⲙⲟⲩ ⲛ̄ⲅⲏⲧⲟⲩ ⲧⲏ
ⲣⲟⲩ· ⲡⲭⲟⲉⲓⲥ ⲛⲁ
10 ⲅⲁⲣⲉⲅ ⲉⲛⲉⲩⲕⲉⲉⲥ
ⲧⲏⲣⲟⲩ· ⲛ̄ⲛⲉ ⲟⲩⲁ
ⲟⲩⲱϣ̄ϥ̄ ⲉⲃⲟⲗ ⲛ̄ⲅⲏ
ⲧⲟⲩ· ⲡⲙⲟⲩ ⲛ̄ⲧⲟⲟⲩ
ⲛ̄ⲛ̄ⲣⲉϥⲣ̄ⲛⲟⲃⲉ ⲅⲟ[ⲟⲩ]
15 ⲁⲩⲱ ⲛⲉⲧⲙ[ⲟ]ⲥⲧⲉ
ⲙ̄ⲡ[ⲇⲓ]ⲕⲁ[ⲓ]ⲟⲥ ⲛⲁⲣ̄ⲛⲟⲃⲉ
ⲡⲭⲟⲉⲓⲥ ⲛⲁⲥⲱⲧⲉ ⲛⲛⲉⲩⲯⲩⲭⲏ]

p. 154. 1 ⲙ̄xⲡⲟⲉⲓⲥ male Lᵇ | 3 ⲁⲩⲱ ⲛⲉϥⲙⲁⲁxⲉ ⲉⲩⲣⲟⲕⲉ L, ZRBour = F
p. 155. 14 ⲛ̄ⲛⲣⲉϥⲛⲟⲃⲉ LᵇLᶜ, BZR = F

p. 156   [ⲣⲛ̅ⳅ]   ⲛ̅ⲛⲉϥϩ[ⲙ̅ⲁⲗ ⲁⲩⲱ]   xxxiii, 23–xxxiv, 3
                ⲛ̅ⲛⲉⲩⲣ̅ⲛⲟⲃⲉ [ⲛ̅ϭⲓ ⲟⲩ]
                ⲟⲛ ⲛⲓⲙ ⲉⲧϩⲉⲗ[ⲡⲓ]
        ⲗ̅ⲇ̅ ⲍⲉ ⲉⲣⲟϥ:
                    ⲡⲁ ⲇⲁⲩⲉⲓⲇ:——:
                † ϩⲁⲡ ⲡϫⲟⲉⲓⲥ ⲉⲛⲉⲧ
                ϫⲓ ⲙ̅ⲙⲟⲓ̈ ⲛ̅ϭⲟⲛ̅ⲥ·
                ⲙⲓϣⲉ ⲙ̅ⲛ ⲛⲉⲧⲙⲓ
                ϣⲉ ⲛⲙ̅ⲙⲁⲓ̈· ⲁⲙⲁϩ
       10 ⲧⲉ ⲛⲟⲩϩⲟⲡⲗⲟⲛ
                ⲙ̅ⲛ ⲛⲟⲩⲑⲩⲣⲱⲛ ⲛ̅ⲅ̅
                ⲧⲱⲟⲩⲛ̅ ⲉⲃⲟⲏⲑⲓ ⲉ
                ⲣⲟⲓ̈· ⲡⲱϩ̅ⲧ ⲛ̅ⲟⲩ
                ⲥⲏϥⲉ ⲛ̅ⲅ̅ϩⲟϫⲡⲟⲩ
       15 ⲙ̅ⲡⲉⲙⲧⲟ ⲉⲃⲟⲗ
                [ⲛ̅]ⲛ̅ⲉⲧⲑⲗⲓⲃⲉ ⲙ̅ⲙ̅[ⲟⲓ
                ⲁϫⲓⲥ] ⌈ⲛ̅ⳁⲧⲁ†[ⲩⲭⲏ
                ϫⲉ ⲁⲛⲟⲕ ⲡⲉ ⲡⲟⲩ]

p. 157   ⲡ[ⲛ̅ⲍ̅]   [ⲥⲱⲧ]ⲏⲣ⌉ ⲙⲁⲣⲟ⌈ⲩ⌉   xxxiv, 3–6
                [ϫⲓ]ϣⲓⲡⲉ ⲛ̅ⲥⲉⲟⲩⲱⲗ̅ⲥ̅
                ⲛ̅ϭⲓ ⲟⲩⲟⲛ ⲛⲓⲙ ⲉⲧ
                ϣⲓⲛⲉ ⲛ̅ⲥⲁ ⲧⲁ†ⲩ
       5 ⲭⲏ· ⲙⲁⲣⲟⲩⲕⲟⲧⲟⲩ
                ⲉⲡⲁϩⲟⲩ ⲛ̅ⲥⲉⲭⲓ⌈ϣⲓ⌉
                ⲡⲉ ⲛ̅ϭⲓ ⲛⲉⲧⲙⲉ
                ⲉⲩⲉ ⲉⲣⲟⲓ̈ ⲉϩⲉⲛⲡⲉ
                ⲑⲟⲟⲩ· ⲙⲁⲣⲟⲩϣⲱ
       10 ⲡⲉ ⲛ̅ⲑⲉ ⲛ̅ⲛⲓϣⲟ
                ⲉⲓϣ ⲙ̅ⲡⲉⲙⲧⲟ ⲉ̅
                ⲃⲟⲗ ⲙ̅ⲡⲧⲏⲩ· ⲉⲣⲉ
                ⲡⲁⲅⲅⲉⲗⲟⲥ ⲙ̅ⲡ[ϫⲟ]
                ⲉⲓⲥ ⲑⲗⲓⲃⲉ ⲙ̅ⲙ⌈ⲟⲟⲩ
       15 ⲙⲁⲣⲉ] ⌈ⲧ⌉ⲉⲩ[ϩⲓⲏ ⲣ
                ⲕⲁⲕⲉ ⲛⲥ̅ⲥⲗⲁⲁⲧⲉ]

p. 156. 11 ⲙ̅ⲛ ⲟⲩⲑⲩⲣⲱⲛ LZR | 12 ⲉⲃⲟⲏⲑⲉⲓ LZ ⲉⲃⲟⲓ·ⲑ·ⲓⲁ R
p. 157. 6 paene evanuerunt litterae ϣⲓ sed membrana integra

p. 158 ΡΝΗ

ΝΑΥ· Ε[ΡΕ] [ΠΑΓΓΕ]
ΛΟΣ ΜΠΧΟΕΙC]
ΠΗΤ ΝCΩΟΥ· Χ[Ε]
ΑΥϨΩΠ ΕΡΟΪ ΝΟΥ
5 ϬΟΡϬϹ ΕΠΧΪΝΧΗ
ΕΠΕΥΤΑΚΟ· ΑΥ
ΝΟϬΝΕϬ ΝΤΑϮΥ
ΧΗ ΕΠΧΙΝΧΗ· ΜΑ
ΡΕ ΟΥϬΟΡϬϹ ΕΙ ΝΑΥ
10 ΕΝCΕCΟΟΥΝ Μ
ΜΟC ΑΝ· ΑΥΩ Π
ΠΑϢΕ ΝΤΑΥϨΟΠ[ϥ]
ΜΑΡΕϥϬΟΠΟΥ·
[ϨΡ]ΑΪ ϨΝ ΤϬΟΡϬ[Ϲ]
15 [CΕΝ]Α]ϨΕ Ϩ[ΡΑΪ ΝϨΗΤC
ΤΑϮΥΧΗ ΝΤΟC ΝΑΤΕΛΗΛ]

xxxiv, 6-9

p. 159 ΡΝΘ

[ΕΧΜ ΠΧΟ]ΕΙC· ΑΥΩ
[CΝΑΟ]ΥΝΟϥ ΕΧΜ
[Π]ΕϥΟΥΧΑΪ ΝΑΚΕ
ΕC ΤΗΡΟΥ ΝΑΧΟΟC
5 ΧΕ ΠΧΟΕΙC ΝΙΜ
ΠΕΤΕΙΝΕ ΜΜΟΚ·
ΠΕΤΝΟΥϨΜ ΝΟΥ
ϨΗΚΕ ΕΒΟΛ ϨΝ Τ
ϬΙΧ ΝΝΕΤΧΟΟΡ Ε
10 ΡΟϥ· ΟΥϨΗΚΕ ΜΝ
ΟΥΕΒΙΗΝ ΕΒΟΛ ϨΙ
ΤΝ ΝΕΤΤΩΡΠ
ΜΜΟϥ· ΑΥΤΩΟΥΝ
ΝϬΙ ϨΕΝΜΝΤΡΕ
15 [Ν]ΧΙΝϬΟΝϹ· [Α]Υ
ΧΝΟ]ΥΪ ΕΝΕΤ[Ε ΝϮCΟΟΥΝ
ΜΜΟΟΥ ΑΝ ΑΥΤΩΩΒΕ ΝΑΙ]

xxxiv, 9-12

p. 158. 13 scriptum erat ϊ corr π

p. 159. 3 scriptum erat ΤΑΛ corr ΝΑ | 5 ΝΜ ΠΕΤ[Ϣ]ΕΙΝΕ male Lᵇ corr Lᶜ ΝΙΜ ΠΕΤ-
ΝΑϢΕΙΝΕ ZR

p. 160   [P̄]ⳌⲌ   Ⲛ︦ⲌⲈⲚ[ⲠⲈⲐⲞⲞⲨ Ⲉ   xxxiv, 12–14

                              ⲠⲘⲀ Ⲛ︦ⲌⲈⲚ[ⲠⲈⲦ]

                              ⲚⲀⲚⲞⲨⲞⲨ· ⲀⲨ[Ⲱ]

                              ⲘⲚ︦ⲦⲀⲦⲰⲎⲢⲈ Ⲛ︦

               5 ⲦⲀⲮⲨⲬⲎ· ⲀⲚⲞⲔ

                              ⲆⲈ Ⲅ︦Ⲙ︦ ⲠⲦⲢⲈⲨⲀⲒ

                              ⲚⲰⲬⲀⲒ ⲚⲀⲒ̈ ⲀⲒ̈Ⲧ︦Ⲅ︦

                              ⲰⲰⲦ︦ ⲚⲞⲨϬⲞⲞⲨ

                              ⲚⲈ· ⲚⲈⲒ̈Ⲑ︦ⲂⲂⲒ̈Ⲟ Ⲛ︦

            10 ⲦⲀⲮⲨⲬⲎ Ⲅ︦Ⲛ︦ ⲚⲞⲨ

                              ⲚⲎⲤⲦⲒⲀ· ⲀⲨⲰ ⲠⲀ

                              ⲰⲖⲀ ⲚⲀⲔⲞⲦ⳨ Ⲉ︦Ⲅ

                              ⲢⲀⲒ̈ ⲈⲔⲞⲨⲚ︦Ⲧ︦ ⲚⲈ[Ⲓ]

                              Ⲅ̄[Ⲣ]ⲀⲚⲀⲔ Ⲛ︦ⲐⲈ Ⲙ︦Ⲡ[ⲈⲦ

            15 ⲌⲒⲦ]ⲞⲨⲰⲒ̈ Ⲙ︦Ⲛ︦ [ⲞⲨ

                              ⲤⲞⲚ ⲚⲈⲒ̈Ⲑ︦ⲂⲂⲒⲎⲨ

                              Ⲛ︦ⲐⲈ ⲘⲠⲈⲦⲢ︦ⲌⲎⲂⲈ]

p. 161   P̄Ⳍ︦Ⲁ̄   [ⲀⲨⲰ ⲠⲈⲦ]ⲞⲔⲘ·   xxxiv, 14–17

                              [ⲀⲨⲤⲰ]ⲞⲨⲌ ⲈⲢⲞⲒ̈

                              [Ⲁ]ⲨⲰ ⲀⲨⲈⲨⲪⲢⲀⲚⲈ·

                              Ⲁ ⲌⲈⲚⲘⲀⲤⲦⲒⲅ︦Ⳍ︦

               5 ⲤⲰⲞⲨ︦Ⲍ︦ ⲈⲢⲞⲒ̈ ⲀⲨⲰ

                              Ⲙ︦ⲠⲒⲈⲒⲘⲈ· ⲀⲨⲬⲰ

                              ⲰⲢⲈ ⲈⲂⲞⲖ· ⲀⲨⲰ Ⲙ︦

                              ⲠⲞⲨⲘ︦ⲔⲀⲌ Ⲛ︦ⲌⲎⲦ·

                              ⲀⲨⲠⲒⲢⲀⲌⲈ Ⲙ︦ⲘⲞⲒ̈

            10 ⲀⲨⲔⲰⲘ︦Ⲱ︦ Ⲛ︦ⲤⲰⲒ̈

                              Ⲅ︦Ⲛ︦ ⲚⲞⲨⲔⲰⲘ︦Ⲱ︦· ⲀⲨ

                              ⲌⲢⲞⲬⲢⲈⲬ Ⲛ︦ⲚⲈⲨ

                              ⲞⲂⲌⲈ ⲈⲌⲢⲀⲒ̈ ⲈⲬⲰⲒ̈

                              ⲠⲬⲞⲈⲒⲤ ⲈⲔⲚⲀ

            15 [Ϭ Ⲱ]ⲰⲦ ⲦⲚ[ⲚⲀⲨ

                              ⲦⲀⲌⲈ] [Ⲧ]Ⲁ[Ⲯ]ⲨⲬⲎ ⲈⲢⲀ

                              ⲦⲤ ⲈⲂⲞⲖ Ⲅ︦Ⲙ︦ ⲠⲈⲨ]

p. 160. 6 ⲠⲦⲢⲈⲨⲈⲚⲰⲬⲖⲈⲒ LZR | 10 Ⲅ︦Ⲛ︦ ⲞⲨⲚⲎⲤⲦⲒⲀ LZR | 13 ⲈⲔⲞⲨⲞⲨⲚ︦Ⲧ︦ LZ, R = F |
15 ⲞⲨⲤⲞⲠ male Lᵇ corr Lᶜ   p. 161. 4 ⲘⲀⲤⲦⲒⳍ︦ L, ZR = F | 9 ⲀⲨⲠⲈⲒⲢⲀⲌⲈ
LR, Z = F | 11 Ⲅ︦Ⲛ︦ ⲞⲨⲔⲰⲘ︦Ⲱ︦ L ⲚⲞⲨⲔⲰⲘ︦Ⲱ︦ BZR

p. 162 ⲣ̄ⲝ̄ⲃ̄ xxxiv, 17–20

ϣⲟϫⲛ⌈ⲉ⌉ [ⲉⲑⲟⲟⲩ]
ⲧⲁⲙ̄ⲛ̄ⲧϣ[ⲏⲣⲉ ⲛⲟⲩ
ⲱⲧ̄ ⲉⲃⲟⲗ ϩⲓⲧⲛ
ⲛ̄ⲙ̄ⲙⲟⲩⲓ̈· ϯⲛⲁⲟⲩ
ⲱⲛϩ̄ ⲛⲁⲕ ⲉⲃⲟⲗ
ⲡϫⲟⲉⲓⲥ ϩⲛ̄ ⲛⲟⲩ
ⲛⲟϭ ⲛ̄ⲛⲉⲕⲕⲗⲏⲥⲓⲁ
ϯⲛⲁⲥⲙⲟⲩ ⲉⲣⲟⲕ
ϩⲛ̄ ⲛⲟⲩⲗⲁⲟⲥ ⲉϥⲟϣ
ⲙ̄ⲡⲣ̄ⲧⲣⲉⲩⲣⲁϣⲉ
ⲙ̄ⲙⲟⲓ̈ ⲛ̄ϭⲓ ⲛⲉⲧⲟ
ⲛ̄ϫⲁϫⲉ ⲉⲣⲟⲓ̈ ⲛ̄ϫⲓⲛ
ϭⲟⲛⲥ̄· ⲛⲉⲧⲙⲟⲥ
ⲧⲉ̊ ⲙ̄ⲙⲟⲓ̈ ⲛ̄ϫⲓⲛϫ[ⲏ
ⲉⲧϫ]ⲱⲣⲙ̄ ⲛ̄ⲛⲉ[ⲩⲃⲁⲗ
ϫⲉ ⲛⲉⲩϫⲱ ⲙⲉⲛ
ⲛⲁⲓ ⲛϩⲉⲛϣⲁϫⲉ]

p. 163 [ⲣ̄ⲝ̄ⲅ̄] xxxiv, 20–24

[ⲛⲉⲓⲣⲏⲛⲏ ⲉⲩ]ⲙⲉ
[ⲉⲩⲉ ⲇⲉ ⲉ]ϩⲉⲛⲕⲣⲟϥ
[ϩⲛ] ⲟⲩⲟⲣⲅⲏ· ⲁⲩⲟⲩ
ⲱⲛ ⲛ̄ⲣⲱⲟⲩ ⲉϩ
ⲣⲁⲓ̈ ⲉϫⲱⲓ̈· ⲁⲩⲱ ⲡⲉ
ϫⲁⲩ ϫⲉ ⲉϩⲉ, ⲉϩⲉ·
ⲁⲛⲙⲉϩ ⲉⲓⲁⲧⲛ̄ ⲙ̄ⲙⲟϥ·
ⲁⲕⲛⲁⲩ ⲡϫⲟⲉⲓⲥ ⲙ̄
ⲡⲣ̄ⲕⲁⲣⲱⲕ· ⲡϫⲟ
ⲉⲓⲥ ⲙ̄ⲡⲣ̄ⲟⲩⲉ ⲙ̄ⲙⲟⲓ̈
ⲧⲱⲟⲩⲛ ⲡϫⲟⲉⲓⲥ ⲧϩ
ⲧⲏⲕ ⲉⲡⲁϩⲁⲡ· ⲡⲁ
ⲛⲟⲩⲧⲉ ⲁⲩⲱ ⲡⲁ
ϫⲟⲉⲓⲥ ⲉⲡⲁⲕⲃⲁ·
[ⲕ]⌈ⲣⲓ⌉ⲛⲉ ⲙⲙⲟⲓ̈ ⌈ⲕ⌉[ⲁⲧⲁ
ⲧⲉⲕⲇⲓⲕⲁⲓ]⌈ⲟ⌉[ⲥⲩⲛⲏ
ⲡϫⲟⲉⲓⲥ ⲡⲁⲛⲟⲩⲧⲉ]

p. 162. 3 ϩⲓⲧⲛ ⲙⲙⲟⲩⲓ LZR | 6 ⲡϫⲟⲓⲥ L, BZR = F | ϩⲛ ⲟⲩ LBZ | 7 ⲛⲉⲕⲕⲗⲏⲥⲓⲁ L, ZRMasp = F | 9 ϩⲛ ⲟⲩⲗⲁⲟⲥ LBZRMasp | 12 ϩⲛ ⲟⲩϫⲓⲛϭⲟⲛⲥ [ϩⲛ in ras] L, ZR· = F

p. 163. 16 ⲉⲕ ⲇⲓⲕⲁⲓⲟⲥⲩⲛⲏ male Lᵇ tac Lᶜ

p. 164 [Ρ͞Ξ͞Δ] ΜΠ͞Ρ[ΤΡΕΥΡΑϢΕ Μ]   xxxiv, 24–27
ΜΟΪ· Μ͞Π[ΡΤΡΕΥΧΟ]
ΟΣ Ζ͞Μ ΠΕΥΖ[ΗΤ] [ΧΕ]
ΚΑΛΩΣ Τ͞Ν͞ΨΥΧΗ
5 ΑΥΩ Μ͞Π͞Ρ͞ΤΡΕΥΧΟ
ΟΣ ΧΕ ΑΝΟΜΚ͞Μ· ΕΥ
ΧΙϢΠΕ Ν͞ΣΕΟΥΩΛ͞Σ
ΖΙΟΥΣΟΠ Ν͞ϬΙ ΝΕΤ
ΡΑϢΕ ΕΧ͞Ν ΝΑΠΕ
10 Θ·ΟΟΥ· ΜΑΡΟΥΤ
ΖΙϢΟΥ ΝΟΥϢΙΠΕ
Μ͞Ν ΝΟΥΩΛ͞Σ Ν͞ϬΙ
ΝΕΤΧΕ ΝΟϬ ΝϢΑ
ΧΕ ΕΖΡΑΪ ΕΧΩΪ
15 ΜΑΡΟΥΤΕΛΗΛ Ν͞
[ΤΟΟ]Υ Ν͞ΣΕΟΥ[ΝΟϥ
Ν͞ϬΙ ΝΕΤΟΥΕϢ ΤΑΛΙ]

p. 165 [Ρ͞Ξ͞Ε] [ΚΑΙΟΣΥΝΗ ΝΣΕ   xxxiv, 27–xxxv, 2
ΧΟΟΣ ΝΟΥΟΕΙ]Ϣ
[ΝΙΜ ΧΕ ΕΡ]Ε ΠΧ[Ο]
[ΕΙΣ] ΑΠ[ΑΙ] ΝΕΤΟΥ
5 ΕϢ ⳨Ρ[Η]ΝΗ Μ͞ΠΕϥ
Ζ͞Μ͞ΖΑΛ· ΑΥΩ ΠΑ
ΛΑΣ ΝΑΤΕΛΗΛ Ζ͞Ν
ΤΕΚΔΙΚΑΙΟΣΥΝΗ·
Μ͞Ν ΠΕΚΤΑΪΟ
10 Μ͞ΠΕΖΟΟΥ ΤΗΡϥ͞:
Λ͞Ε Ε ΠΧΩΚ ΕΒΟΛ Ν͞
ΔΑΥΕΙΔ Π͞Ζ͞Μ͞ΖΑΛ
Μ͞ΠΧΟΕΙΣ:
⌈Τ⌉ ΠΠΑΡΑΝΟΜΟΣ ΧΩ
Μ͞ΜΟΣ Ζ͞Μ ΠΕϥ
[ΖΗ]Τ͞ ΧΕ ⳨ΝΑΡ[ΝΟΒ[Ε
ΝΘΟΤΕ Μ͞ΠΝΟΥΤΕ]

p. 164. 6 l ΕΥΕΧΙϢΠΕ LZR | 12 ΜΝ ΟΥΩΛΣ LZR ΝΜ ΟΥΩΛΣ B | 13 ΝΟϬ male L^b
corr L^c

p. 165. 5 ΜΠΕΙΖΜΖΑΛ L^b ΜΠΕΚΖΜΖΑΛ L^c, BZRℭ𝔐 = F | 13 ΜΠΧΟΕΙΣ L, ZR = F

p. 166   [Ρ̄Ξ̄Ϭ̄]   [ⲘⲠⲈⲘⲦⲞ ⲚⲚⲈϤ]   XXXV, 2–6
                    ⌈ⲂⲀⲖ [ⲈⲂⲞⲖ ⲀⲚ ϪⲈ ⲀϤ]
                    Ⲣ̄ⲔⲢⲞϤ [ⲘⲠⲈϤⲘⲦⲞ]
                    ⲈⲂⲞⲖ· Ⲉ[Ϩⲉ] Ⲉ⌈Ⲧ⌈ⲈϤⲀ]
               5   ⲚⲞⲘⲒⲀ ⲀⲨⲰ ϤⲘⲞ⌈Ⲥ⌉
                    ⲦⲈ· Ⲛ̄ϢⲀϪⲈ Ⲛ̄
                    ⲢⲰϤ ⲞⲨⲀⲚⲞⲘⲒⲀ ⲦⲈ
                    ⲘⲚ̄ ⲚⲞⲨⲔⲢⲞϤ· Ⲙ̄
                    Ⲡ̄ϤⲞⲨⲰϢ ⲈⲤⲞⲨⲚ
               10   Ⲙ̄ⲠⲈⲦⲚⲀⲚⲞⲨϤ
                    ⲈⲀⲀϤ· ⲚⲈϤⲘⲈⲈⲨⲈ
                    ⲈⲨⲀⲚⲞⲘⲒⲀ ϨⲒ̄ⲠⲈϤ
                    Ϭ̄ⲖⲞϬ· ⲀϤⲀϨⲈⲢⲀ
                    Ⲧ̄ϥ̄ ϨⲒ ϨⲒ̄Ⲏ ⲚⲒⲘ̄ Ⲉ⌈Ⲑ·⌈Ⲟ]
               15   ⲞⲨ· ⲦⲔⲀⲔⲒⲀ Ⲁ⌈Ⲉ
                    Ⲙ⌈Ⲡ̄ϥ̄Ⲙ⌈ⲈⲤⲦⲰⲤ
                    ⲠϪⲞⲈⲒⲤ ⲈⲢⲈ ⲠⲈⲔ]

p. 167   [Ρ̄Ξ̄Ⲍ̄]   [ⲚⲀ ϨⲚ ⲦⲠⲈ ⲀⲨⲰ   XXXV, 6–8
                    ⲦⲈⲔⲘⲈ] ⌈Ⲡ⌉Ⲏ̄ϩ̄ ϢⲀ
                    [ⲚⲈ]ⲔⲖⲞⲞⲖⲈ· ⲈⲢⲈ
                    ⌈Ⲧ⌉ⲈⲔⲆⲒⲔⲀⲒⲞⲤⲨⲚⲎ
               5   Ⲟ Ⲛ̄Ⲑⲉ Ⲛ̄Ⲛ̄ⲦⲞⲞⲨ
                    Ⲙ̄ⲠⲚⲞⲨⲦⲈ· ⲈⲢⲈ
                    ⲚⲈⲔϨⲀ̄Ⲡ Ⲟ Ⲛ̄Ⲑⲉ
                    Ⲙ̄ⲠⲚⲞⲨⲚ̄ ⲈⲦⲚⲀ
                    ϢⲰϤ· Ⲛ̄ⲢⲰⲘⲈ
               10   ⲘⲚ̄ Ⲛ̄Ⲧ̄ⲂⲚⲞⲞⲨⲈ
                    ⲔⲚⲀⲦⲞⲨϪⲞⲞⲨ
                    ⲠϪⲞⲈⲒⲤ· Ⲛ̄Ⲑⲉ ⲈⲚ
                    ⲦⲀⲔⲦⲀϢⲈ ⲠⲈⲔ
                    [Ⲛ⌉Ⲁ̄⌉ ⲠⲚⲞⲨⲦⲈ· ⲉ̄
               15   [ⲢⲈ· Ⲛϣ]ⲎⲢⲈ ⲚⲚⲢ⌈Ⲱ⌉
                    [ⲘⲈ ⲚⲀϨⲈⲖⲠⲒⲌⲈ
                    ϨⲀ ⲐⲀⲒⲂⲈⲤ ⲚⲚⲈⲔ]

                    p. 166. 8 ⲘⲚ ⲞⲨⲔⲢⲞϤ LZ
                    p. 167. 17 ⲐⲀⲉⲒⲂⲉⲥ LZ

p. 168 [Ρ͞Ξ͞Η] ΤΝϨ [ⲤⲈⲚⲀⲤⲈⲒ Ⲉ] xxxv, 8–12
ⲂⲞⲖ ϨⲘ [ⲠⲤⲈⲒ Ⲙ]
ⲠⲈⲔⲎⲒ· Ⲛ͞Ⲅ͞Ⲧ[ⲤⲞⲞⲨ]
ϨⲘ ⲠⲈⲬⲒⲘⲀⲢⲢⲞⲤ]
5 Ⲛ͞ⲚⲈⲔⲦⲢⲨⲪⲎ·
ϪⲈ ⲈⲢⲈ ⲦⲠⲨⲄⲎ
Ⲙ͞ⲠⲰⲚϨ ϨⲀⲦⲎⲔ
ϨⲢⲀÏ ϨⲘ͞ ⲠⲈⲔⲞⲨ
ⲞⲈⲒⲚ ⲦⲚ͞ⲚⲀⲚⲀⲨ
10 ⲈⲨⲞⲈⲒⲚ· ⲠⲢⲰ͞ ⲠⲈⲔ
ⲚⲀ͞ ⲈⲂⲞⲖ Ⲛ͞ⲚⲈⲦ
ⲤⲞⲞⲨⲚ Ⲙ͞ⲘⲞⲔ·
ⲀⲨⲰ ⲦⲈⲔⲆⲒⲔⲀⲒ
ⲞⲤⲨⲚⲎ͞ Ⲛ͞ⲚⲈⲦⲤ[ⲞⲨ]
15 ⲦⲰⲚ ϨⲘ͞ ⲠⲈⲢⲨϨⲎⲦ
Ⲙ]Ⲡ͞Ⲣ͞Ⲧ͞Ⲣ͞Ⲉ ⲞⲨⲞⲨⲈⲢⲎⲦⲈ
ⲚϪⲀⲤⲒ ϨⲎⲦ ⲈⲒ ⲚⲀⲒ ⲀⲨⲰ]

p. 169 [Ρ͞Ξ͞Θ] [ⲘⲠⲢⲦⲢⲈ ⲦϭⲒⳜ ⲚⲚ xxxv, 12–xxxvi, 2
ⲢⲈϤⲢⲚⲞⲂⲈ] ⲔⲒⲘ Ⲉ
[ⲢⲞⲒ ϪⲈ] ⲚⲦⲀⲨϨⲈ Ⲙ͞
[Ⲙ]Ⲁ͞Ⲩ Ⲛ͞ϭⲒ ⲚⲈⲦⲢ͞
5 ϨⲰⲂ ⲈⲦⲀⲚⲞⲘⲒⲀ·
ⲀⲨⲦⲀⲔⲞ Ⲛ͞ⲤⲈ
ⲚⲀϢϭⲘϭⲞⲘ ⲀⲚ͞
ⲈⲀϨⲈⲢⲀⲦⲞⲨ:—
Λ͞Ϛ͞ Ⲛ͞ⲆⲀⲨⲈⲒⲆ·
Ⲙ͞Ⲡ͞ⲢⲔⲰϨ ⲈⲚⲈⲦⲞ
Ⲙ͞ⲠⲞⲚⲎⲢⲞⲤ· ⲞⲨ
ⲆⲈ Ⲙ͞Ⲡ͞ⲢⲔⲰϨ ⲈⲚⲈ
ⲦⲈⲒⲢⲈ Ⲛ͞ⲦⲀⲚⲞⲘⲒⲀ
[Ϫ]Ⲉ͞ Ⲛ͞Ⲑ·Ⲉ ⲚⲞⲨⲬⲞⲢ
15 [Ⲧ]ⲞⲤ Ⲥ]ⲈⲚⲀϢⲞⲞⲨⲈ
[ϨⲚ ⲞⲨ]ϭⲈⲠⲎ· ⲀⲨⲰ
Ⲛ·Ⲑ·Ⲉ ⲚⲚⲒⲞ]Ⲩ[ⲞⲞⲦⲈ ⲈⲦⲞⲨⲈⲦ]

---

p. 168. 5 ⲚⲦⲈⲔⲦⲢⲨⲪⲎ LⒼ, BZ𝔐 = F | 6 ⲦⲠⲎⲄⲎ LB, Z = F | 10 ⲈⲨⲞⲨⲞⲈⲒⲚ LBZ
p. 169. 1 ⲚⲢⲈϤⲢⲚⲞⲂⲈ L ⲚⲚⲢⲈϤⲢⲚⲞⲂⲈ Z | 12 ⲘⲠⲢⲔⲞϨ male Lᵇ corr Lᶜ

p. 170 [ⲣ̄ⲟ̄] xxxvi, 2–6

[ⲟⲩⲱⲧ ⲥⲉⲛⲁⲥⲣⲟϥⲣⲉϥ]
ϩ⸢ⲛ⸣ [ⲟⲩϭⲉⲡⲏ ϩⲉⲗ]
ⲡⲓⲍⲉ ⲉⲡϫ[ⲟⲉⲓⲥ]
ⲛ̄ⲕⲉⲓⲣⲉ ⲛⲟⲩ[ⲙⲛⲧ]
ⲭⲣⲏⲥⲧⲟⲥ ⲛ̄ⲅⲟⲩ
ⲱϩ ϩⲓϫⲙ̄ ⲡⲕⲁϩ
ⲛ̄ⲥⲉⲙⲟⲟⲛⲉ ⲙ̄ⲙⲟ[ⲕ
ϩⲓϫⲛ̄ ⲧⲉϥⲙⲛ̄ⲧ̄
ⲣ̄ⲙⲙⲁⲟ· ⲥⲁⲛⲟⲩ
ϣⲕ̄ ⲙ̄ⲡϫⲟⲉⲓⲥ ⲧⲁ
ⲣⲉϥϯ ⲛⲁⲕ ⲛ̄ⲛⲉ
ⲧⲏⲙⲁ ⲙ̄ⲡⲉⲕϩⲏⲧ
ⲟⲩⲛ̄ϩ̄ ⲧⲉⲕϩⲓⲏ
ⲉⲡϫⲟⲉⲓⲥ ⲛⲅϩ[ⲉⲗ]
ⲡⲓⲍⲉ ⲉⲣ⸢ⲟ⸣[ϥ ⲁⲩⲱ
ϥⲛⲁ]ⲉ[ⲓⲣⲉ ⲛⲁⲕ
ϥⲛⲁⲉⲓⲛⲉ ⲉⲃⲟⲗ]

p. 171 [ⲣ̄ⲟ̄ⲁ̄] xxxvi, 6–9

[ⲛⲧⲉⲕⲇⲓⲕⲁⲓ]ⲟ
[ⲥⲩⲛⲏ ⲛ]ⲑⲉ ⲙⲡⲟⲩ
[ⲟⲉ]⸢ⲓ⸣ⲛ̄ ⲁⲩⲱ ⲛⲉⲕ
[ϩ]ⲁⲡ̄ ⲛ̄ⲑⲉ ⲙ̄ⲡⲛⲟⲩ
ⲙⲙⲉⲉⲣⲉ· ϩⲩⲡⲟ
ⲧⲁⲥⲥⲉ ⲙ̄ⲡϫⲟ
ⲉⲓⲥ ⲁⲩⲱ ⲛ̄ⲅⲥⲉⲡ
ⲥⲱⲡϥ̄· ⲙⲡⲣ̄ⲕⲱϩ
ⲉⲡⲉⲧⲥⲟⲩⲧⲱⲛ
ϩⲙ̄ ⲡⲉϥⲱⲛ̄ϩ ϩⲛ̄
ⲟⲩⲣⲱⲙⲉ ⲉϥⲉⲓⲣⲉ
ⲛⲙⲡⲁⲣⲁⲛⲟⲙⲓⲁ·
ⲥⲁϩⲱⲱⲕ ⲉⲃⲟⲗ
[ⲛⲧⲟ]⸢ⲣ⸣ⲅⲏ ⲛ̄ⲅⲕ[ⲱ
ⲛⲥⲱⲕ] ⸢ⲙ̄⸣⸢ⲡ⸣⸢ϭ⸣[ⲱⲛⲧ
ⲙⲡⲣⲕⲱϩ ϩⲱⲥⲧⲉ
ⲉⲣⲡⲟⲛⲏⲣⲟⲥ]

p. 170. 4 ⲛⲅⲉⲓⲣⲉ LZ | 11 ⲛⲛⲁⲓⲧⲏⲙⲁ LZ
p. 171. 13 ⲥⲁϩⲱⲕ LZ

p. 172   [ⲣⲟⲃ̄]   ⲭⲉ [ⲛ̄[ⲉⲧⲟ ⲙ̄ⲡⲟⲛⲏ]   xxxvi, 9–12
                           ⲣⲟⲥ ⲥ[ⲉⲛⲁ[ϥⲟⲧⲟⲩ]
                           ⲉⲃⲟⲗ· ⲛⲉⲧ[ⲩⲡⲟ]
                           ⲙⲓⲛⲉ ⲇⲉ ⲉⲡ[ⲭⲟ[ⲓⲥ]
                    5   ⲛ̄ⲧⲟⲟⲩ ⲛⲉⲧⲛⲁ
                           ⲕⲗⲉⲓⲣⲟⲛⲟⲙⲓ ⲙ̄
                           ⲡⲕⲁϩ· ⲉⲧⲓ ⲕⲉ
                           ⲕⲟⲩ⳿ⲓ ⲡⲉ ⲛ̄ⲧⲉⲧⲙ̄
                           ⲡⲣⲉϥⲣ̄ⲛⲟⲃⲉ ϣⲱ
                   10   ⲡⲉ· ⲛ̄ⲅ̄ϣⲓⲛⲉ ⲛ̄
                           ⲥⲁ ⲡⲉϥⲙⲁ ⲛ̄ⲅ̄ⲧⲙ̄
                           ϩⲉ ⲉⲣⲟϥ· ⲛ̄ⲣⲙ̄ⲣ[ⲁ[ϣ]
                           ⲛ̄ⲧⲟⲟⲩ ⲛⲁⲕⲗⲏⲣⲱ
                           ⲛⲟⲙⲓ ⲙ̄ⲡ[ⲕⲁϩ]
                   15   [ⲁⲩ[ⲱ] ⲥⲉ[ⲛ[ⲁⲥⲁⲛϣ
                           ϩⲛ ⲟ[ⲩⲁ[ϣⲏ ⲛⲉⲓ
                           ⲣⲏⲛⲏ ⲡⲣⲉϥⲣ̄]

p. 173   [ⲣⲟⲅ̄]   [ⲛⲟⲃⲉ ⲛⲁ[ϩⲧⲏ]ϥ   xxxvi, 12–15
                           [ⲉⲡⲇⲓⲕⲁⲓⲟⲥ ⲛ]ϥϩⲣⲟⲭ
                           [ⲣⲉ[ϫ] ⲛ̄ⲛⲉϥⲟⲃϩⲉ ⲉ
                           [ⲣ]ⲱϥ ⲡ.ⲭⲟⲉⲓⲥ ⲇⲉ
                    5   ⲛⲁⲥⲱⲃⲉ ⲛ̄ⲥⲱϥ·
                           ⲭⲉ ϥϭⲱϣⲧ̄ ⲭⲉ
                           ⲡⲉϥϩⲟⲟⲩ ⲛⲏⲩ· ⲁ ⲛ
                           ⲣⲉϥⲣ̄ⲛⲟⲃⲉ ⲧⲱⲕⲙ̄
                           ⲛ̄ⲧⲉⲩⲥⲏϥⲉ ⲁⲩⲱ
                   10   ⲙⲛ̄ⲧ ⲛ̄ⲧⲉⲩⲡⲓⲧⲉ
                           [ⲉ]ⲧⲁⲩⲟ ⲉϩⲣⲁ⳿ⲓ ⲛⲟⲩ
                           ϩⲏⲕⲉ ⲙⲛ̄ ⲛⲟⲩⲉⲃⲓ
                           [ⲏ]ⲛ· ⲉⲕⲱⲛ̄ⲥ ⲛ̄ⲛⲉⲧ
                           [ⲥⲟⲩⲧ]ⲱⲛ ϩⲙ̄ ⲡⲉ[ⲩ
                   15   ϩⲏⲧ ⲉⲣⲉ] ⲧ[ⲉⲩⲥⲏϥⲉ
                           ⲃⲱⲕ ⲉϩⲟⲩⲛ ⲉ
                           ⲡⲉⲩϩⲏⲧ ⲁⲩⲱ ⲛⲧⲉ]

p. 172. 3 ϩⲩⲡⲟⲙⲉⲓⲛⲉ L, Z = F | 6 et 13 ⲕⲗⲏⲣⲱⲛⲟⲙⲉⲓ LZ
p. 173. 12 ⲙⲛ ⲟⲩⲉⲃⲓⲏⲛ LZ

p. 174   [ϷⲞⲆ]   [ⲚⲈⲨⲤⲞⲦⲈ ⲞⲨⲰ]   xxxvi, 15–19
ⲰϤ· Ⲛ[ⲀⲚⲞⲨ ⲞⲨⲔⲞⲨⲒ
Ⲙ̅ⲠⲆⲒⲔⲀⲒⲞⲤ ⌈Ⲉ⌉ϨⲞⲨⲈ
ⲞⲨⲘⲚ̅ⲦⲢⲘ̅ⲘⲀ⌈Ⲟ⌉
5   ⲈⲚⲀϢⲰⲤ Ⲛ̅ⲚⲢⲈϤ
Ⲣ̅ⲚⲞⲂⲈ· ⲬⲈ ⲚⲈϬⲂⲞ[Ⲓ]
Ⲛ̅ⲚⲢⲈϤⲢ̅ⲚⲞⲂⲈ ⲚⲀⲞⲨ
ⲰϢϤ̅· ⲠⲬⲞⲈⲒⲤ ⲆⲈ
ⲦⲀⲬⲢⲞ ⲚⲚ̅ⲆⲒⲔⲀⲒⲞⲤ·
10   ⲠⲬⲞⲈⲒⲤ ⲤⲞⲞⲨⲚ Ⲛ̅ⲚⲈ
ϨⲒⲞⲞⲨⲈ Ⲛ̅ⲚⲈϤⲠⲈⲦⲞⲨ
ⲀⲀⲂ· ⲀⲨⲰ ⲦⲈⲨⲔ⌈Ⲁ⌉[Ⲏ]
⌈Ⲣ⌉ⲞⲚⲞⲘⲒⲀ ⌈Ⲛ⌉Ⲁ[ϢⲰⲠⲈ
Ϣ]⌈Ⲁ⌉ ⲈⲚⲈ⌈Ϩ⌉ [ⲚⲤⲈⲚⲀ
15   ⲬⲒϢⲠⲈ ⲀⲚ ϨⲚ ⲞⲨ
ⲞⲨⲞⲈⲒϢ ⲈϤϨⲞⲞⲨ
ⲀⲨⲰ ⲤⲈⲚⲀⲤⲈⲒ ϨⲚ]

p. 175   [ϷⲞⲈ]   [ⲚⲈϨⲞⲞⲨ ⲘⲠϨ]⌈Ⲉ⌉ⲂⲰ   xxxvi, 19–22
[ⲰⲚ] ⲬⲈ ⲚⲢⲈϤⲢ̅ⲚⲞ
[ⲂⲈ] ⲚⲀⲦⲀⲔⲞ· ⲚⲬⲀ
ⲬⲈ Ⲙ̅ⲠⲬⲞⲈⲒⲤ ϨⲘ̅
5   ⲠⲦⲢⲈⲨⲬⲒⲈⲞⲞⲨ
Ⲛ̅ⲤⲈⲬⲒⲤⲈ ϨⲚ ⲞⲨ
Ⲱ̅ⲬⲚ̅ ⲀⲨⲰ̅ⲬⲚ̅ Ⲛ̅
ⲐⲈ ⲚⲞⲨⲔⲀⲠⲚⲞⲤ·
ϢⲀⲢⲈ ⲠⲢⲈϤⲢ̅ⲚⲞ
10   ⲂⲈ ⲬⲒ ⲈⲬⲰϤ Ⲛϥ̅ⲦⲘ̅
ⲦⲀⲀⲨ· ϢⲀⲢⲈ ⲠⲆⲒ
⌈Ⲕ⌉ⲀⲒⲞⲤ ⲆⲈ ϢⲚ̅Ϩ
[ⲦⲎϤ] ⲀⲨⲰ Ⲛϥ̅† ⲬⲈ
[ⲚⲈⲦⲤⲘⲞⲨ] ⲈⲢ[Ⲟϥ] ⲚⲀ
15   ⲔⲀⲎⲢⲞⲚⲞⲘⲈⲒ
ⲘⲠⲔⲀϨ ⲚⲈⲦⲤⲀ]

p. 174. 4 ⲈⲨⲘⲚⲦⲢⲘⲘⲀⲞ Lᵇ ⲞⲨⲘⲚⲦⲢⲘⲘⲀⲞ LcZ | 15 ⲞⲨⲞⲈⲒϢ LᵇZ ⲞⲨⲞⲨⲞⲈⲒϢ 'paenę
    evanuerunt litterae 3. et 4.' Lᶜ
p. 175. 15 ⲔⲀⲎⲢⲞⲚⲞⲘⲀⲈⲒ male Lᵇ corr Lᶜ

p. 176 [ⲣ̄ⲟ̄ⲋ̄] xxxvi, 22–25

ϩⲟⲩ ⸢ⲁ⸣[ⲉ ⲙⲙⲟϥ ⲥⲉ
ⲛⲁϥⲟⲧⲟⲩ ⲉ⸢ⲃ⸣[ⲟⲗ]
ⲉⲣⲉ ⲛⲉϩⲓⲟⲟⲩⲉ [ⲙ]
ⲡⲣⲱⲙⲉ ⲥⲟⲟⲩⲧⲛ
ϩⲓⲧⲙ̄ ⲡϫⲟⲉⲓⲥ· ⲁⲩⲱ
ϥⲛⲁⲟⲩⲱϣ ⲧⲉϥϩⲓ⸢ⲏ⸣
ⲉⲣϣⲁⲛ ⲡⲇⲓⲕⲁⲓⲟⲥ
ϩⲉ ⲛ̄ϥⲛⲁϣⲧⲟⲣⲧⲣ̄
ⲁⲛ ϫⲉ ⲡϫⲟⲉⲓⲥ †
ⲛ̄ⲧⲟⲟⲧϥ̄· ⲛⲉⲓ̈ⲟ
ⲛ̄ⲕⲟⲩⲓ̈ ⲡⲉ ⲁⲩⲱ ⲁⲓ̈
ⲣ̄ϩⲗ̄ⲗⲟ· ⲙ̄ⲡⲓⲛⲁⲩ
⸢ⲉ⸣ⲩⲇⲓⲕⲁⲓⲟ⸢ⲥ⸣ [ⲉⲁϥ
ⲕⲁⲁϥ ⲛⲥⲱϥ ⲟⲩⲇⲉ]

p. 177 [ⲣ̄ⲟ̄ⲍ̄] xxxvi, 25–28

[ⲡⲉϥⲥⲡⲉⲣⲙⲁ ⲉ]⸢ϥ⸣
[ϣⲓⲛⲉ ⲛ]⸢ⲥⲁ ⲟ⸣ⲉⲓⲕ·
[ⲙⲡ]ⲉϩⲟⲟⲩ ⲧⲏⲣϥ̄
⸢ϣ⸣ⲁϥⲛⲁ̄ ⲁⲩⲱ ⲛ̄ϥⲧ·
ⲁⲩⲱ ⲡⲉϥⲥⲡⲉⲣⲙⲁ
ⲛⲁϣⲱⲡⲉ ⲉⲩⲥ
ⲙⲟⲩ· ⲥⲁϩⲱⲱⲕ
ⲉⲃⲟⲗ ⲙ̄ⲡⲡⲉⲑⲟⲟⲩ:
ⲛ̄ⲅⲉⲓⲣⲉ ⲙ̄ⲡⲉⲧⲛⲁ
ⲛⲟⲩϥ· ⲛ̄ⲅⲟⲩⲱϩ ⲛ̄
ϣⲁ ⲉⲛⲉϩ ⲛ̄ⲉⲛⲉϩ
ϫⲉ ⲡϫⲟⲉⲓⲥ ⲙⲉ ⲙ̄
ⲡϩⲁⲡ̄ ⲁⲩⲱ ⲛ̄ϥⲛⲁ
[ⲕ]ⲱ ⲁⲛ ⲛ̄ⲥⲱϥ ⲛ̄
[ⲛⲉϥⲡⲉⲧ]ⲟⲩⲁⲁ[ⲃ
ⲥⲉⲛⲁϩⲁⲣⲉϩ ⲉⲣⲟⲟⲩ]

p. 176. 4 ⲥⲟⲩⲧⲱⲛ L, Z = F | 6 l ϥⲛⲁⲟⲩⲉϣ LZ
p. 177. 9 ⲙⲡⲡⲉⲧⲛⲁⲛⲟⲩϥ LB(?)Z | 10 omittendum ⲛ | 13 ϥⲛⲁⲕⲱ L, Z = F

p. 178   [ⲣ̅ⲟ̅ⲏ̅]   ϣ[ⲁ ⲉⲛⲉϩ ⲥⲉⲛⲁⲣ]   xxxvi, 28–31

ⲡϩⲁⲡ ⲛ̅ⲛⲉ[ⲧⲟⲩⲁ]

ⲁⲃ· ⲁⲩⲱ ⲡⲉ[ⲥⲡ[ⲉⲣ]

ⲙⲁ ⲛ̅ⲛ̅ⲁⲥⲉⲃⲏⲥ [ⲥⲉ]

5 ⲛⲁϥⲟⲧϥ̅ ⲉⲃⲟⲗ· ⲛ̅

ⲇⲓⲕⲁⲓⲟⲥ ⲛⲁⲕⲗⲏⲣⲟ

ⲛⲟⲙⲓ ⲙ̅ⲡⲕⲁϩ·

ⲁⲩⲱ ⲥⲉⲛⲁⲟⲩⲱϩ

ϩⲓⲭⲱϥ ϣⲁ ⲉⲛⲉϩ

10 ⲛ̅ⲉⲛⲉϩ· ⲧ̅ⲧⲁⲡⲣⲟ

ⲙ̅ⲡⲇⲓⲕⲁⲓⲟⲥ ⲛⲁⲙⲉ

ⲗⲉⲧⲁ ⲛ̅ⲧ̅ⲥⲟⲫⲓⲁ

ⲁⲩⲱ ⲡⲉϥⲗⲁⲥ ⲛⲁ

ⲭⲱ ⲙ̅ⲡϩⲁⲡ· ⲡⲛ[ⲟ

15 ⲙ]ⲟⲥ ⲙ̅ⲡⲉ[ϥ[ⲛⲟⲩⲧⲉ

ϩⲙ ⲡⲉϥϩⲏⲧ ⲁⲩⲱ ⲛⲉϥ

ⲧⲁϭⲥⲉ ⲛⲁⲥⲗⲁⲁⲧⲉ ⲁ̅]

p. 179   [ⲣ̅ⲟ̅ⲑ̅]   [ⲡⲣⲉϥⲣⲛⲟⲃ]ⲉ ⲧ̅ ⲛ̅ϩ̅   xxxvi, 32–35

[ⲧⲏϥ ⲉ]ⲡⲇⲓⲕⲁⲓⲟⲥ

[ⲁⲩ]ⲱ ϥϣⲓⲛⲉ ⲛ̅ⲥⲁ

ⲙⲟⲟⲩⲧϥ̅· ⲛ̅ⲛⲉ

5 ⲡⲭⲟⲉⲓⲥ ⲇⲉ ⲧⲁⲁϥ

ⲉϩⲣⲁⲓ̈ ⲉⲛⲉϥϭⲓⲭ·

ⲁⲩⲱ ⲛ̅ⲛⲉϥϭⲁⲓ̈ⲟϥ

ⲉϥϣⲁⲛ ⲭⲓϩⲁⲡ̅ ⲛ̅ⲙ

ⲙⲁϥ· ϩⲩⲡⲟⲙⲓⲛⲉ

10 ⲉⲡⲭⲟⲉⲓⲥ ⲛ̅ⲅ̅ϩⲁ

ⲣⲉϩ ⲉⲧⲉϥϩⲓⲏ·

ⲁⲩⲱ ϥⲛⲁⲭⲁⲥⲧⲕ̅

ⲉⲧⲣⲉⲕⲕⲗⲏⲣⲟⲛⲟ

[ⲙⲉⲓ ⲙ̅[ⲡⲕⲁϩ· ⲕⲛ[ⲁ]

15 [ⲛⲁⲩ ⲉⲛⲣⲉϥⲣⲛⲟⲃⲉ

ⲉⲩⲛⲁϥⲟⲧⲟⲩ ⲉⲃⲟⲗ]

p. 178. 6 ⲛⲁⲕⲗⲏⲣⲟⲛⲟⲙⲉⲓ LZV

p. 179. 7 ⲛⲛⲉϥϭⲁⲉⲓⲟϥ LZ, B = F | 9 ϩⲩⲡⲟⲙⲉⲓⲛⲉ L, Z = F

p. 180 [ρ̄π̄]   ⲅⲁⲧⲓⲛⲁⲩ ⲉⲡⲁⲥⲉⲃⲏⲥ ⲉϥ   xxxvi, 35–38
              ϫⲓⲥⲧⲉ ⲙⲙⲟϥ ⲁⲩⲱ ⲉϥ
              ⲧⲱⲟⲩⲛ ⲉϩⲣⲁⲓ ⲛⲑⲉ
              ⲛⲛ̄ⲕⲉⲇⲣⲟⲥ ⲙⲡⲗⲓ
       5   ⲃⲁⲛⲟⲥ· ⲁⲓ̈ⲥⲁⲁⲧϥ
              ⲁⲩⲱ ⲁϥⲱ̄ϫⲛ̄· ⲁⲓ̈
              ϣⲓⲛⲉ ⲛⲥⲁ ⲡⲉϥⲙⲁ
              ⲙ̄ⲡⲓϩⲉ ⲉⲣⲟϥ· ϩⲁ
              ⲣⲉϩ ⲉⲧⲙⲛ̄ⲧⲃⲁⲗ
     10   ϩⲏⲧ̄ ⲛ̄ⲅⲛⲁⲩ ⲉⲡⲥⲟ
              ⲟⲩⲧⲛ̄· ϫⲉ ⲟⲩⲛ ⲟⲩ
              ϣⲱϫⲡ̄ ϣⲟⲟⲡ̄ ⲙ̄ⲡⲣⲱ
              ⲙⲉ ⲛ̄ⲣⲉϥⲣⲉⲡⲣⲏⲛⲏ·
              ⲙ̄ⲡⲁⲣⲁⲛⲟⲙⲟⲥ ⲇⲉ
     15   ⲛ̄ⲧⲟⲟⲩ ⲥⲉⲛⲁϥⲟ
              ⲧⲟⲩ ⲉⲃⲟⲗ ϩⲓ ⲟⲩⲥⲟⲡ
              ⲛ̄ϣⲱϫⲡ̄ ⲛⲛⲁⲥⲉⲃⲏⲥ

p. 181 [ρ̄π̄ⲁ̄]   ⲥⲉⲛⲁⲧⲁⲕⲟⲟⲩ ⲉⲣⲉ   xxxvi, 38–xxxvii, 2
              ⲡⲟⲩϫⲁⲓ ⲇⲉ ⲛⲛⲇⲓ
              ⲕⲁⲓⲟⲥ ⲛⲧϥⲙⲡϫⲟ
              ⲉⲓⲥ ⲁⲩⲱ ⲧⲉⲩⲛⲁϣ
       5   ⲧⲉ ⲡⲉ· ϩⲙ̄ ⲡⲉⲩⲟ
              ⲉⲓϣ ⲛ̄ⲧⲉⲩⲑⲗⲓϯⲥ·
              ⲡϫⲟⲉⲓⲥ ⲛⲁⲃⲟⲏⲑⲓ
              ⲉⲣⲟⲟⲩ ⲁⲩⲱ ⲛ̄ϥⲛⲁϩ
              ⲙⲟⲩ: ⲁⲩⲱ ϥⲛⲁⲧⲟⲩ
     10   ϫⲟⲟⲩ ⲉⲃⲟⲗ ϩⲓⲧⲛ̄
              ⲛ̄ⲛ̄ⲣⲉϥⲣⲛⲟⲃⲉ· ⲁⲩⲱ
              ⲛ̄ϥⲛⲁϩⲙⲟⲩ ϫⲉ ⲁⲩ
              ϩⲉⲗⲡⲓⲍⲉ ⲉⲣⲟϥ:
        [ⲗ̄ⲍ̄] ⲡⲉϯⲁⲗⲙⲟⲥ ⲛ̄ⲇⲁⲩ
     15   ⲉⲓⲇ ⲉⲩⲣ̄ⲡⲙⲉⲉⲩⲉ
              ⲉⲧⲃⲉ ⲡⲥⲁⲃⲃⲁⲧⲟⲛ
              ⲡϫⲟⲉⲓⲥ ⲙ̄ⲡⲣ̄ϫⲡⲓⲟⲉⲓ

p. 181. 5 ⲡⲉⲟⲩⲟⲉⲓϣ LZ | 7 ⲛⲁⲃⲟⲏⲑⲉⲓ LZ | 11 ϩⲓⲧⲛ ⲛⲣⲉϥⲣⲛⲟⲃⲉ LZ | 16 ⲡⲁⲥⲁⲃ·
ⲃⲁⲧⲟⲛ male Lᵇ corr Lᶜ

p. 182 [ρπ̄β̄] [2M ΠΕΚϬѠΝΤ ΟΥ] xxxvii, 2–6
[Δ][Ε ΜΠΡϮСΒѠ]
ΝΑΪ 2Ν ΤΕΚ[ΟΡΓΗ]
ΧΕ Α ΝΕΚСΟΤ[Ε]
5 ΤΡ̄ΤѠΡ̄Τ· ΑΥѠ ΑΚ
ΤΑΧΡΟ Ν̄ΤΕΚϬΙΧ Ε2
ΡΑΪ ΕΧѠΪ ΜΝ̄ ΤΑΛ
ϬΟ 2Ν̄ ΤΑСΑΡΞ̄ Μ̄
ΠΕΜΤΟ ΕΒΟΛ Ν̄
10 ΤΕΚΟΡΓΗ· ΜΝ̄ ΕΙ
ΡΗΝΗ ШΟΟΠ Ν̄ΝΑ
ΚΕΕС Ν̄ΝΑ2ΡΝ̄ ΝΑ
ΝΟΒΕ· ΧΕ Α ΝΑΑΝΟ
ΜΙΑ ΧΙСΕ ΕΤΑΑΠ[Ε]
15 ΑΥ2ΡΟШ Ε2[ΡΑ][Ï Ε
Χ]ѠΪ Ν̄Θ·[Ε] [ΝΟΥΕΤΠѠ
ΕС2ΟΡШ ΑΥΚΝΟС ΑΥѠ]

p. 183 [ρπ̄γ̄] [ΑΥΛΟϤΛΕϤ Ν̄ϬΙ ΝΑ xxxvii, 6–10
СΑШ ΜΠΕΜ]ΤΟ ΕΒΟΛ Ν̄
[ΤΑ]ΜΝ̄ΤΑΘ·ΗΤ
ΑΪΤΑΛΑΙΠѠΡΙ ΑΥѠ
5 ΑΪШΛΚ̄ ШΑΒΟΛ·
ΝΕΪΜΟΟШΕ ΕΪΟ
ΚΜ̄ Μ̄ΠΕ2ΟΟΥ ΤΗ
Ρϥ̄ ΧΕ ΑΤΑϮΥΧΗ
ΜΟΥ2 Ν̄ΝΟϬΝΕϬ·
10 ΑΥѠ ΜΝ̄ ΤΑΛϬΟ
ШΟΟΠ 2Ν̄ ΤΑСΑΡΞ̄·
ΑΪΜ̄ΚΑ2 ΑΥѠ ΑΪ
Θ·ΒΒΙΟ ΕΜΑΤΕ·
ΑΪΧΙШΚΑΚ ΕΒΟΛ
15 [2M] ΠΑШΑ2ΟΜ̄ Μ̄
[ΠΑ2Η][Τ· ΤΑΕΠΙ[Θ·
ΥΜΙΑ ΤΗΡ]С Μ̄[ΠΕΚ]

p. 183. 4 ΑΪΤΑΛΑΙΠѠΡΕΙ LBZ

p. 184 [ⲢⲠⲆ] [ⲘⲦⲞ ⲈⲂⲞⲖ ⲠⲬⲞⲈⲓⲤ] xxxvii, 10–13
Ⲁ[ⲨⲰ ⲘⲠⲈ ⲠⲀϢⲀ]
Ϩ[ⲞⲘ] ⲘⲠ[ⲀϨⲎⲦ]
Ϩⲱⲡ̅ⲡ̅ ⲈⲢⲞⲔ: Ⲁ [ⲠⲀ]
5 ϨⲎⲦ ϢⲦⲞⲢⲦⲢ̅ Ⲁ
ⲦⲀϬⲞⲘ ⲔⲀⲀⲦ
Ⲛ̄ⲤⲰⲤ· ⲀⲨⲰ ⲠⲞⲨⲞ
ⲈⲓⲚ̄ Ⲛ̄ⲚⲀⲂⲀⲖ ⲙ̄
ⲠⲈⲓ̈ⲔⲈ Ⲛ̄ⲘⲘⲀⲓ̈ ⲀⲚ·
10 ⲚⲀϢⲂⲈⲈⲢ ⲘⲚ̄ ⲚⲈⲦ
ϨⲓⲦⲞⲨϢⲓ̈ ⲀⲨϨⲰⲚ
ⲈϨⲞⲨⲚ ⲈⲢⲞⲓ̈ ⲀⲨⲀϨⲈ
ⲢⲀⲦⲞⲨ· ⲀⲨⲰ ⲚⲈⲦ
ϨⲎⲚ ⲈⲢⲞⲓ̈ ⲀⲨⲀϨⲈ
15 ⲢⲀⲦⲞⲨ Ⲙ̄ⲠⲞⲨⲈ·
ⲀⲨⲬⲓⲚϬⲞⲚ̅Ⲥ̅ Ⲛ̄Ϭ[ⲓ]
ⲚⲈⲦϢⲓⲚ[Ⲉ ⲚⲤⲀⲦⲀ
ϮⲨ]ⲬⲎ· [ⲀⲨⲰ ⲚⲈⲦϢⲓ]

p. 185 [ⲢⲠ̅Ⲉ̅] [ⲚⲈ ⲚⲤⲀ ϨⲈⲚⲠⲈⲐⲞ xxxvii, 13–16
ⲞⲨ ⲈⲢⲞⲓ̈ ⲀⲨ]ⲭⲱ
[Ⲛ̄ϨⲈⲚⲠ]ⲈⲦϢⲞⲨ
[Ⲉⲓ]Ⲧ· ⲀⲨⲘⲈⲖⲈⲦⲀ
5 ϨⲚ̄ ⲚⲞⲨⲔⲢⲞϤ Ⲙ̄ⲠⲈ
ϨⲞⲞⲨ ⲦⲎⲢϤ̄· ⲀⲚⲞⲔ
ⲆⲈ ⲚⲈⲓ̈ⲀϢⲈ ⲠⲈ ⲈⲂⲞⲖ
ϨⲓⲦⲞⲞⲦⲞⲨ ⲀⲨⲰ Ⲁⲓ̈
Ⲣ̅ⲐⲈ ⲚⲞⲨⲀⲖ̄ ⲈⲘⲈϤ
10 ⲤⲰⲦⲘ̄· ⲀⲨⲰ Ⲛ̄ⲐⲈ
ⲚⲞⲨⲘⲠⲟ̄ ⲈⲘⲈϤⲞⲨ
ⲰⲚ Ⲛ̄ⲢⲰϤ· Ⲁⲓ̈Ⲣ̅
ⲐⲈ ⲚⲞⲨⲢⲰⲘⲈ ⲈⲚ
[Ϥ]ⲤⲰⲦⲘ̄ ⲀⲚ·
15 [ⲀⲨⲰ Ⲉ]Ⲙ̄Ⲛ̄ⲬⲠⲟ̄
[ϨⲚ̄ ⲦⲈϤⲦⲀ]Ⲡ[ⲢⲞ
Ⲁⲓ̈ⲚⲀϨⲦⲈ ⲈⲢⲞⲔ]

p. 184. 8 om M L, Z = F   p. 185. 5 ⲚⲞⲨⲔⲢⲞϤ LV [Ⲛ̄ϨⲈ]ⲚⲔⲢⲞϤ B ϨⲚ ⲞⲨⲔⲢⲞϤ Z

p. 186 [ⲣ̄ⲡ̄ⲋ] xxxvii, 16–19

[ⲛⲧⲟⲕ ⲉⲧⲛⲁⲥⲱ]
⸢ⲧ⸣ⲙ ⲉⲣⲟ[ⲓ ⲡϫⲟⲓⲥ]
ⲡⲁⲛⲟⲩⲧ[ⲉ ϫⲉ ⲁⲓ]
ϫⲟⲟⲥ ϫⲉ ⲙⲏ⸢ⲡⲟ⸣[ⲧⲉ]
ⲛ̄ⲧⲉ ⲛⲁϫⲁϫⲉ ⲣⲁ
ϣⲉ ⲙ̄ⲙⲟⲓ̈· ϩⲙ̄ ⲡ
ⲧⲣⲉ ⲛⲁⲟⲩⲉⲣⲏⲧⲉ
ⲕⲓⲙ̄ ⲁⲩϫⲉ ⲛⲟϭ ⲛ̄
ϣⲁϫⲉ ⲉϩⲣⲁⲓ̈ ⲉϫⲱⲓ̈·
ϫⲉ ⲁⲛⲟⲕ ϯⲥⲃ̄
ⲧⲱⲧ̄ ⲉϩⲉⲛⲙⲁⲥ
ⲧⲓ⸢ⲝ̄⸣· ⲁⲩⲱ ⲡⲁⲙ
ⲕⲁϩ ⲙ̄ⲡⲉⲕⲙ̄ⲧⲟ
ⲉⲃⲟⲗ ⲛⲟⲩⲟⲉⲓ⸢ϣ⸣ ⲛ[ⲓⲙ]
ϫⲉ ϯⲛⲁϫ⸢ⲱ⸣ ⲁ[ⲛⲟⲕ]
ⲛⲧⲁⲁⲛⲟⲙⲓⲁ ⲁⲩⲱ ϯⲛⲁ
ϥⲓⲣⲟⲟⲩϣ ϩⲁ ⲡⲁⲛⲟⲃⲉ]

p. 187 [ⲣ̄ⲡ̄ⲍ̄] xxxvii, 20–22

[ⲛⲁϫⲁϫⲉ ⲛ]⸢ⲧⲟⲟⲩ⸣
[ⲟⲛϩ ⲁⲩ]⸢ⲱ⸣ ⲥⲉϭⲙ̄
[ϭⲟ]⸢ⲙ⸣ ⲉϩⲟⲩⲉ ⲉⲣⲟⲓ̈·
⸢ⲁ⸣ⲩⲟⲩⲱϣⲥ̄ ⲉⲃⲟⲗ
ⲛ̄ϭⲓ ⲛⲉⲧⲙⲟⲥⲧⲉ
ⲙⲙⲟⲓ̈ ϩⲛ̄ ⲟⲩϫⲓⲛ
ϭⲟⲛ̄ⲥ̄: ⲛⲉⲧⲧⲱⲱ
ⲃⲉ ⲛⲁⲓ̈ ⲛ̄ϩⲉⲛⲡⲉ
·ⲑⲟⲟⲩ ⲉⲡⲙⲁⲛ̄
ϩⲉⲛⲡⲉⲧⲛⲁⲛⲟⲩ
ⲟⲩ· ⲁⲩϯϣⲧⲟⲩⲏⲧ
ⲉⲣⲟⲓ̈ ʹⲉⲃⲟⲗ ϫⲉ ⲁⲓ̈
ⲡⲱⲧ ⲛ̄ⲥⲁ ⲧⲇⲓⲕⲁⲓ
[ⲟⲥ]⸢ⲩ⸣ⲛⲏ· ⲁⲩⲛⲟ⸢ϫ⸣[ⲧ]
ⲉⲃⲟⲗ] ⸢ⲡ⸣ⲙ⸢ⲉ⸣[ⲣⲓⲧ ⲛⲑⲉ
ⲛⲟⲩⲣⲉϥⲙⲟⲟⲩⲧ
ⲉϥⲃⲏⲧ ⲙⲡⲣⲕⲁⲁⲧ]

p. 186. 11 ⲙⲁⲥⲧⲓⲝ LZ, BRV = F p. 187. 3 ⲉϩⲟⲩ male L[b] tac L[c]

p. 188   [ⲢⲠⲎ]   [ⲚⲤⲰⲔ ⲠⲬⲞⲈⲒⲤ ⲠⲀ]   xxxvii, 22–xxxviii, 3

                         ⌈ⲚⲞⲨⲦ⌉[Ⲉ ⲘⲠⲢⲤⲀ]

                         ⲌⲰⲔ Ⲉ[ⲂⲞⲖ ⲘⲘⲞⲒ]

                         †Ⲍ̅ⲦⲎⲔ ⲈⲦⲀ⌈ⲂⲞ⌉[Ⲏ]

           5   Ⲑ�ïⲀ ⲠⲬⲞⲈⲒⲤ ⲠⲚⲞⲨ

                         ⲦⲈ Ⲙ̅ⲠⲀⲞⲨⲬⲀï:

                         ⲈⲠⲬⲰⲔ ⲈⲂⲞⲖ ⲚïⲀⲠ

       Ⲗ̿Ⲏ   ⲐⲞⲨⲚ ⲦⲰⲀⲎ Ⲛ̅ⲀⲀⲨ

                         ⲈⲒⲀ:

       Ⲧ   ⌈ⲀⲒ̈ⲬⲞⲞⲤ ⲬⲈ †ⲚⲀⲌⲀ

                         ⌈Ⲣ⌉ⲈⲌ ⲈⲚⲀⲌⲒⲞⲞⲨⲈ Ⲉ̅

                         ⲦⲘ̅ⲢⲚⲞⲂⲈ ⲌⲘ ⲠⲀ

                         ⲖⲀⲤ· ⲀⲒ̈ⲔⲰ ⲚⲞⲨⲌⲀ

                         [Ⲣ]ⲈⲌ ⲌⲒⲢⲚ̅ ⲢⲰï ⲌⲘ̅

         15   [ⲠⲦ]⌈Ⲣ⌉Ⲉ ⲠⲢⲈⲨⲢ̅[ⲚⲞ

                         ⲂⲈ ⲀⲌⲈⲢ]Ⲁ[ⲦⲨ ⲘⲠⲀ

                         ⲘⲦⲞ ⲈⲂⲞⲖ ⲀⲒⲢ̅Ⲙ

                         ⲠⲞ ⲀⲒϢⲦⲞⲢⲦⲢ̅]

p. 189   [ⲢⲠⲐ]   [ⲀⲒⲐⲂⲂⲒⲞ ⲀⲨⲰ ⲀⲒ   xxxviii, 3–6

                         ⲔⲀⲢⲰⲒ Ⲉ]ⲂⲞⲖ ⲌⲚ

                         [ⲚⲀⲀ]⌈ⲄⲀⲐⲞⲚ· ⲀⲨ[Ⲱ]

                         [Ⲁ] ⲠⲀⲤⲀϢ Ⲣ̅ⲂⲢ̅Ⲣ̅Ⲉ Ⲉ

           5   ⲢⲞï· Ⲁ ⲠⲀⲌⲎⲦ Ⲍ̅

                         ⲘⲞⲘ̅ Ⲙ̅ⲠⲀⲤⲀ Ⲛ

                         ⲌⲞⲨⲚ· ⲀⲨⲰ ⲞⲨⲚ ⲞⲨ

                         ⲔⲰⲌ̅Ⲧ ⲚⲀⲘⲞⲨⲌ

                         ⲌⲚ̅ ⲦⲀⲘⲈⲖⲈⲦⲎ·

        10   ⲀⲒϢⲀⲬⲈ Ⲍ̅Ⲙ ⲠⲀⲖⲀⲤ

                         ⲬⲈ ⲘⲀⲦⲀⲘⲞï ⲠⲬⲞ

                         ⲈⲒⲤ ⲈⲦⲀⲌⲀⲎ· ⲀⲨⲰ

                         ⲦⲎⲠⲈ Ⲛ̅ⲚⲀⲌⲞⲞⲨ

                         [ⲬⲈ] ⲞⲨⲎⲢ ⲦⲈ·

        15   [ⲬⲈ ⲈⲒⲈⲈⲒⲘⲈ ⲬⲈ

                         ⲈⲒϢⲀⲀⲦ ⲚⲞⲨ ⲈⲒⲤ

                         ⲌⲎⲎⲦⲈ ⲀⲔⲦⲢⲈ]

---

p. 188. 2 ⲘⲠⲢⲤⲀⲌⲰⲔ LZR | 4 ⲈⲦⲀⲂⲞⲎⲐⲈⲒⲀ LV, Z = F | 5 ⲠⲬⲞⲒⲤ L, ZV = F

p. 189. 6 ⲌⲘ ⲠⲀⲤⲀ LZ, BMasp = F

p. 190   [Ⲣ̄ϥ̄]   [ⲚⲀϨⲞⲞⲨ ⲢⲀⲤ ⲀⲨⲰ   xxxviii, 6–8
                        ⲈⲢⲈ ⲠⲀⲦⲀⲬⲢⲞ Ⲟ]
                        Ⲛ̇Ⲑ̇Ⲉ Ⲛ[ⲖⲀⲀⲨ Ⲙ]
                        ⲠⲈⲔⲘ̄Ⲧ[Ⲟ ⲈⲂⲞⲖ]

             5   ⲠⲖⲎⲚ ⲠⲦⲎⲢϥ̄ Ⲱ[ⲞⲨ]
                        ⲈⲒ̄Ⲧ ⲢⲰⲘⲈ ⲚⲒⲘ̄
                        ⲈⲦⲞⲚϨ̄ ⲬⲒⲀ̄ϮⲀ̄ⲖⲘⲀ
                        ⲘⲈⲚⲦⲞⲒⲄⲈ ⲈⲢⲈ
                        ⲠⲢⲰⲘⲈ ⲘⲞⲞϢⲈ

            10   Ϩ̄Ⲛ ⲞⲨϨⲒⲔⲰⲚ. ⲠⲖⲎ̄
                        ⲈϥϢⲦⲢ̄ⲦⲰ̄Ⲣ ⲈⲠⲬⲒⲚ
                        ⲬⲎ· ϥⲤⲰⲞⲨϨ ⲈϨⲞⲨⲚ
                        Ⲛ̄ϥⲤⲞⲞⲨⲚ ⲀⲚ ⲬⲈ Ⲉϥ
                        ⲤⲰⲞⲨϨ Ⲙ̄ⲘⲞⲞⲨ Ⲛ[ⲚⲒⲘ]

            15   ⲦⲈⲚⲞⲨ ⲚⲒⲘ ⲠⲈⲦ[Ⲁ
                        Ϩ]ⲨⲠⲞⲘⲞⲚⲎ [– – – –]

p. 191   [Ⲣ̄ϥ̄ⲁ̄]   [ⲘⲀⲦⲞⲨⲬⲞⲒ ⲈⲂⲞⲖ   xxxviii, 9–12
                        ϨⲚ ⲚⲀⲀⲚ]Ⲟ̄ⲘⲒⲀ ⲦⲎ
                        [ⲢⲞⲨ ⲀⲔϮ] Ⲙ̄ⲘⲞⲒ̈ Ⲛ̄
                        [ⲚⲞ𝟔Ⲛ]Ⲉ𝟔 Ⲛ̄ⲚⲒⲀ̇ⲐⲎⲦ·

             5   ⲀⲒ̈Ⲣ̄Ⲙ̄Ⲡⲟ̄ Ⲙ̄ⲠⲒⲞⲨ
                        ⲰⲚ Ⲛ̄Ⲣⲱ̈Ⲓ ⲬⲈ Ⲛ̄ⲦⲞⲔ
                        ⲠⲈⲚⲦⲀⲔⲦⲀⲘⲒ
                        ⲞⲒ̈· ⲤⲞⲞϨⲈ Ⲛ̄ⲚⲈⲔ
                        ⲘⲀⲤⲦⲒⲄⲆ̄ Ⲛ̄ⲤⲀ

            10   ⲂⲞⲖ Ⲙ̄ⲘⲞⲒ̈· ⲈⲂⲞⲖ
                        ⲄⲀⲢ Ϩ̄Ⲛ Ⲧ𝟔ⲞⲘ
                        Ⲛ̄ⲦⲈⲔ𝟔ⲒⳜ ⲀⲚⲞⲔ ⲀⲒ̈
                        ⲰⲬⲚ̄· ⲀⲔⲠⲀⲒⲀⲈⲨⲈ
                        Ⲙ̄ⲠⲢⲰⲘⲈ Ϩ̄Ⲛ ϨⲈⲚ

            15   [ⲬⲠ]Ⲡ̄Ⲟ Ϩ̄Ⲁ ⲦⲈϥⲀⲚⲞ
                        [ⲘⲒⲀ ⲀⲔⲂ]ⲰⲖ Ⲉ[ⲂⲞⲖ
                        ⲚⲦⲈϥϮⲨⲬⲎ Ⲛ̇Ⲑ̇Ⲉ]

p. 192 [ⲣ̄ϥ̄ⲃ̄] [ⲚⲚⲒϨⲀⲖⲞⲨⲤ ⲠⲖⲎⲚ xxxviii, 12–xxxix, 1

ⲢⲰⲘⲈ ⲚⲒⲘ ⲈⲦⲞⲚϨ]

Ϣ[ⲦⲢⲰ[Ⲣ ⲆⲒⲀϮⲀⲖ]

ⲘⲀ· ⲤⲰ[ⲦⲘ ⲈⲠⲀ]

5 ϢⲖⲎⲖ Ⲙ[Ⲛ ⲠⲀⲤⲞⲠⲤ]

ϪⲒⲤⲘⲎ ⲈⲚⲀⲢⲘⲈⲒⲎ

Ⲙ̄Ⲡ̄Ⲣ̄ⲔⲀⲢⲰⲔ ⲈⲢⲞⲒ̈

ϪⲈ ⲀⲚ̄Ⲅ̄ ⲞⲨⲢⲘ̄Ⲛ̄ϭⲞⲒ̈

ⲖⲈ ϨⲘ̄ ⲠⲔⲀϨ· ⲀⲨⲰ

10 ⲈⲒ̈ϭⲀⲖϢⲞⲨ ⲔⲀⲦⲀ

ⲐⲈ Ⲛ̄ⲚⲀⲈⲒⲞⲦⲈ

ⲦⲎⲢⲞⲨ· ⲂⲰϢ ⲚⲀⲒ̈

ϪⲈ ⲈⲒ̈ⲈⲘ̄ⲦⲞⲚ Ⲙ̄

ⲘⲞⲒ̈· ⲈⲘⲠⲀϮⲂⲰⲔ

15 Ⲛ̄ⲦⲀⲦ̄Ⲙ̄ⲤⲞⲦ̄Ⲧ̄

ⲈϢⲰⲠⲈ:

ⲈⲠϪⲰ[Ⲕ ⲈⲂⲞ]Ⲁ̄ [Ⲡ̄]

[ⲗ̄ⲑ̄] [Ϯ[ⲀⲖⲘⲞⲤ Ⲛ̄ⲆⲀⲨⲈⲒⲆ]

p. 193 [ⲣ̄ϥ̄ⲅ̄] [ϨⲚ ⲞⲨϨⲨⲠⲞⲘⲞⲚⲎ xxxix, 1–4

ⲀⲒϨⲨⲠⲞⲘⲈⲒⲚⲈ Ⲉ

ⲠϪⲞⲈⲒⲤ ⲀϥϮϨⲦ]Ⲏϥ Ⲉ

[ⲢⲞⲒ ⲀⲨⲰ] ⌈Ⲁ⌉ϥⲤⲰⲦⲘ̄

5 [ⲈⲠⲀⲤⲞ]Ⲡ̄Ⲥ̄· ⲀϥⲚ̄Ⲧ̄

ⲈϨⲢⲀⲒ̈ ϨⲘ̄ ⲠϢⲎⲒ̈ Ⲛ̄Ⲧ

ⲦⲀⲖⲀⲒⲠⲰⲢⲒⲀ ⲘⲚ̄

ⲠⲞⲘⲈ Ⲛ̄Ⲧ̄ⲖⲞⲒ̈ϨⲈ·

ⲀϥⲦⲀϨⲈ ⲚⲀⲞⲨⲈⲢⲎ

10 ⲦⲈ ⲈⲢⲀⲦⲞⲨ ϨⲒϪⲚ̄

ⲠⲈⲦⲢⲀ· ⲀⲨⲰ Ⲁϥ

ⲤⲞⲞⲨⲦⲚ̄ Ⲛ̄ⲚⲀⲦⲀϭ

ⲤⲈ· ⲀϥⲚⲞⲨϪⲈ ⲉ̄

ⲢⲰⲒ̈ ⲚⲞⲨϪⲰ Ⲛ̄Ⲃ̄Ⲣ̄

15 ⲢⲈ ⲞⲨⲤⲘⲞⲨ Ⲙ̄ⲠⲈⲚ

[ⲚⲞⲨⲦⲈ ⲞⲨⲚ ϨⲀϨ ⲚⲀ

ⲚⲀⲨ ⲚⲤⲈⲢϨⲞⲦⲈ ⲀⲨⲰ ⲚⲤⲈ]

p. 194 [ⲣ̅ϥ̅ⲇ̅]   [ϨⲈⲖⲠⲒⲌⲈ ⲈⲠⲬⲞⲈⲒⲤ]   xxxix, 4–7
                      ⳟⲧ[ⲀⲒⲀⲦϤ ⲘⲠⲢⲰⲘⲈ]
                      ⲈⲠⲢⲀⲚ [ⲘⲠⲬⲞⲈⲒⲤ]
                      ⲠⲈ ⲦⲈϤ[ϨⲈⲖⲠⲒⲤ]
                    5 ⲀⲨⲰ ⲈⲘⲠϤ[ϬⲰ]Ϣ[Ⲧ]
                      ⲈⲬⳟ ϨⲈⲚⲠⲈⲦϢⲞⲨ
                      ⲈⲒⲦ Ⲙ̅ⳟ ϨⲈⲚⲘⲀ
                      ⲚⲒⲀ̅ ⳟϬⲞⲖ· ⳟⲦⲞⲔ
                      ⲠⲬⲞⲈⲒⲤ ⲠⲚⲞⲨⲦⲈ
                   10 ⲀⲔⲦⲀϢⲈ ⲚⲈⲔϢⲠⲎ
                      ⲢⲈ· ⲀⲨⲰ ⲘⲈⲚ ⲠⲈ
                      ⲦⲈⲒⲚⲈ Ⲙ̅ⲘⲞⲔ Ϩ̅ⳟ
                      ⲚⲈⲔⲘⲈⲈⲨⲈ· Ⲁ̈ⲒⲬⲞⲞⲨ
                      ⲀⲒⲦⲀⲨⲞⲞⲨ· ⲀⲨⲀϢⲀ̈Ⲓ
                   15 ⲈϨⲞⲨ ⲈⲞⲨⲎⲠⲈ· ⲞⲨ
                      ⲐⲨⲤⲒⲀ ⳟⲘ[ⳟ ⲞⲨ]ⲠⲢ[Ⲟ]Ⲥ
                      [ⲪⲞⲢⲀ ⲘⲠⲔⲞⲨⲀϢⲞⲨ]

p. 195 [ⲣ̅ϥ̅ⲉ̅]   [ⲞⲨⲤⲰⲘⲀ ⲆⲈ ⲀⲔⲤⲂ   xxxix, 7–10
                      ⲦⲰⲦϤ ⲚⲀⲒ ⲚⲈϬⲖⲒⲀ ⲘⲚ
                      ⲚⲈϢⲀⲨⲦⲀⲨ ϨⲀ ⲚⲞⲂⲈ] [Ⲙ]
                      [ⲠⲔⲞⲨⲀϢ]ⲞⲨ· ⲦⲞⲦⲈ
                    5 [ⲀⲒⲬⲞⲞ]Ⲥ ⲬⲈ ⲈⲒⲤϨⲎ
                      ⲚⲦⲈ ⲦⲚⲎⲨ· ϥⲤⲎϨ
                      Ϩ̅ⳟ ⲞⲨⲔⲈⲪⲀⲖⲒⲤ ⳟ
                      ⲬⲰⲰⲘⲈ ⲈⲦⲂⲎⲎⲦ
                      ⲈⲦⲢⲀⲈⲒⲢⲈ ⲠⲚⲞⲨⲦⲈ
                   10 ⲘⲠⲈⲔⲞⲨⲰϢ: —
                      ⲀⲨⲰ ⲠⲈⲔⲚⲞⲘⲞⲤ
                      ⳟⲦⲘⲎⲦⲈ Ⲙ̅ⲠⲀϨⲎⲦ·
                      Ⲁ̈ⲒⲈⲨⲀⲄⲄⲈⲖⲒⲌⲈ
                      ⲚⲞⲨⲆⲒⲔⲀⲒⲞⲤⲨⲚⲎ
                   15 Ϩ̅ⳟ ⲚⲞⲨⲚⲞϬ ⲚⲚⲈⲔ
                      [Ⲕ]Ⲗ̅Ⲏ̅Ⲥ̅[ⲒⲀ] ⲈⲒⲤϨⲎⲎⲦⲈ
                      [ⲚⲚⲀⲔⲰⲖⲨ ⲚⲚ]Ⲁ[ⲤⲠⲞ]

---

p. 194. 11 ⳑ ⲘⲚ L ⲘⲘⲚ BZ | 16 ⲀⲨⲠⲢⲞⲤⲪⲞⲢⲀ male Lᵇ corr Lᶜ

p. 195. 8 ⲈⲦⲂⲎⲎⲦⲦ L, ZMasp = F | 9 ⲠⲀⲚⲞⲨⲦⲈ LMasp ⲘⲠⲚⲞⲨⲦⲈ male Z | 12 Ϩ̅ⳟ
ⲦⲘⲎⲦⲈ L Ϩⳟ ⲦⲀⲚ[ϨϬⲈ] Masp, Z=F | 15 Ϩ̅ⳟ ⲞⲨⲚⲞϬ ⲚⲈⲔⲔⲖⲎⲤⲒⲀ LZ Masp |
17 ⲚⲚⲀⲔⲰⲖⲨⲈ Z, Masp = L

p. 196 [ⲣϥ̅ⲋ̅]

[ⲦⲞⲨ ⲠⲬⲞⲈⲒⲤ ⲚⲦⲞⲔ   xxxix, 10–13
ⲈⲚⲦⲀⲔⲈⲒⲘⲈ Ⲉ
Ⲧ]ⲀⲆⲒ[ⲔⲀⲒⲞⲤⲨⲚⲎ]
ⲘⲠⲒϨⲰ[Ⲡ ⲚⲦⲈⲔⲘⲈ]
5 ϨⲘ̅ ⲠⲀϨ[ⲎⲦ ⲀⲨⲰ]
ⲀⲒ̈ⲬⲰ Ⲙ̅Ⲡ[ⲈⲔ]ⲞⲨⲬⲀⲒ]
Ⲙ̅ⲠⲒϨⲰⲠ̅ Ⲙ̅ⲠⲈⲔ
ⲚⲀ̅ ⲀⲨⲰ ⲦⲈⲔⲘⲈ̅
ⲈⲨⲤⲨⲚⲀⲅⲰⲅⲎ Ⲉ̅
10 ⲚⲀϢⲰⲤ· Ⲛ̅ⲦⲞⲔ ⲆⲈ
ⲠⲬⲞⲈⲒⲤ Ⲙ̅Ⲡ̅Ⲣ̅ⲦⲢⲈ
ⲚⲈⲔⲘⲚ̅Ⲧ̅ϢⲀⲚϨ
ⲦⲎϤ ⲞⲨⲈ Ⲙ̅ⲘⲞⲒ̈·
ⲠⲈⲔⲚⲀ̅ ⲘⲚ̅ ⲦⲈⲔⲘⲈ
15 ⲚⲈⲚⲦⲀⲨϢⲞⲠ̅Ⲧ̅ Ⲉ
ⲢⲞⲞⲨ ⲚⲞⲨⲞⲈⲒϢ ⲚⲒ[Ⲙ]
ⲬⲈ ⲀⲨⲀⲘ[Ⲁ]ϨⲦⲈ Ⲙ̅
[Ⲙ]ⲞⲒ̈ Ⲛ̅[ϬⲒ ϨⲈⲚⲠⲈⲐⲞⲞⲨ]

p. 197 [ⲣϥ̅ⲍ̅]

[ⲈⲘⲚⲦⲞⲨ ⲎⲠⲈ ⲀⲨⲦⲀ   xxxix, 13–15
ϨⲞⲒ Ⲛ̅ϬⲒ ⲚⲀⲀⲚⲞⲘⲒⲀ Ⲙ
ⲠⲈϢϬⲘϬⲞⲘ] [Ⲉ]ⲚⲀ[Ⲩ] Ⲉ[Ⲃ]ⲞⲖ
[ⲀⲨⲀϢⲀⲒ] ⲈϨⲞⲨⲈ Ⲛ̅
5 [ϥ][Ⲱ] ⲚⲦⲀⲀⲠⲈ· ⲀⲨⲰ
Ⲁ ⲠⲀϨⲎⲦ̅ ⲔⲀⲀⲦ
Ⲛ̅ⲤⲰϥ· ⲠⲬⲞⲈⲒⲤ
ⲀⲢⲒϨⲚⲀⲔ ⲈⲦⲞⲨⲬⲞⲒ̅
ⲠⲬⲞⲈⲒⲤ †Ϩ̅ⲦⲎⲔ
10 ⲈⲂⲞⲎⲐ-Ⲓ ⲈⲢⲞⲒ̈· ⲈⲨⲈ
ⲬⲒϢⲒⲠⲈ Ⲛ̅ⲤⲈⲞⲨⲰⲖ̅Ⲥ̅
ϨⲒ ⲞⲨⲤⲞⲠ̅ Ⲛ̅ϬⲒ ⲚⲈⲦ
ϢⲒⲚⲈ Ⲛ̅ⲤⲀ ⲦⲀ†Ⲩ
[Ⲭ]Ⲏ ⲈⲦⲀⲔⲞⲤ· ⲈⲨⲈ
15 [Ⲕ]ⲒⲞⲦ[ⲞⲨ] ⲈⲠⲀϨⲞⲨ
[ⲚⲤⲈⲞⲨⲰⲖⲤ] [Ⲛ]Ϭ[Ⲓ] ⲚⲈⲦ
ⲞⲨⲈϢ ϨⲈⲚⲠⲈⲐⲞⲞⲨ]

p. 197. 10 ⲈⲂⲞⲎⲐ-ⲈⲒ LBZ

p. 198   [$\overline{\text{PϤH}}$]   [ЄΡΑ ΜΑΡΟΥΧΙ   xxxix, 15–18
                     ϢΙΠЄ ΝΤЄΥΝΟΥ]
                   Ν[ϬΙ ΝЄΤΧШ ΜΜΟС]
                   ΝΑЇ ΧЄ Є[ΥΓЄ ЄΥΓЄ]
              5   ЄΥЄΤЄΛΗΛ Ν[СЄ[ЄΥ]
                   ⲪΡΑΝЄ ЄⲅΡΑЇ ЄΧШΚ
                   Ñϭΐ ΟΥΟΝ ΝΙΜ ЄΤ
                   ϢΙΝЄ ÑСШΚ ΠΧΟ
                   ЄΙС· ΑΥШ ÑСЄΧΟ
              10 ΟС ΝΟΥΟЄΙϢ ΝΙΜ
                   ΧЄ ΜΑΡЄ ΠΧΟЄΙС
                   ΑЇΑЇ ÑΝЄΤΜЄ Ñ
                   ΠЄΚΟΥΧΑЇ ΝΟΥ[Ο]
                   ЄΙϢ ΝΙΜ. ΑΝΟΚ Δ[Є]
              15 ΑΝⲄ̄ ΟΥⲅ[Η]ΚЄ Α[Ν[Ⲅ]
                   [ΟΥ]ЄΒ[ΙΗΝ ΠΧΟЄΙС
                   ΠЄ ΠΑΡΟΟΥϢ ΝΤΟΚ
                   ΠЄ ΠΑΒΟΗΘΟС]

p. 199   [$\overline{\text{PϤΘ}}$]   [ΑΥШ ΤΑΝΑϢΤЄ ΠΑ   xxxix, 18–xl, 4
                     ΝΟΥΤЄ ΜΠΡШСΚ
                     ЄΠΧШΚ] [ЄΒ]ΟΛ ΠЄ·
                     [ϮΑΛΜ]ΟС ÑΛΑΥ
            [Μ̄] ЄΙΛ:
                   ΝΑЇΑΤϤ̄ Μ̄ΠΡШΜЄ
                   ЄΤΝΑϮⲎ̄ΤΗϤ ЄΥⲅΗ
                   ΚЄ ΜÑ ΝΟΥЄΒΙΗÑ
                   ΠΧΟЄΙС ΝΑΤΟΥ
            10 ΧΟϤ ⲅÑ ΝΟΥⲅΟΟΥ Μ̄
                   ΠΟΝΗΡΟΝ· ϤΝΑⲅΑ
                   ΡЄⲅ ЄΡΟϤ Ñ̄ϤΤΑΝ
                   ⲅΟϤ· Ñ̄ϤΜΑΚΑΡΙ
                   [Ⲍ]Є Μ̄ΜΟϤ ⲅΙΧΜ̄
            15 [ΠΚΑⲅ ΑΥШ] ΝΝ[Є[Ϥ
                   ΤΑΑϤ ЄΤΟΟΤϤ̄ Μ
                   ΠЄϤΧΑΧЄ ΠΧΟЄΙС ΝΑ]

p. 198. 12 ΝЄΤΜЄ LZ ΝЄЄΤ[ΜЄ] Masp
p. 199. 8 ΜΝ ΟΥЄΒΙΗΝ LZRMasp | 10 ⲅΝ ΟΥⲅΟΟΥ BZRMasp

p. 200 [Ⲥ̄] [ⲂⲞⲎⲐⲈⲒ ⲈⲢⲞⳠ ⲌⲒ] xl, 4–7
[Ⲭ]Ⲙ ⲠⲈⳠⲖⲞⳠ ⲘⲠⲈⳠ]
Ⲙ̄ⲠⲔⲀⲢ [ⲀⲔⲔⲦⲞ]
Ⲙ̄ⲠⲈⳠⲘⲀⲚⲚⲔ[ⲞⲦⲔ]
5 ⲦⲎⲢⳠ Ⲍ̄Ⲙ ⲠⲈⳠⳘⲰ
ⲚⲈ· ⲀⲚⲞⲔ ⲀⲒ̈ⲬⲞⲞⲤ
ⲬⲈ ⲠⲬⲞⲈⲒⲤ ⲚⲀ ⲚⲀⲒ̈
ⲘⲀⲦⲀⲖⳠⲈ ⲦⲀⳢⲨ
ⲬⲎ ⲬⲈ ⲀⲒ̄Ⲣ̄ⲚⲞⲂⲈ Ⲉ̄
10 ⲢⲞⲔ· Ⲁ ⲚⲀⲬⲀⲬⲈ
ⲬⲰ ⲈⲢⲞⲒ̈ Ⲛ̄ⲌⲈⲚⲠⲈ
ⲐⲞⲞⲨ· ⲬⲈ ⲈⳠⲚⲀⲘⲞⲨ
ⲦⲚⲀⲨ Ⲛ̄ⲦⲈ ⲠⲈⳠⲢⲀ[Ⲛ]
ⲦⲀⲔⲞ· ⲀⲨⲰ ⲚⲈ[Ⳡ]
15 Ⲃ[Ⲏ]Ⲕ Ⲉ[ⲌⲞⲨⲚ ⲈⲚⲀⲨ
ⲈⳠⲬⲰ Ⲛ̄ⲌⲈⲚⲠⲈⲦ
ⳠⲞⲨⲈⲒⲦ - - - -]

p. 201 [Ⲥ̄Ⲁ̄] [ⲚⲈⳠⲘⲞⲞ]ⳛⲈ ⲈⲂⲞⲖ xl, 7–10
[ⲈⳠ]ⳛⲀⲬ[Ⲉ] ⲈⲢⲞⲒ̈· ⲚⲈⲨ
ⲔⲀⲤⲔ̄Ⲥ ⲈⲢⲞⲒ̈ Ⲧ[ⲎⲢⲞ]Ⲩ
Ⲛ̄ⳠⲒ ⲚⲀⲬⲀⲬⲈ ⲌⲒ ⲞⲨ
5 ⲤⲞⲠ· ⲚⲈⲨⲘⲈⲈⲨⲈ
ⲈⲢⲞⲒ̈ ⲈⲌⲈⲚⲠⲈⲐⲞ
ⲞⲨ· ⲀⲨⲤⲘⲒⲚⲈ ⲚⲞⲨ
ⳛⲀⲬⲈ Ⲙ̄ⲠⲀⲢⲀⲚⲞ
ⲘⲞⲚ [ⲈⲢ]ⲞⲒ̈ ⲘⲎ ⲠⲈ
10 ⲦⲚ̄Ⲕ[Ⲟ]Ⲧ̄Ⲕ̄ ⲘⲈⳠⲞⲨ
ⲰⲌ Ⲉ[ⲦⲞⲞ]Ⲧ̄Ⳡ ⲈⲦⲰ
[ⲞⲨⲚ ⲔⲀⲒ] [Ⲅ]ⲀⲢ ⲠⲢⲰ
[ⲘⲈ ⲚⲦⲀⲈⲒⲢⲎⲚⲎ
ⲚⲈⲒⲔⲰ Ⲛ̄ⲌⲦⲎⲒ ⲈⲢⲞⳠ - - -]

ΤΟΚ ΔΕ [ΠΧΟΕΙC]
ΝΑ ΝΑΪ Ν[Γ]ΤⸯΟΥⸯ[ΝΟCΤ]
ⸯΤⸯ[Α]ΤΩΩΒΕ ΝΑΥ·
5 Ζ͞Μ ΠΑΪ ΑΪΕΙΜΕ ΧΕ
ΑΚΟΥΑϢ͞Τ· ΧΕ Ν̄
ΝΕ ΠΑΧΑΧΕ ΡΑϢΕ
ΜΜΟΪ· ΑΝΟΚ ΔΕ ΑΚ
ϢΟⷦⷦΤ ΕΡΟΪ ΕΤΒΕ
10 ΤΑΜ͞Ν͞Τ[ΒΑ]ΑΖΗΤ
ΑΥΩ ΑΚ[Τ]ΑΧΡΟΪ
Μ͞ΠΕΚΜⸯΤⸯ[Ο] ΕΒΟⷦⷦ
ϢΑ ΕΝΕ[Ζ ΑⷦⷦⷦCΜΑⸯ
ΜΑΑΤ̄ [ΝΟΙ ΠΧΟΕΙC
15 ΠΝΟΥΤΕ ΜΠΠ͞Η͞Λ - - -]

[ΡΜΝ]ΖΗΤ̄ Ν̄Ν̄ϢΗΡΕ
Ν̄ΚΟΡΕ:
Ν·Θ·Ε ΕΤΕΡΕ ΟΥΕΙ
5 ΟΥⷦⷦ ΜΕ Ν̄Ϭⷦ ΖΙΧ̄Ν̄
ΖΕΝΖΟΝΒΕ Μ̄ΜΟΟΥ
ΤΑΪ ΤΕ Θ·Ε ΕΤΕΡΕ
ΤΑ†ΥΧΗ ΜΕ ΝΕΙ Ε̄
ΡΑΤ̄Κ ΠΑΝΟΥΤΕ·
10 Α ΤΑ†ΥΧΗ̄ ΕΙΒΕ Μ
ΠΝΟΥΤΕ ΕΤΟΝ̄Ζ·
[Χ]Ε ΕΪ[ΝΗΥ] ΤΝΑΥ ΤΑ
[ΟΥΩΝΖ ΕΒΟⷦⷦ ΜΠΖΟ
ΜΠΑΝΟΥΤΕ - - - -]

p. 204   [Ⲥⲁ]

[ⲁ ⲚⲀⲢⲘⲈⲒⲞⲞⲨⲈ ϢⲰ
ⲠⲈ ⲚⲀⲒ ⲚⲞⲈⲒⲔ Ⲙ
ⲠⲈϨⲞⲞⲨ ⲘⲚ ⲦⲈⲨ]
ϢⲎ· [ϨⲘ ⲠⲦⲢⲈⲨⲬⲞ]
5 ⲞⲤ ⲚⲀⲒ ⲘⲘ[ⲎⲚⲈ ϪⲈ]
ⲈϤ ⲦⲰⲚ ⲠⲈⲔ[ⲚⲞⲨⲦⲈ]
ⲚⲀⲒ ⲀⲒⲢⲠⲈⲨⲘⲈⲈⲨ[Ⲉ]
ⲀⲒⲠⲰϨⲦ̄ Ⲛ̄ⲦⲀ†Ⲩ
ⲬⲎ ⲈϨⲢⲀⲒ̈ ⲈⲬⲰⲒ̈· ϪⲈ †
10 ⲚⲎⲨ ⲈⲂⲞⲗ ϨⲒⲦⲚ̄ ⲚⲞⲨ
ⲘⲀ Ⲛ̄ⲤⲔⲎⲚⲎ Ⲛ̄Ϣ
ⲠⲎⲢⲈ ϢⲀ ⲠⲎⲒ̈ Ⲙ̄
ⲠⲚⲞⲨⲦⲈ· ϨⲚ̄ ⲞⲨ
ⲤⲘⲎ Ⲛ̄ⲦⲈⲖⲎⲗ ϨⲒ ⲞⲨ
15 ⲰⲚϨ̄ ⲈⲂⲞⲗ Ⲛ̄ϨⲢⲞⲞⲅⲒ
ⲘⲠⲈⲦⲢ̄ϢⲀ· ⲈⲦⲂ[Ⲉ]
ⲞⲨ ⲦⲈⲗⲒ[ⲨⲠⲈⲒ ⲦⲀ†ⲨⲬⲎ ---]

xli, 4–6

p. 205   [Ⲥ̄Ⲉ]

[ⲠⲞⲨⲬⲀⲒ ⲘⲠ]Ⲁ[ϨⲞ
ⲠⲈ ⲠⲀⲚ]ⲞⲨⲦⲈ·
[ⲁ ⲦⲀ]†ⲨⲬⲎ ϢⲦⲞⲢ
ⲦⲢ̄ Ⲛ̄ϨⲎⲦ· ⲈⲦⲂⲈ
5 ⲠⲀⲒ̈ †ⲚⲀⲢⲠⲈⲔⲘⲈ
ⲈⲨⲈ ⲠⲬⲞⲈⲒⲤ ϨⲘ̄ ⲠⲔⲀϨ
Ⲙ̄ⲠⲒⲞⲢⲆⲀⲚⲎⲤ ⲘⲚ̄
ϨⲈⲢⲘⲰⲚ· ⲈⲂⲞⲗ ϨⲘ̄
ⲠⲦⲞⲞⲨ ϢⲎⲘ· ⲠⲚⲞⲨⲚ
10 ⲚⲀϢϢ ⲞⲨⲂⲈ ⲠⲚⲞⲨⲚ·
ⲠⲈϨⲢⲞⲞⲨ Ⲛ̄ⲚⲈⲔⲔⲀ
ⲦⲀϨⲢⲀⲔⲦⲎⲤ́ ⲚⲈⲔ
[Ⲣ]ⲟ[ⲟ]ⲅϢ Ⲧ]ⲎⲢⲞⲨ ⲘⲚ̄
[ⲚⲈⲔϨⲞⲈⲒⲘ Ⲁ]ⲅⲈ[Ⲓ
15 ⲈϨⲢⲀⲒ ⲈⲬⲰⲒ ----]

xli, 6–8

p. 206   [ⲥ̅ⲋ̅]   [ⲉⲣⲉ ⲡⲁϣⲗⲏⲗ]   xli, 9–11
                    ⲛ̅ⲧⲟⲟⲧ [ⲉⲡⲛⲟⲩ]
                    ⲧⲉ ⲙ̅ⲡⲁϣ[ⲛ̅]ⳅ̣ [ⲫ̅]
                    ⲛⲁϫⲟⲟⲥ ⲙ̅ⲡⲁⲛ[ⲟⲩ]
              5 ⲧⲉ ϫⲉ ⲛⲧⲕ̅ ⲡⲁⲣⲉϥ
                    ϣⲟⲡⲧ ⲉⲣⲟⲕ·
                    ⲉⲧⲃⲉ ⲟⲩ ⲁⲕⲣ̅ⲡⲁ
                    ⲱⲃϣ̅ ⲉⲧⲃⲉ ⲟⲩ ⲁⲕ
                    ⲕⲁⲁⲧ̅ ⲛ̅ⲥⲱⲕ·
             10 ⲁⲩⲱ ⲉⲧⲃⲉ ⲟⲩ ⲫ̅ⲙⲟ
                    ⲟϣⲉ ⲉ̈ⲓⲟⲕⲙ̅ ⳅⲙ̅
                    ⲡⲧⲣⲉϥⲑⲗⲓⲃⲉ ⲙ̅
                    ⲙⲟⲓ̈ ⲛ̅ϭⲓ ⲡⲁϫⲁϫⲉ
                    ⳅⲙ̅ ⲡⲧ[ⲣⲉⲩⲗⲟϫⳅ
             15 ⲛ̅ⲛⲁⲕⲉⲉⲥ ⲁⲩⲛⲉϭ
                    ⲛⲟⲩϭⲧ ⲛ̅ϭⲓ ⲛⲉⲧⲑⲗⲓ
                    ⲃⲉ ⲙⲙⲟⲓ ⳅⲙ ⲡⲧⲣⲉⲩϫⲟⲟⲥ]

p. 207   [ⲥ̅ⲍ̅]   [ⲛⲁⲓ ⲙⲙⲏⲛⲉ ϫⲉ] ⲉϥ ⲧⲱ̅ xli, 11–xlii, 1
                    [ⲡⲉⲕ]ⲛⲟⲩⲧⲉ· ⲉⲧ
                    [ⲃⲉ] ⲟ̣ⲓⳟⲩ ⲧⲁⲫⲩⲭⲏ ⲧⲉ
                    ⲗⲩⲡⲏ· ⲁⲩⲱ ⲉⲧⲃⲉ
              5 ⲟⲩ ⲧⲉϣⲧⲟⲣⲧ̅ⲣ̅ ⲙ̅
                    ⲙⲟⲓ̈ ⳅⲉⲗⲡⲓⲍⲉ ⲉ̅
                    ⲡⲛⲟⲩⲧⲉ ϫⲉ ⲫ̅ⲛⲁ
                    ⲟⲩⲱⲛ̅ⳅ ⲛⲁϥ ⲉⲃⲟⲗ
                    ⲡⲟⲩ̈ϫⲁⲓ̈ ⲙ̅ⲡⲁⳅⲟ
             10 ⲡⲉ ⲡⲁⲛⲟⲩⲧⲉ:
                    ⲡⲉⲫⲁⲗⲙⲟⲥ ⲛ̅ⲇⲁⲩ
          [ⲙ̅ⲃ̿] ⲉⲓ̅ⲇ:
                    [ⲕⲣⲓⲛⲉ ⲙⲙⲟ]ⲓ̈ ⲡ[ⲛ]ⲟⲩ
                    [ⲧⲉ - - - -]

p. 208 [C̄H̄]

[MATOΥXOI EBOΛ]
2[N] [OΥPⲰME NXIN]
ϬⲞⲒⲚⲈ̄ [AΥⲰ NKPOϤ]
XE ⲚTOK ⲠⲒⲈ [ⲠNOΥTE]
5 ⲠATAXPO· ETB[Ⲉ] [OΥ]
AKKAAⲦ Ⲛ̄CⲰK·
AΥⲰ ETBE OΥ ⲦMO
OϢE EⲒOKⲘ̄· 2Ⲙ̄
ⲠTPE ⲠAXAXE
10 ⲐⲖⲒBE Ⲙ̄MOⲒ 2Ⲙ̄
ⲠTPEΥⲖⲰX̄2̄ NAKE
EC· AΥNEϬNOΥϬT
Ⲛ̄ϬⲒ NAXA[X]Ⲉ· MⲀ̄
T[NNOOΥ MⲠEKOΥO
15 EⲒN MN TEKME NTO
OΥ NENTAΥXⲒMO
EⲒT 2HT AΥNT EXM]

xlii, 1–3

p. 209 [C̄Ⲑ̄]

[ⲠEKTOOΥ ETOΥAA]B
[AΥⲰ ENEKMAN]Ϣ]ⲰⲠE·
[Ⲧ]NABⲰK E2OΥN
[N]N[A]2PⲘ̄ ⲠEⲐΥCⲒ
5 ACTHPⲒON MⲠNOΥ
TE· Ⲛ̄NA2PⲘ̄ ⲠNOΥ
TE ETEΥϤPANE.
Ⲛ̄TAMⲚ̄TϢHPE
ϢHM· ⲦNAOΥⲰN[2]
10 NAK EBOΛ ⲠANO[Υ]
TE 2Ⲛ̄ NOΥϬⲒⲐAPA·
ETBE OΥ TEΛΥⲠH̄
[TAⲦΥXH] [AΥ[Ⲱ] ET
[BE OΥ TEϢTOPTP
15 MMOⲒ – – – –]

xlii, 3–5

p. 210   [ⲥⲓ]   [ⲠⲞⲨⲬⲀⲒ ⲘⲠⲀϨⲞ]   xlii, 5–xliii, 2
                ⲠⲈ Ⲡ[ⲀⲚⲞⲨⲦⲈ]
                ⲈⲠⲬⲰⲔ [ⲈⲂⲞⲖ ⲚⲚ]
                ϢⲎⲢⲈ ⲚⲔⲞⲢⲈ ⲠⲈ]
           5   ϮⲀⲖⲘⲞⲤ ⲈⲦⲘⲚⲦ
           ⲘⲦ ⲢⲘⲚϨⲎⲦ:

         ⲧ ⲠⲚⲞⲨⲦⲈ ⲀⲚⲤⲰⲦⲘ
              ϨⲚ ⲚⲈⲚⲘⲀⲀⲬⲈ·
              ⲚⲈⲚⲈⲒⲞⲦⲈ ⲀⲨⲦⲀ
         10 ⲘⲞⲚ ⲈⲠϨⲰⲂ ⲈⲚ
              ⲦⲀⲔⲀⲀϤ ϨⲚ ⲚⲈⲨϨⲞ
              ⲞⲨ ϨⲚ ⲚⲈϨⲞⲞⲨ Ⲛ
              ⲢϢⲞⲢⲠ – – – –]

p. 211   [ⲥⲓⲁ]   [ⲚⲦⲀⲨⲔⲖⲎⲢⲞⲚⲞ   xliii, 4–6
                ⲘⲈⲒ ⲄⲀⲢ ⲀⲚ ⲘⲠⲔ]ⲀϨ
                [ϨⲚ ⲦⲈⲨⲤⲒⲎϤⲈ· Ⲁ[Ⲩ]Ⲱ
                [ⲘⲠⲈ]ⲨϬ̄ⲂⲞⲒ ⲀⲚ ⲠⲈⲚ
           5   ⲦⲀϤⲦⲞⲨⲬⲞⲞⲨ· ⲀⲖ
                ⲖⲀ ⲦⲈⲔⲞⲨⲚⲀⲘ ⲦⲈ
                ⲘⲚ ⲠⲈⲔϬ̄ⲂⲞⲒ· ⲀⲨⲰ
                ⲠⲞⲨⲞⲈⲒⲚ ⲘⲠⲈⲔϨⲞ
                ⲬⲈ ⲀⲔⲞⲨⲀϢⲞⲨ· Ⲛ
         10 ⲦⲞⲔ ⲠⲈ ⲠⲀⲢ̄ⲢⲞ ⲀⲨⲰ
                ⲠⲀⲚⲞⲨⲦⲈ· ⲠⲈⲦ
                ϨⲰⲚ ⲚⲚⲈⲨⲬⲀⲒ ⲚⲒⲀ
                ⲔⲰ[Ⲃ ϨⲢⲀⲒ] Ⲛ̄Ϩ[ⲎⲦ]Ⲕ̄
                [ⲦⲚⲚⲀⲔⲰⲚⲤ ⲚⲚⲈⲚ
         15 ⲬⲀⲬⲈ ⲀⲨⲰ ϨⲘ ⲠⲈⲔ
                ⲢⲀⲚ ⲦⲚⲚⲀⲤⲰϢϤ
                ⲚⲚⲈⲦⲦⲰⲞⲨⲚ Ⲉ]

p. 212   [ⲥⲓⲃ̄]

xliii, 6–9

ⲝ[ⲱⲛ ⲛⲉⲓⲕⲱ ⲅⲁⲣ]
ⲁ[ⲛ ⲛⲅ̄ⲧⲏⲓ ⲉⲧⲁⲡⲓⲧⲉ]
ⲁⲩⲱ ⲛ̄[ⲧⲁⲥⲏϥⲉ ⲁⲛ]
ⲧⲉⲧⲛⲁⲧⲟ[ⲩⲝⲟⲓ ⲁⲕ]
5 ⲧⲟⲩⲝⲟⲛ ⲅⲁⲣ ⲉⲃ[ⲟⲗ]
ϩⲓⲧⲛ̄ ⲛⲉⲧ-ⲑⲗⲓⲃⲉ
ⲙ̄ⲙⲟⲛ· ⲁⲩⲱ ⲁⲕⲧ̄
ϣⲓⲡⲉ ⲛ̄ⲛⲉⲧⲙⲟⲥⲧⲉ
ⲙ̄ⲙⲟⲛ· ϩⲣⲁⲓ̈ ϩⲙ̄
10 ⲡⲉⲛⲛⲟⲩⲧⲉ ⲧⲛ̄ⲛⲁ
ⲝⲓⲧⲁⲓ̈ⲟ ⲙ̄ⲡⲉϩⲟⲟⲩ
ⲧⲏⲣϥ̄· ⲁⲩⲱ ⲧⲛⲛⲁ
ⲉ[ⲝ]ⲟⲙ[ⲟ[ⲗ]ⲟⲅⲓ ⲙ̄
[ⲡⲉⲕⲣⲁⲛ ϣⲁ ⲉ]ⲛ̄ⲓⲉϩ:
15 [ⲇⲓⲁⲯⲁⲗⲙⲁ ----]

p. 213   [ⲥⲓⲅ̄]

xliii, 10–13

[ⲁⲩⲱ ⲛ̄ⲅ̄ⲛⲏⲩ]
ⲁⲛ ⲉⲃⲟⲗ ϩⲛ̄] ⲛ̄ⲓⲉⲛ
[ϭⲟⲙ ⲁⲕⲕⲧⲟⲛ ⲉ]ⲡ̄ⲁ
[ϩⲟⲩ ⲡⲁⲣⲁ ⲛ]ⲉ̄ⲛ̄ⲝⲁⲝⲉ
5 [ⲁ ⲛⲉⲧ]ⲙⲟⲥⲧⲉ ⲙ̄ⲙⲟⲛ·
[ⲧⲟ]ⲣⲡ̄ⲛ̄ ⲛⲁⲩ· ⲁⲕ
ⲧⲁⲁⲛ ⲛⲟ-ⲑⲉ ⲛ̄ⲛⲓⲉⲥⲟ
ⲟⲩ ⲉϣⲁⲩⲟⲩⲟⲙⲟⲩ:
ⲁⲩⲱ ⲁⲕⲝⲟⲟⲣⲛ̄ ⲉ
10 ⲃⲟⲗ ϩⲛ̄ ⲛⲉⲛϩⲉⲑⲛⲟⲥ·
ⲁⲕⲧ̄ ⲙ̄ⲡⲉⲕⲗⲁⲟⲥ
ⲁⲝⲛ̄ ⲛⲁⲥⲟⲩ· ⲁⲩⲱ
ⲛⲉ ⲙⲛ̄ ⲙⲏⲏϣⲉ ϩⲛ̄
ⲛⲉ[ⲛⲗⲟⲩⲗⲁⲓ ----]

p. 212. 4 ⲧⲉⲧⲛⲁⲝⲟⲩⲝⲟⲓ male Lᵇ corr Lᶜ | 11 ⲝⲓⲧⲁⲉⲓⲟ LZ | 13 ⲉⲝⲟⲙⲟⲗⲟⲅⲉⲓ LBʔZ
p. 213. 10 ϩⲛ ⲛϩⲉⲑⲛⲟⲥ LBʔZ 12 ⲁⲝⲛ ⲁⲥⲟⲩ LZ, [ⲁ]ⲧⲝⲛ ⲁⲥⲟⲩ B

p. 214   [ⲥⲓⲇ̄]   [ⲁⲕ]   xliii, 15–17

ⲭ[ⲱ ⲙⲙⲟⲛ ⲉⲩⲡⲁⲣⲁⲃⲟ]
ⲗⲏ ⲛ[ⲛⲅⲉⲑⲛⲟⲥ]
ⲁⲩⲱ ⲛ̄ⲕⲓⲙ [ⲛⲁⲡⲉ]
5   ⲅ̄ⲛ ⲛ̄ⲗⲁⲟⲥ: ⲭ[ⲉ ⲡⲁ]
ϣⲓⲡⲉ ⲙ̄ⲡⲁⲙⲧⲟ
ⲉⲃⲟⲗ ⲙ̄ⲡⲉⲅⲟⲟⲩ
ⲧⲏⲣ̄ϥ· ⲁⲩⲱ ⲡϣⲓ
ⲡⲉ ⲙ̄ⲡⲁⲅⲟ̄ ⲁϥ
10   ⲅⲱⲃⲧ̄ ⲉⲃⲟⲗ ⲉⲭⲱ̈ⲓ
ⲉⲃⲟⲗ ⲙ̄ⲡⲉⲅⲣⲟⲟⲩ
ⲙ̄ⲡⲉⲧⲛⲟϭⲛⲉϭ
ⲙ[ⲛ̄] ⲡⲉ[ⲧⲡⲁⲣⲁⲗⲁ
ⲗⲉⲓ – – – –]

p. 215   [ⲥⲓⲉ̄]   [ⲁⲩⲱ ⲙ]ⲡⲛ̄   xliii, 18–20

[ⲭⲓⲛϭⲟ]ⲛⲥ ⲅ̄ⲛ ⲧⲉⲕ
[ⲇⲓⲁ]ⲑⲏⲕⲏ· ⲁⲩⲱ
ⲙ̄ⲡⲉ ⲡⲉⲛⲅⲏⲧ
5   ⲥⲁⲅⲱⲱϥ ⲉⲡⲁⲅⲟⲩ.
ⲁⲕⲣⲓⲕⲉ ⲛ̄ⲛⲉⲛⲅⲓ
ⲟⲟⲩⲉ ⲉⲃⲟⲗ ⲅⲓ ⲧⲉⲕ
ⲅⲓⲏ· ⲭⲉ ⲁⲕⲑⲃ̄ⲃⲓⲟⲛ
ⲅ̄ⲛ ⲛⲟⲩⲙⲁ ⲛ̄ⲙ̄
10   ⲕⲁⲅ· ⲁⲩⲱ ⲁⲥⲅⲟⲃ
ⲥⲛ̄ [ⲛ̄ϭⲓ ⲑ̄]ⲁⲓ̈[ⲃⲉ]ⲥ ⲙ̄]
[ⲡⲙⲟⲩ – – – –]

p. 214. 1 l ⲁⲕⲕⲱ LZV | 5 ⲛⲅⲉⲛⲗⲁⲟⲥ L ⲅⲛ ⲗⲗⲁⲟⲥ B, ZV = F
p. 215. 5 ⲥⲁⲅⲱϥ LZV | 7 ⲉⲃⲟⲗ ⲅⲛ LZV | 9 ⲅⲛ ⲟⲩⲙⲁ LZV | 11 ⲑⲁⲉⲓⲃⲉⲥ L,
    BZV = F

p. 216 [C̄Ⲓ̄Ϛ̄] [ⲈϢⲬⲈ ⲀⲚⲠⲈⲢⲰ xliii, 21–24
ⲚⲈⲚϬⲒⲬ ⲈⲂⲞⲖ ⲈⲨ]
Ⲛ[ⲞⲨⲦⲈ ⲚϢⲘⲘⲞ ⲘⲎ]
Ⲙ̄ⲠⲚ[ⲞⲨⲦⲈ ⲀⲚ]
5 ⲠⲈⲦϢⲒⲚⲈ Ⲛ[ⲤⲀ ⲚⲀⲒ]
Ⲛ̄ⲦⲞϤ ⲄⲀⲢ ⲈⲦ[ⲤⲞ]
ⲞⲨⲚ̄ Ⲛ̄ⲚⲈⲐⲎⲠ Ⲙ̄
ⲠϨⲎⲦ ⲬⲈ ⲈⲦⲂⲎⲎⲦⲔ
ⲤⲈⲘⲞⲨⲞⲨⲦ̈ Ⲙ̄ⲘⲞⲚ
10 Ⲙ̄ⲠⲈϨⲞⲞⲨ ⲦⲎⲢϤ̄
ⲀⲨⲞⲠⲚ̄ Ⲛ̄ⲐⲈ Ⲛ̄ⲚⲒⲈ
ⲤⲞⲞⲨ ⲈⲔⲞⲚⲤⲞⲨ.
ⲦⲰⲞⲨⲚ̈ ⲠⲬⲞⲈⲒⲤ
[ⲈⲦⲂⲈ ⲞⲨ ⲔⲚⲔⲞ]Ⲧ[Ⲕ]:
15 [– – – –]

p. 217 [C̄Ⲓ̄Ⲍ̄] [ⲀⲔⲢⲠⲰⲂϢ ⲚⲦⲈⲚ xliii, 25–xliv, 1
ⲘⲚⲦϨⲎⲔⲈ ⲘⲚ Ⲧ[ⲈⲚⲐⲖⲒ]
[Ⲧ̈ⲒⲤ ⲬⲈ] [Ⲁ]ⲦⲈ[Ⲛ]Ⲧ̈[Ⲩ]
[ⲬⲎ] [Ⲑ]ⲂⲂⲒⲞ ϢⲀ ⲠⲔⲀϨ·
5 [Ⲁ] ϨⲎⲦⲚ̄ ⲦⲰϬⲈ Ⲉ̄
ⲠⲈⲤⲎⲦ· ⲦⲰⲞⲨ̈
ⲂⲞⲎⲐⲒ ⲈⲢⲞⲚ ⲠⲬⲞ
ⲈⲒⲤ ⲀⲨⲰ Ⲛ̄ⲄⲤⲞ
ⲦⲚ̄ ⲈⲦⲂⲈ ⲠⲈⲔⲢⲀⲚ:
[Ⲙ̄Ⲇ̄] ⲈⲠⲬⲰⲔ ⲈⲂⲞⲖ Ⲛ̄
[Ⲧ]ⲚⲈⲦⲚⲀϢⲒⲂⲈ Ⲛ̄Ⲛ̄
[Ϣ]̄[Ⲏ]ⲢⲈ Ⲛ̄[Ⲕ]ⲞⲢ[Ⲉ] ⲈⲨ
[ⲘⲚⲦⲢⲘⲚϨⲎⲦ ⲦⲰⲆⲎ
ϨⲀ ⲠⲘⲈⲢⲒⲦ – – – –]

p. 216. 5 ⲠⲈⲦⲚⲀϢⲒⲚⲈ LZVⓈ | 7 ⲈⲚⲈⲐⲎⲠ male L, ZV = F | Ⲙ̄Ⲫ[Ϩ]ⲎⲦ male Lᵇ Ⲙ̄ⲪⲎⲦ
Schm
p. 217. 7 ⲂⲞⲎⲐⲈⲒ LBZV, Frag 1 = F | ⲠⲬⲞⲒⲤ L Frag 1, Z = F

p. 218   [ⲥⲓ̅ⲏ̅]   [ϯⲛⲁⲭⲱ ⲁ]   xliv, 2–3
ⲛ[ⲟⲕ] [ⲛⲛⲁ︤ϩ︦ⲃⲏⲩⲉ]
ⲙ̅ⲡ̅ⲣ̅ⲣⲟ [ⲡⲁⲗⲁⲥ]
ⲟⲩⲕⲁⲱ ⲛ̅ⲅ̅ⲣ̅[ⲁⲙ]
5 ⲙⲁⲧⲉⲩⲥ ⲡⲉ [ⲛ]
ⲣⲉϥϭⲉⲡ︤ⲏ︥ ⲉϥⲥϩⲁ[ⲓ]
ⲉⲛⲉⲥⲱϥ ϩ︤ⲙ︥ ⲡⲉϥ
ⲥⲁ ⲡⲁⲣⲁ ⲛϣⲏⲣⲉ
ⲛ̅ⲛ̅ⲣⲱⲙⲉ· ⲁ ⲧⲉ
10 ⲭⲁⲣⲓⲥ ⲡⲱⲛ ⲉⲃⲟⲗ
ϩⲓ ⲛⲉⲕⲥ[ⲡⲟⲧ]ⲟⲩ
ⲉⲧⲃ[ⲉ] ⲡ[ⲁⲓ ⲁ ⲡⲛ]ⲟⲩ
[ⲧⲉ ⲥ]ⲙⲟⲩ ⲉⲣⲟⲕ ϣⲁ
ⲉⲛⲉϩ - - - -]

p. 219   [ⲥⲓ̅ⲑ̅]   [ⲛ̅ⲅ̅ⲥⲱⲙ̅ⲛⲧ ⲛ̅ⲅ̅ⲥⲟ]ⲟⲩⲧⲛ   xliv, 5–6
[ⲛ̅ⲅ̅ⲣ̅ⲣ̅]ⲣⲟ: ⲉⲧⲃⲉ
[ⲧⲙ]ⲉ ⲙ̅ⲛ̅ ⲧⲙ̅ⲛ̅ⲧ
[ⲣ̅]ⲙⲣⲁϣ ⲙ̅ⲛ̅ ⲧⲁⲓ
5 ⲕⲁⲓⲟⲥⲩⲛⲏ· ⲁⲩⲱ
ⲧⲉⲕⲟⲩⲛⲁⲙ̅ ⲛⲁⲭⲓ
ⲙⲟⲉⲓⲧ ϩⲏⲧ︤ⲕ︥ ϩ︤ⲛ︥
[ⲟⲩ]ϣⲡⲏⲣⲉ [ⲛⲉⲕⲥⲟⲧⲉ
ⲧⲏⲙ ⲡⲉⲧⲉ ⲟⲩⲛ]ϭ[ⲟⲙ
10 ⲙⲙⲟϥ ϩ︤ⲙ︥ ⲡϩⲏⲧ ⲛⲛ
ⲭⲁ.ⲭⲉ ⲙⲡⲣ̅ⲣⲟ - - - -]

p. 220   [C̄Κ̄]   [ΟΥϬΕΡШΒ ΝCΟΟΥ   xliv, 7–8

ΤΝ ΠΕ ΠϬΕΡШΒ Ν]

ΤΕΚ[ΜΝΤΕΡΟ]

ΑΚΜΕΡΕ ┌Τ┐[ΔΙΚΑΙ]

5 ΟCΥΝΗ ΑΚΜ[ΕC]

ΤΕ ΠΧΙΝϬΟΝC̄

ΕΤΒΕ ΠΑЇ ΑϤΤΑ[Ϩ]

C̄Κ̄ Ν̄ϬΙ ΠΝΟΥΤΕ

ΠΕΚΝΟΥΤΕ· ΝΟΥ

10 [ΝΕϨ] ┌Ν̄Τ┐ΕΛ[Η]Λ ┌Π┐Α

[ΡΑ ΝΕΤϨΙΤΟΥШΚ − − − −]

p. 221   [C̄Κ̄Ᾱ]   [ΕΝΤΑΥΕΥϕΡΑΝΕ ΜΜΟΚ   xliv, 10–11

ΝϨΗΤΟΥ Ν̄ϬΙ Ν̄ϢΕΕΡ]Ε Ν̄

[ΝΕΡΡШ]┌ΟΥ┐ ϨΝ̄ ΠΕΚ

[ΤΑΕ]┌Π┐Ο· ΑΤΡ̄ΡШ Α

5 [Ϩ]ΕΡΑΤC̄ ϨΙ ΟΥΝΑΜ

Μ̄ΜΟΚ ϨΝ̄ ΝΟΥϨΒ̄

C̄Ш ΕCΟ ΝΕΙΕΠΝΟΥ

ΕC̄ϬΟΟΛΕ ΕCῸ

Ν̄ΝΑΥΕΙ ΝΑΥΑΝ·

10 C[Ш]┌Τ┐Μ̄ ΤΑϢΕ┌Ε┐┌Ρ┐Ε:

Ν[ΤΕΝΑΥ] ┌Ν̄┐[ΤΕΡΙΚΕ]

ΜΠΟΥΜΑΑΧΕ − − − −]

p. 222   [C̄Κ̄Β̄]   [CΕΝΑ]   xliv, 13–14

┌Ο┐┌Υ┐┌Ш┐[Ш]Τ ΝΑϤ Ν̄ϬΙ Ν]

ϢΕΕΡΕ [ΝΤΥΡΟC]

ϨΝ̄ ϨΕΝΔШΡ[ΟΝ CΕ]

5 ΝΑCΟΠC̄ Μ̄ΠΕ┌Κ┐[Ϩ]Ο

Ν̄ϬΙ Ν̄ΡΜ̄ΜΑΟ Μ̄

ΠΚΑϨ· ΠΕΟΟΥ ΤΗ

Ρϥ̄ Ν̄ΤϢΕΕΡΕ Μ̄

ΠΡ̄ΡΟ ΝΕCΕΒШΝ·

10 ΕC̄ϬΟΟΛΕ Ν̄[ϨΕΝ]

┌ΛΟΟ┐Υ Ν̄Ν̄[ΟΥΒ ΕΥΟ]

ΝΑΥΕΙ ΝΑΥΑΝ − − − −]

p. 220. 7 ΑϤΤΑϨΚ male Lᵇ corr Lᶜ   p. 221. 6 ϨΝ ΟΥϨΒCШ LZV | 7 l ΝΕΙΕΠΝΟΥΒ |
ΕCΟΝΙ ΕΠΝΟΥΒ male ZVR ΕCΟÑΕΙ ΕΠΝΟΥΒ Lᵇ corr Lᶜ | 9 ΝΑΥΕΙ LZV

p. 223 [ⲥ̅ⲕ̅ⲅ̅] [ⲥⲉⲛⲁⲛⲧⲟ]ⲩ xliv, 16–18
[ϩⲛ ⲟⲩⲧ]ⲉⲗⲏⲗ ⲉ
[ⲡⲉⲣⲡⲉ] ⲙⲡⲣ̄ⲣⲟ: ⲉ
[ⲡ]ⲙⲁ ⲛⲟⲩⲉⲓⲟⲧⲉ ⲁ
ϩⲉⲛϣⲏⲣⲉ ϣⲱⲡⲉ
ⲛⲉ· ⲁⲩⲱ ⲧⲛ̄ⲛⲁⲕⲁ
ⲑⲓⲥⲧⲁ ⲙ̄ⲙⲟⲟⲩ ⲛ̄
ⲛⲁⲣⲭⲱⲛ ⲉϫⲙ̄ ⲡⲕⲁϩ
ⲧⲏ[ⲣ̄ϥ] ⲛ̄ⲥⲉⲣ̄ⲡⲙⲟ
[ⲉⲩⲉ ⲙⲡⲟ]ⲩ[ⲣⲁⲛ ϩⲛ̄
[ⲅⲉⲛⲉⲁ ⲛⲓⲙ ϩⲓ ⲅⲉⲛⲉⲁ - - - -]

p. 224 [ⲥ̅ⲕ̅ⲇ̅] [ⲉⲡϫⲱⲕ ⲉⲃⲟⲗ ϩⲁ xlv, 1–3
ⲛϣⲏⲣⲉ ⲛⲕⲟⲣⲉ ϩⲁ]
ⲙ̅ⲉ̅ [ⲛ]ⲉⲑⲏⲡ̄ [ⲡⲉϯⲁⲗ]
ⲙⲟⲥ ⲛ̄ⲇⲁⲩ[ⲉⲓⲇ]
ⲡⲉⲛⲛⲟⲩⲧⲉ ⲡ[ⲉ ⲡⲉⲛ]
ⲛⲁⲙ̄ⲡⲱⲧ̄ ⲁⲩⲱ
ⲧⲉⲛϭⲟⲙ· ⲡⲉⲛⲃⲟ
ⲏ̄ⲑⲟⲥ ⲡⲉ ϩⲛ̄ ⲛⲉ
ⲑⲗⲓϯⲥ ⲉⲛⲧⲁⲩⲧⲁ
ϩⲟⲛ̄ ⲉⲙⲁⲧⲉ. ⲉⲧ
ⲃⲉ ⲡⲁϊ ⲛ̄ⲧⲛ̄ⲛⲁⲣ̄
ϩⲟⲧⲉ ⲁ[ⲛ - - - -]

p. 225 [ⲥ̅ⲕ̅ⲃ̅] [ⲁ ⲛⲧⲟⲟⲩ ϣⲧⲟⲣⲧⲣ xlv, 4–6
ϩⲛ ⲧⲉϥ]ϭⲟⲙ [ⲇⲓⲁ
ϯⲁⲗⲙⲁ]· ⲙ̄ⲙⲁ ⲙ̄
[ⲙⲟⲟ]ⲛⲉ ⲙ̄ⲡⲓⲉⲣⲟ̄ ⲛⲁ
[ⲉⲩ]ⲫⲣⲁⲛⲉ ⲛ̄ⲧⲡ̄ⲟ
ⲗⲓⲥ ⲙ̄ⲡⲛⲟⲩⲧⲉ·
ⲁ ⲡⲉⲧϫⲟⲥⲉ ⲧⲃ̄ⲃⲉ
ⲡⲉϥⲙⲁⲛϣⲱⲡⲉ·
ⲡⲛⲟⲩⲧⲉ ϩⲛ̄ ⲧⲉⲥ
ⲙⲏⲧⲉ ⲁⲩⲱ ⲛ̄ⲥⲛⲁ
ⲕ[ⲓⲙ ⲁⲛ ⲡⲛⲟⲩⲧⲉ
ⲛⲁⲃⲟⲏⲑⲉⲓ ⲉⲣⲟⲥ - - - -]

p. 223. 4 l ⲛⲛⲟⲩⲉⲓⲟⲧⲉ LZRMasp | 9 l ⲛⲥⲉⲣⲡⲙⲉⲉⲩⲉ p. 224. 8 om ⲡⲉ LZ, R=F | ⲛⲉⲛⲑⲗⲓϯⲥ L, ⲛⲑⲗⲓϯⲥ R, Z=F p. 225. 4 ⲙⲡⲉⲓⲉⲣⲟ LZRMasp

98   COPTIC PSALTER

p. 226   [C̄K̄S̄]   [ΠΕΝΡΕϤ]   xlv, 8–10
         [ϢΟΠⲚ Ε]ΡΟϤ ΠΕ]
         ΠΝΟΥΤΕ Ν[ΙΑΚⲰΒ]
         ⲆΙⲀ†ⲀⲖΜⲀ· ΑΜ[Η]
      5 ΕΙΤⲚ ΑΝΑΥ ΕΝΕⲨ
         ΒΗΥΕ ⲘΠΝΟΥΤΕ·
         ΝΕϢΠΗΡΕ ΕΝΤΑϤ
         ΑΑΥ ⲨΙⲬⲘ ΠΚΑⲨ·
         ΕϤϤΙ ⲚⲘΠΟⲖΕΜΟΣ
     10 ϢΑ ΑΡ[ΗⲬ]Ϥ ΜΠ[Κ]ΑⲨ
         [- - - -]

p. 227   [C̄K̄Z̄]   [†ΝΑⲬΙΣΕ ⲨΝ Ν]ⲨΕ   xlv, 11–xlvi, 1
         [Θ·ΝΟ]Σ· †ΝΑⲬΙΣΕ
         [Ⲩ]Ⲙ ΠΚΑⲨ: ΠⲬΟⲒΣ
         ΠΝΟΥΤΕ ΝⲚⲄΟΜ
      5 ΝⲘΜΑΝ: ΠΕΝΡΕϤ
         ϢΟΠⲚ ΕΡΟϤ ΠΕ
         ΠΝΟΥΤΕ ΝΙΑΚⲰΒ:
   [Μ̄S̄] [ΕΠⲬⲰΚ] ΕΒΟⲖ ⲨΑ
         [ΝϢΗΡΕ ΝΚ]ΟΡΕ
         [- - - -]

p. 228   [C̄K̄Η̄]   [ΟΥΝΟⳠ ΝΡΡΟ ΠΕ Ε]   xlvi, 3–5
         ⲬΜ ΠΚΑ[Ⲩ ΤΗΡϤ ΑϤ]
         Θ·ΒΒΙΟ ΝⲚⲖⲀ[ΟΣ]
         ΝΑΝ· ΑΥⲰ Ⲛ̄Ⲩ[ΕΘ·]
      5 ΝΟΣ ⲨΑ ΝΕΝΟΥΕΡΗ
         ΤΕ· ΑϤΣⲰΤⲠ ΝΑΝ
         Ⲛ̄ΤΕϤΚⲖΗΡΟΝΟΜΙ
         Α· ΠΑΝΑΪ Ⲛ̄ΪΑΚⲰΒ
         ΠΕΝΤΑϤΜΕΡ[Π]Τϥ̄
     10 ⲆⲒⲀ†[ⲀⲖΜⲀ - - - -]

p. 227. 3 ΠⲬΟΕⲒⲤ LZ Π̄Ⲥ̄C R
p. 228. 1 ΕⲬΕΜ male Lᵇ corr Lᶜ

p. 229 [ⲤⲔⲐ] [ⲦⲀⲖ]ⲖⲒⲈⲒ ϨⲚ ⲞⲨ   xlvi, 8–10
           [ⲘⲚ]ⲦⲦⲢⲘ̄Ⲛ̄ϨⲎⲦ·
           [Ⲁ] ⲠⲬⲞⲈⲒⲤ Ⲣ̄Ⲣ̄ⲢⲞ Ⲉ
           ⲬⲚ̄ ⲚⲚ̄ϨⲈⲐ·ⲚⲞⲤ ⲦⲎ
      5 ⲢⲞⲨ· ⲠⲚⲞⲨⲦⲈ ϨⲘⲞ
           ⲞⲤ ϨⲒ ⲠⲈϥⲐⲢⲞⲚⲞⲤ
           ⲈⲦⲞⲨⲀⲀⲂ· ⲚⲀⲢ
           Ⲭ[Ⲱ][Ⲛ] ⲚⲚ̄ⲖⲀⲞⲤ ⲀⲨ
           [ⲤⲰⲞⲨϨ ⲈϨ]ⲞⲨⲚ Ⲙ̄Ⲛ
     10 [ⲠⲚⲞⲨⲦⲈ ⲚⲀⲂⲢⲀⲀⲘ - - - -]

p. 230 [ⲤⲖ] [ⲞⲨⲚⲞϬ ⲠⲈ ⲠⲬⲞⲈⲒⲤ   xlvii, 2–3
           ⲀⲨⲰ ϥⲤⲘⲀⲘⲀⲀⲦ]
           ⲈⲘⲀⲦⲈ ϨⲚ [Ⲧ][ⲠⲞⲖⲒⲤ]
           Ⲙ̄ⲠⲈⲚⲚⲞⲨⲦ[Ⲉ ϨⲘ]
      5 ⲠⲈϥⲦⲞⲞⲨ ⲈⲦⲞⲨ[Ⲁ]
           ⲀⲂ· ⲈϥⲞⲨⲈⲤⲦⲰⲚ
           ϨⲘ̄ ⲠⲦⲈⲖⲎⲖ Ⲙ̄ⲠⲔⲀϨ
           ⲦⲎⲢϤ̄· Ⲛ̄ⲦⲞⲞⲨ Ⲛ̄ⲤⲒ
           ⲰⲚ ⲈⲦⲬⲞⲤⲈ Ⲛ̄ⲦⲈ
     10 ⲠⲈⲘϨⲒⲦ̄ ⲦⲠⲞⲖⲒⲤ
           Ⲙ̄ⲠⲚⲞϬ [ⲚⲢⲢⲞ - - - -]

p. 231 [ⲤⲖⲀ] [ⲀⲨⲤⲦⲰⲦ ⲦⲀϨⲞⲞⲨ ⲘⲘⲀⲨ   xlvii, 7–9
           ⲚⲐⲈ] ⲚⲚⲚⲀⲀⲔⲈ Ⲛ̄ⲦⲈⲦ
           [Ⲛ][Ⲁ]ⲘⲒⲤⲈ· ϨⲚ̄ ⲞⲨⲦⲎⲨ
           Ⲛ̄ϬⲞⲚⲤ̄ ϥⲚⲀⲞⲨⲰ
      5 ϢϤ̄ Ⲛ̄ⲚⲈⲬⲎⲨ Ⲛ̄ⲐⲀⲢ
           ⲤⲒⲤ· ⲔⲀⲦⲀ ⲐⲈ ⲈⲚ
           ⲦⲀⲚⲤⲰⲦⲘ̄ ⲦⲀⲒ
           ⲞⲚ ⲦⲈ ⲐⲈ ⲈⲚⲦⲀⲚ
           Ⲛ[ⲀⲨ ϨⲚ Ⲧ]ⲠⲞⲖⲒⲤ Ⲙ̄
     10 [ⲠⲬⲞⲈⲒⲤ ⲚⲚϬⲞⲘ - - - -]

p. 229. 3 ⲈⲬⲚ ⲚϨⲈⲐⲚⲞⲤ LBZR
p. 230. 9 ⲚⲈⲦⲬⲞⲤⲈ L, ZR = F

p. 232   [ⲤⲰⲂ]   [ⲔⲀⲦⲀ ⲠⲈⲔⲢⲀⲚ]   xlvii, 11–12
Ⲡ[ⲚⲞ]ⲨⲦⲈ· Ⲧ[Ⲁ]Ⲓ ⲞⲚ ⲦⲈ]
ⲐⲈ ⲘⲠⲈⲔⲔⲈⲤ[ⲘⲞⲨ]
ⲈⲬⲒⲚ ⲚⲀⲢⲎⲬϥ̄ ⲘⲠ
5 ⲔⲀⲤ· ⲈⲢⲈ ⲦⲈⲔⲞⲨ
ⲚⲀⲘ̄ ⲘⲈϩ Ⲛ̄ⲆⲒⲔⲀⲒ
ⲞⲤⲨⲚⲎ· ⲘⲀⲢⲈϥⲈⲨ
ⲪⲢⲀⲚⲈ Ⲛ̄ϭ[Ⲓ Ⲡ]ⲦⲞⲞⲨ
[ⲚⲤⲒⲰⲚ – – – –]

p. 233   [ⲤⲰⲅ]   [ⲀⲨⲰ ⲚⲦⲈⲦⲚⲠⲰϣ   xlvii, 14–15
ⲚⲚⲈ]Ⲧ[Ⲧ]ⲦⲀⲒ̈ⲎⲨ Ⲛ̄ⲦⲀⲤ
ⲬⲈⲔⲀⲤ ⲈⲦⲈⲦⲚⲈ
ⲬⲞⲞⲨ ⲈⲔⲈⲄⲈⲚⲈⲀ
5 ⲬⲈ ⲠⲀⲒ̈ ⲠⲈ ⲠⲚⲞⲨⲦⲈ
ⲠⲈⲚⲚⲞⲨⲦⲈ· ϢⲀ Ⲉ
ⲚⲈϩ [ⲀⲨ]ⲱ] ϢⲀ [Ⲉ]Ⲛ[Ⲉϩ]
[ⲚⲈⲚⲈϩ ⲚⲦⲞ]ϥ Ⲡ[ⲈⲦ
ⲚⲀⲘⲞⲞⲚⲈ ⲘⲘⲞⲚ
10 ϢⲀ ⲚⲒⲈⲚⲈϩ – – – –]

p. 234   [ⲤⲰⲇ]   Ⲛ[ⲈⲬⲠⲞ ⲘⲠⲔⲀϩ]   xlviii, 3–4
ⲀⲨⲰ Ⲛ̄ϣⲎⲢⲈ [Ⲛ]Ⲛ[Ⲛ]Ⲣ̄ⲱ
ⲘⲈ· Ⲛ̄ⲢⲘ̄ⲘⲀⲟ̄ ϨⲒ ⲞⲨ
ⲤⲞⲠ Ⲙ̄Ⲛ Ⲛ̄ϨⲎⲔⲈ·
5 ⲦⲀⲦⲀⲠⲢⲟ̄ ⲚⲀⲬⲰ
[Ⲛ]ⲞⲨⲤⲞ[Ⲫ][ⲒⲀ] ⲀⲨⲰ
[ⲦⲘⲈⲖⲈⲦⲎ ⲘⲠ]Ⲁ
[ϨⲎⲦ ⲚⲞⲨⲘⲚⲦⲢⲘⲚ]ϩ[ⲎⲦ – – – –]

p. 235   [ⲤⲰⲉ]   [ⲚⲈⲦⲚⲀϩⲦⲈ]   xlviii, 7–8
Ⲉ[Ⲧ[Ⲉ]Ⲩϭ̄ⲞⲘ ⲈⲦ[ϣⲞⲨ]
ϢⲞⲨ Ⲙ̄ⲘⲞⲞⲨ ⲈⲬⲒ[Ⲙ] [ⲠⲀ]
ϢⲀⲒ̈ Ⲛ̄ⲦⲈⲨⲘⲚ[Ⲧ̄]
5 Ⲣ̄ⲘⲘⲀⲞ· Ⲛ̄ⲤⲈⲚⲀ[Ⲥ[ⲱ]
ⲦⲈ [Ⲁ][Ⲛ Ⲛ̄ⲞⲨ]ⲤⲞⲚ [– – – –]

p. 232. 4 l ⲉⲭⲛ ⲁⲣⲏⲭϥ LZR ⲉⲭⲛ ⲛⲁⲣⲏⲭϥ B ⲭ[ⲛ] ⲁⲣ[ⲏⲭϥ] male V per confusio-
    nem ⲉⲭⲛ et ⲭⲓⲛ

p. 236 [ⲥ̄ⲗ̄ⲋ̄] [ⲡⲁⲑⲏⲧ ⲙ]ⲛ [ⲡⲁⲧ   xlviii, 11–12
ⲥⲃ]ⲱ ⲛⲁⲧⲁⲕ[ⲟ] ⸢ⲍ̄ⲛ⸣
[ⲟ]ⲩⲥⲟⲡ· ⲥⲉⲛⲁⲕⲱ
ⲛ̄ⲧⲉⲩⲙⲛ̄ⲧⲣⲙ̄
5 ⸢ⲙ⸣ⲁⲟ ⲛ̄ϩⲉⲛⲕⲟⲟⲩⲉ·
[ⲁ]ⲩⲱ ⲛ̄[ⲉⲩⲧⲁ]ⲫ̄ⲟⲥ
[ⲛⲉ ⲛⲉⲩⲏⲓ ϣⲁ ⲉⲛⲉϩ ‒ ‒ ‒ ‒]

p. 237 [ⲥ̄ⲗ̄ⲍ̄] [ⲧⲁ]ⲓ̈ ⲧⲉ ⲧⲉⲩ[ϩⲓⲏ ⲉ]   xlviii, 14–15
ⲥⲉⲣ̄ϫⲣⲟⲛ̄ ⲛⲁⲩ [ⲙⲛ]
ⲛ̄ⲥⲁ ⲛⲁⲓ̈ ⲥⲉⲛⲁⲥ
ⲙⲟⲩ ϩⲛ̄ ⲣⲱⲟⲩ· [ⲇⲓⲁ]
5 †[ⲁ̄]ⲗⲙⲁ]· ⲁϥ[ⲕⲁⲁⲩ]
ⲛ̄[ⲑⲉ ⲛ̄ϩⲉⲛⲥⲟⲟⲩ
ϩⲛ ⲁⲙⲛ̄ⲧⲉ ‒ ‒ ‒ ‒]

p. 238 [ⲥ̄ⲗ̄ⲏ̄] [ⲡⲗⲏⲛ ⲡⲛⲟⲩⲧⲉ ⲛⲁ   xlviii, 16–17
ⲥⲱⲧⲉ ⲛⲧⲁ†ⲩⲭⲏ]
ⲉ[ⲃⲟ]ⲗ ϩⲛ̄ ⲧϭ[ⲓ]ϫ [ⲛⲁ]
ⲙⲛ̄ⲧⲉ ⲉϥϣⲁⲛϫⲓⲧ
5 ⲇⲓ̄ⲁ†ⲁⲗⲙ̄ⲁ· ⲙ̄ⲡⲣ̄ⲣ̄
⸢ϩ⸣ⲟⲧⲉ ⲉⲣϣⲁⲛ ⲟⲩ
[ⲣⲱ]ⲙⲉ ⲣ̄[ⲣ̄]ⲙ̄]ⲙⲁⲟ·
[ⲁⲩⲱ] ⲉ[ⲣϣⲁⲛ ⲡ]ⲉϥ
[ⲉⲟⲟⲩ ⲁϣⲁⲓ ⲙⲛ ⲡⲁ
10 ⲡⲉϥⲏⲓ ‒ ‒ ‒ ‒]

p. 239 [ⲥ̄ⲗ̄ⲑ̄] [ϥⲛⲁⲟⲩⲱⲛϩ ⲛⲁⲕ ⲉⲃⲟⲗ ⲉⲕ xlviii, 19–21
ϣⲁ]ⲛⲣⲡ[ⲉ]ⲧ[ⲛⲁⲛⲟⲩϥ
ⲛ]ⲁϥ· ϥⲛⲁⲃⲱⲕ ⲉ
ϩⲟⲩⲛ ϣⲁ ⲡⲭⲱⲙ̄
5 ⲛ̄ⲛⲉϥⲉⲓⲟⲧⲉ· ⲛ̄ϥ̄
ⲛⲁⲛⲁⲩ ⲁⲛ ⲉⲡⲟⲩ
ⲟⲉⲓⲛ ⸢ϣ⸣ⲁ ⲉⲛⲉ[ϩ]
ⲡ[ⲣⲱⲙⲉ ⲉϥ ϩⲛ ⲟⲩⲧⲁ
ⲉⲓⲟ ⲙⲡϥⲉⲓⲙⲉ ⲉⲣⲟϥ ‒ ‒ ‒ ‒]

p. 236. 4 ⲛⲧⲉⲩⲙⲛⲧⲣⲙⲁⲟ male L^b corr L^c
p. 239. 9 ⲉⲙⲡϥⲉⲓⲙⲉ male L

p. 240   [C̅M̅]   [ⲀⲨⲰ ⲀϤⲘⲞⲨⲦⲈ Ⲉ   xlix, 1–3

                  ⲠⲔⲀϨ ⲈⲂⲞⲖ ϨⲚ Ⲙ

                  ⲘⲀⲚ]Ϣ[Ⲁ Ⲙ]Ⲡ[ⲢⲎ]

                  ϢⲀ ⲚⲈϤⲘⲀⲚϨⲰ[ⲦⲠ]

         5   ⲈⲢⲈ ⲠⲀⲚⲀⲒ Ⲙ̅ⲠⲈϤⲤⲀ̄

                  ϢⲞⲞⲠ ϨⲚ̅ ⲤⲒⲰⲚ.

                  ⲠⲚⲞⲨⲦⲈ ⲚⲎⲨ ϨⲚ̅ ⲞⲨ

                  [ⲞⲨⲞ]ⲚϨ̅ ⲈⲂⲞⲖ· ⲠⲈⲚⲚⲞⲨ

                  [ⲦⲈ] [Ⲛ̅Ϥ̅[ⲚⲀⲔⲀⲢ]Ϣϥ ⲀⲚ·

p. 241   [C̅M̅Ⲁ̅]   [ⲚⲈ]ⲦⲤⲘⲒⲚⲈ Ⲛ̅[ⲦⲈϤ]   xlix, 5–6

                  [ⲆⲒⲀⲐⲎⲔⲎ ⲈⲬⲚ̅ Ϩ[ⲈⲚ]

                  ⲐⲨⲤⲒⲀ· Ⲙ̅ⲠⲎⲨⲈ

                  ⲚⲀⲬⲰ Ⲛ̅ⲦⲈϤⲆⲒ

         5   ⲔⲀⲒⲞⲤⲨⲚⲎ· ⲀⲨⲰ

                  ϨⲚ̄ ⲐⲀ[Ⲏ] [Ⲛ̅]ⲚⲈϨ[ⲞⲞ]Ⲩ

                  Ⲡ[ⲚⲞⲨⲦⲈ ⲚⲀⲘⲈϢⲦ

                  ⲐⲒⲖ̅Ⲏ̅Ⲙ̅ ⲘⲚ ⲞⲨϨⲎⲂⲤ - - - -]

p. 242   [C̅M̅Ⲃ̅]   [Ⲛ]ⲦⲈⲔϬⲖⲒⲖⲀ Ⲙ̅Ⲡ[ⲀⲘ]   xlix, 9–10

                  [Ⲧ]Ⲟ ⲈⲂⲞⲖ ⲚⲞⲨ[Ϣ[ⲈⲒϢ]

                  ⲚⲒⲘ· Ⲛ̅ⲚⲀⲬⲒ ⲘⲀ

                  ⲤⲈ ⲈⲂⲞⲖ Ϩ̅Ⲙ̅ ⲠⲈⲔ

         5   ⲎⲒ̈: ⲞⲨⲆⲈ ϬⲒⲈ ⲈⲂⲞⲖ

                  [ϨⲚ̅] ⲚⲈⲔ[Ⲟ][ϨⲈ] [Ⲭ]ⲒⲈ

                  [ⲚⲞⲨⲒ ⲦⲎⲢⲞⲨ] ⲚⲈ

                  [ⲚⲈⲐⲎⲢⲒⲞⲚ Ⲙ̅ⲠⲈⲆⲢⲨⲘⲞⲤ - - - -]

p. 243   [C̅M̅Ⲅ̅]   [ⲦⲰⲒ ⲄⲀⲢ   xlix, 12–14

                  ⲦⲈ] [Ⲧ]ⲞⲒⲔⲞ[Ⲩ]Ⲙ[ⲈⲚⲎ

                  Ⲙ]Ⲛ ⲠⲈⲤⲬⲰⲔ Ⲉ[Ⲃ[ⲞⲖ]

                  ⲘⲎ ⲈⲒ̈ⲚⲀⲞⲨⲘ̅ [Ⲁ[ϥ]

         5   Ⲙ̅ⲘⲀⲤⲈ· Ⲏ ⲈⲒ̈Ⲛ[Ⲁ]

                  ⲤⲈ ⲤⲚⲞϤ Ⲛ̅ϬⲒⲈ

                  Ϣ [Ϣ]ⲰⲦ Ⲛ̅ⲚⲀ[Ϩ

                  ⲢⲘ̅ Ⲡ[ⲚⲞ]ⲨⲦ[Ⲉ ⲚⲞⲨ]

                  Ⲑ[ⲨⲤⲒⲀ Ⲛ̅ⲤⲘⲞⲨ - - - -]

p. 240. 4 ⲠⲈϤⲘⲀⲚϨⲰⲠⲦ L^b ⲚⲈϤⲘⲀⲚϨⲰⲠⲦ L^c | 8 ⲀⲨⲰ ⲠⲈⲚⲚⲞⲨⲦⲈ LG𝔐 om ⲀⲨⲰ
BZR   p. 243. 4 ⲈⲒⲚⲀⲞⲨⲈⲘ LZ, B = F | 7 spat inter Ϣ et Ⲱ, l ϢⲰⲰⲦ

p. 244   [Ⲥ̅Ⲙ̅Ⲇ̅]   [ⲈⲦⲂⲈ ⲞⲨ ⲚⲦⲞⲔ ⲔⲰⲀ   xlix, 16–17

                ⲬⲈ] ⌜Ϩ[Ⲛ] ⲚⲀ⌜Ⲁ⌝ⲒⲔ⌜ⲀⲒⲰⲘⲀ

                ⲀⲨ⌝Ⲱ ⲔⲬⲒ Ⲛ̅ⲦⲀⲀ⌜ⲒⲀ

                Ⲑ⌝ⲎⲔⲎ ϨⲒⲦⲚ̅ ⲢⲰ⌜Ⲕ⌝

         5 ⌜Ⲛ̅⌝ⲦⲞⲔ ⲆⲈ ⲀⲔⲘⲈⲤ

                ⲦⲈ ⲦⲈⲤⲂⲰ̅ ⲀⲨⲰ`

                Ⲁ⌜Ⲕ⌝ⲚⲞⲨⲬⲈ ⌜Ⲛ̅ⲚⲒ⌝ⲀϢⲀ

                [ⲬⲈ ϨⲒ] ⲠⲀ⌜Ϩ⌝[ⲞⲨ] Ⲙ̅ⲘⲞⲔ·

                [– – – –]

p. 245   [Ⲥ̅Ⲙ̅Ⲉ̅]   ⌜ⲚⲈⲔϨⲘⲞⲞⲤ ⲈⲔⲔⲀ   xlix, 20–21

                ⲦⲀⲖⲖⲈⲒ ⲚⲤⲀ ⲠⲈⲔ

                ⲤⲞ⌝Ⲛ· Ⲁ⌜Ⲩ⌜Ⲱ ⲚⲈ⌜ⲔⲔⲀ

                Ⲥ⌝ⲔⲀⲚⲆⲀⲖⲞⲚ Ⲛ̅[ⲤⲀ]

         5 ⲠϢⲎⲢⲈ Ⲛ̅ⲦⲈⲔⲘ⌜Ⲁ⌜ⲀⲨ]

                ⲀⲔⲢ̅ ⲚⲀⲒ̈ ⲀⲒ̈ⲔⲀⲢⲰⲠⲒ

                ⲀⲔⲘⲈⲈⲨⲈ ⲈⲨⲀⲚⲞ

                ⲘⲒⲀ ⲬⲈ ⲈⲒ̈ⲚⲀ⌜ϢⲰⲠ⌜Ⲉ]

                Ⲛ̅[ⲦⲈⲔϨ]Ⲉ· Ϯ[ⲚⲀⲬⲠⲒⲞⲔ – – – –]

p. 246   [Ⲥ̅Ⲙ̅Ϭ̅]   [ⲀⲨⲰ] ⌜Ⲉ⌜Ⲣ⌜Ⲉ   xlix, 23–l, 1

                ⲦⲈϨⲒ⌝Ⲏ⌝ Ⲙ̅ⲘⲀⲨ ⲈⲦⲞ⌜ⲨⲀ⌝

                [Ⲁ]Ⲃ ⲈϯⲚⲀⲦⲤⲀ

                [Ⲃ]⌜Ⲟ⌝ⲞϤ ⲈⲢⲞⲤ· ⲠⲞⲨ

         5 ⲬⲀⲒ̈ Ⲙ̅ⲠⲚⲞⲨⲦⲈ:

                ⳥⳥⳥⳥ —— ⳥⳥⳥⳥ ——

        [Ⲛ̅]   [ⲈⲠⲬ]ⲰⲔ Ⲉ⌜ⲂⲞ⌝Ⲗ ⲠⲈ

                [ϮⲀⲖ⌝ⲘⲞ⌜Ⲥ ⲚⲆⲀⲨⲈⲒⲆ – – – –]

p. 247   [Ⲥ̅Ⲙ̅Ⲍ̅]   ⲈⲠ⌜ⲀⲀⲦ ⲈⲘⲀ   l, 4–5

                Ⲧ⌝Ⲉ ⲈⲂⲞⲖ ϨⲚ̅ [ⲦⲀⲀ]

                ⲚⲞⲘⲒⲀ· ⲀⲨ⌜Ⲱ⌝ [ⲚⲄ⌝

                ⲦⲂ̅ⲂⲞⲒ̈ ⲈⲂⲞⲖ Ϩ[Ⲙ]

         5 ⲠⲀⲚⲞⲂⲈ. ⲬⲈ ⌜ϯ⌝

                ⲤⲞⲞⲨⲚ ⲀⲚⲞ⌜Ⲕ⌝ [Ⲛ]

                Ⲧ[ⲀⲀⲚⲞ]⌜Ⲙ⌝ⲒⲀ[– – – –]

p. 248 [ⲥⲙ̄ⲏ]   [ⲉⲓⲥ ϩⲏⲏⲧⲉ ⲅⲁⲣ ⲛⲧⲁⲩ   l, 7–8

                  ⲱⲱ ⲙⲙⲟⲓ ϩ]ⲓ[ⲛ] ϩⲉ[ⲛⲁⲛⲟ

                  ⲙⲓⲁ] ⲁⲩⲱ ⲛ̄ⲧⲁ [ⲧⲁ

                  ⲙ]ⲁⲁⲩ ϫⲓⲟⲩⲱ̄ ⲙ̄[ⲙⲟⲓ

          5 ϩ]ⲛ̄ ϩⲉⲛⲛⲟⲃⲉ· ⲉ[ⲓⲥ

                  ϩⲏ]ⲏ[ⲧⲉ ⲅ[ⲁ]ⲣ ⲁⲕⲙⲉ

                  [ⲣⲉ ⲧ]ⲙⲉ [ⲛⲉⲑⲏ]ⲡ

                  [ⲙⲛ ⲛⲉⲧⲉ ⲛⲥⲉⲟⲩⲟ

                  ⲛϩ ⲉⲃⲟⲗ ⲁⲛ ⲛⲧⲉⲕ

        10 ⲥⲟⲫⲓⲁ ⲁⲕⲟⲩⲟⲛϩⲟⲩ

                  ⲛⲁⲓ ⲉⲃⲟⲗ ‑ ‑ ‑ ‑]

p. 249 [ⲥⲙ̄ⲑ̄·]   [ⲧⲛⲁⲟⲩⲃⲁϣ ⲉϩⲟⲩⲉ   l, 9–11

                  ⲟⲩⲭ]ⲓⲱ[ⲛ ⲕⲛⲁⲧⲣⲁ

                  ⲥ]ⲱⲧⲙ̄ ⲉⲩⲧ[ⲉ]ⲗⲏⲗ

                  ⲙ]ⲛ̄ ⲛⲟⲩⲟⲩⲛⲟ[ϥ

          5 ⲥ]ⲉⲛⲁⲧⲉⲗⲏⲗ ⲛ̄[ϭⲓ]

                  ⲛⲕⲉⲉⲥ ⲛ̄ⲛⲉⲧ[ⲑⲃ

                  ⲃⲓ[ⲏ]ⲏ[ⲩ] ⲕⲧⲉ ⲡ[ⲉⲕϩⲟ

                  ⲛ̄ⲥⲁⲃⲟⲗ] ⲛ̄[ⲛⲁⲛⲟⲃⲉ ‑ ‑ ‑ ‑]

p. 250 [ⲥⲛ̄]   [ⲁⲩⲱ ⲡⲉⲕⲡⲛ]ⲁ ⲉⲧ[ⲟⲩ]   l, 13–14

                  [ⲁⲁⲃ] ⲙ̄ⲡ̄ⲣ̄ϥⲓⲧ̄ϥ ⲛ̄

                  [ⲥⲁⲃ]ⲟⲗ ⲙ̄ⲙⲟ: ⲙⲁ

                  [ⲛⲁⲓ ⲙ]ⲡⲧⲉⲗⲏⲗ ⲙ̄ⲡⲉ[ⲕ

          5 ⲟⲩⲭ]ⲁⲓ· ⲁⲩⲱ [ⲛ̄ⲅ̄]ⲧⲁ

                  [ϫⲣⲟⲓ] ϩ]ⲛ̄ ⲟⲩ[ⲡⲛⲁ

                  ⲛϩⲏⲅⲉⲙⲟⲛⲓⲕⲟⲛ ‑ ‑ ‑ ‑]

p. 251 [ⲥⲛ̄ⲁ̄]   [ⲡⲁⲗⲁⲥ ⲛⲁⲧⲉⲗⲏⲗ ⲛ   l, 17–18

                  ⲧⲉⲕⲇⲓⲕⲁ]ⲓⲟⲥⲩⲛⲏ ⲡⲡ̄[ϫⲟ

                  ⲉⲓⲥ ⲕⲛ]ⲁⲟⲩⲱⲛ ⲛ̄ⲛⲁ

                  [ⲥⲡ]ⲟⲧⲟⲩ ⲛ̄ⲧⲉ ⲧ[ⲁⲧⲁ

          5 ⲡⲣ]ⲟ̄ ϫⲱ ⲙ̄ⲡⲉⲕ[ⲥⲙⲟⲩ

                  ϫⲉ ⲉⲛⲉⲕ]ⲟ[ⲩ]ⲉϣ [ⲑⲩⲥⲓⲁ

                  ⲛⲉⲓⲛⲁ† ⲡⲉ ‑ ‑ ‑ ‑]

p. 248. 6 ⲉⲕⲙⲉⲣⲉ L, ZVGol = F | 8 ⲛⲉⲧⲉⲛⲥⲉⲟⲩⲟⲛ LᵇV ⲛⲉⲧⲉⲛⲥⲉⲟⲩⲟⲛϩ LᶜZ
p. 249. 4 ⲙⲛ ⲟⲩⲟⲩⲛⲟϥ LZV | 6 ⲉⲧⲑⲃⲃⲓⲏⲩ L ⲛⲛⲉⲧⲧϩⲃⲃⲉⲓⲏⲩ] V, ZGol = F
p. 251. 3 ⲛⲛⲛⲁⲥⲡⲟⲧⲟⲩ male Lᵇ corr Lᶜ

p. 252 [ⲤⲚⲂ] [ⲀⲨⲰ ⲘⲀ l, 20–21
ⲢⲞⲨⲔⲰ]ⲦⲒ ⲚⲚⲤⲞ[ⲂⲦ
Ⲛ·ⲐⲒⲀ]ⲦⲎⲘ· ⲦⲞ[ⲦⲈ
Ⲕ]Ⲛ[Ⲛ]ⲀⲞⲨ[Ⲱ] ϨⲈ[Ⲛ]·Ⲑ·Ⲩ
5 ⲤⲒⲀ] Ⲛ̄ⲆⲒ[ⲔⲀⲒⲞ]Ⲥ[ⲨⲚⲎ
ϨⲈⲚ]ⲦⲀⲖⲞ [ⲘⲚ ϨⲈⲚ
ϬⲖⲒⲀ] [Ⲧ]ⲞⲦⲈ ⲤⲈⲚⲀ
ⲦⲀⲖⲈ ϨⲈⲚⲘⲀⲤⲈ - - - -]

p. 253 [ⲤⲚⲄ̄] [Ⲁ ⲆⲀⲨⲈⲒⲆ ⲈⲒ Ⲉ li, 1–4
ⲠⲎ]ⲠⲒ ⲚⲀⲬⲒⲘⲈ[Ⲗ]ⲈⲬ
Ⲁ·ϨⲢⲞ]ϥ ϥϢⲞⲨϢⲞ[Ⲩ
ⲘⲘ]Ⲟ[Ⲟ]ϥ Ⲛ·ϬⲒ ⲚⲦⲨⲚⲀ[Ⲧ]ⲞⲤ
5 ϨⲚ Ⲧ]ⲈⲀⲔⲒⲀ: Ⲙ̄ⲠⲈϨⲞ[ⲞⲨ
Ⲧ]ⲎⲢϤ Ⲁ ⲠⲈⲔⲖⲀ̄Ⲥ ⲘⲈ[ⲖⲈ·
Ⲧ]Ⲁ Ⲛ[ⲞⲨ]ⲬⲒⲚϬⲞⲚ̄Ⲥ [Ⲛ][Ⲑ·Ⲉ
ⲚⲞⲨⲦⲞⲔ ⲈϤ]Ⲧ[Ⲏ]Ⲙ [ⲀⲔ
ⲈⲒⲢⲈ ⲚⲞⲨⲔⲢⲞϥ - - - -]

p. 254 [ⲤⲚⲆ̄] [Ⲁ]ⲨⲰ ⲦⲈⲔ[Ⲛ̄][Ⲟ]ⲨⲚⲈ li, 6–9
ⲈⲂ[Ⲟ]Ⲗ Ϩ̄Ⲙ ⲠⲔⲀ[Ϩ] Ⲛ[ⲚⲈⲦ
ⲞⲚϨ] Ⲁ̄Ⲓ̄Ⲁ·ϯ·Ⲁ̄Ⲗ̄Ⲙ̄[Ⲁ]: ⲤⲈ
[ⲚⲀⲚⲀ]Ⲩ Ⲛ·ϬⲒ ⲚⲆⲒⲔⲀⲒⲞⲤ [Ⲛ]
5 [ⲤⲈ]ⲢϨⲞⲦⲈ. Ⲛ̄ⲤⲈⲤⲰ
[ⲂⲈ] ⲈϨⲢⲀⲒ̈ ⲈⲬⲰϥ· Ⲛ̄Ⲥ[Ⲉ
ⲬⲞⲞ]Ⲥ [Ⲭ]Ⲉ [Ⲉ][Ⲓ]Ⲥ ⲞⲨⲢ]Ⲱ
[ⲘⲈ ⲈⲘⲠϥⲔⲀ ⲠⲚⲞⲨ
ⲦⲈ ⲚⲀϥ ⲚⲂⲞⲎ·Ⲑ·ⲞⲤ - - - -]

p. 255 [ⲤⲚⲈ̄] [ⲀⲒϨⲈⲖⲠⲒⲌⲈ ⲈⲠⲚⲀ li, 10–11
ⲘⲠⲚⲞⲨⲦⲈ ϢⲀ ⲈⲚ]ⲈϨ Ⲁ[Ⲩ
Ⲱ ϢⲀ ⲈⲚⲈϨ· ⲚⲈⲚⲈϨ· [ϯ][ⲚⲀ]
ⲞⲨⲰⲚϨ ⲚⲀⲔ ⲈⲂⲞ[Ⲗ]
5 ϢⲀ ⲈⲚⲈϨ Ⲭ̄Ⲉ ⲀⲔⲈⲒ[ⲢⲈ]
ⲚⲀⲒ̈· ⲀⲨⲰ ϯ·ⲚⲀϨ[Ⲩ][ⲠⲞ]
ⲘⲒⲚⲈ ⲈⲠⲈⲔⲚⲀ Ⲭ̄[Ⲉ ⲞⲨ]
ⲬⲢⲎⲤⲦⲞⲤ ⲠⲈ Ⲙ̄Ⲡ[ⲈⲘ]
ⲦⲞ ⲈⲂⲞⲖ Ⲛ[ⲚⲈ[ⲔⲠⲈⲦⲞⲨⲀⲀⲂ - - - -]

p. 253. 4 ⲚⲀⲨⲚⲀⲦⲞⲤ LZ | 5 l ⲦⲔⲀⲔⲒⲀ LZ

p. 256 [C̄N̄Ḡ] [MN OYO]N Ϣ[ⲀϨⲢⲀⲒ Ⲉ   lii, 2–4
OYA AⲠ]ⲚⲞⲨⲦ[Ⲉ ϬⲰϢⲦ Ⲉ
[Ⲃ]ⲞⲖ ϨⲚ ⲦⲠⲈ ⲈX̄N̄ Ñϣⲏ
[Ⲣ]Ⲉ ÑÑⲢⲰⲘⲈ· ⲈⲚⲀⲨ
5 [X]Ⲉ OYN ⲖⲀⲀⲨ ÑⲢⲘN
[ϨⲎ]Ⲧ ⲈϤϢⲒⲚⲈ ⲚⲤⲀ Ⲡ
[ⲚⲞⲨⲦ]Ⲉ· ⲀⲨⲢⲒⲔⲈ ⲈⲂⲞⲖ
[ⲦⲎⲢⲞⲨ - - - -]

p. 257 [C̄N̄Z̄] [ⲤⲈⲚⲀⲢϨⲞⲦⲈ ⲘⲘⲀⲨ   lii, 6
ϨⲚ ⲞⲨϨⲞⲦⲈ ⲘⲠⲘⲀ Ⲉ]
ⲦⲈ [ⲘⲚ ϨⲞⲦⲈ ⲚϨⲎⲦϤ]
XⲈ Ⲁ [ⲠⲚⲞⲨⲦⲈ XⲈⲢⲈ]
5 ⲚⲔⲈⲈ[Ⲥ ⲈⲂⲞⲖ ⲚⲚⲢⲈϤ]
ⲀⲢⲈⲤ[Ⲕ]Ⲉ ⲚⲢⲰⲘⲈ]
ⲀⲨXⲒ[Ϣ][ⲒⲠⲈ XⲈ Ⲁ Ⲡ]
ⲚⲞ[ⲨⲦⲈ ⲤⲞϢϤⲞⲨ - - - -]

p. 258 [C̄N̄H̄] [N̄T̄] [ⲈⲠXⲰⲔ ⲈⲂⲞⲖ ⲠⲈ   liii, 1–3
ϮⲀⲖⲘⲞⲤ ⲚⲆⲀⲨⲈⲒⲆ
ϨⲘ ⲠⲦⲢⲈ ⲚⲆⲒ̈ⲪⲀⲒ
ⲞⲤ ⲈⲒ ⲚⲤⲈXⲞⲞ]Ⲥ
5 [ⲚⲤⲀⲞⲨⲖ XⲈ ⲈⲒ]Ⲥ ⲆⲀⲨ
[ⲈⲒⲆ ϨⲎⲠ ϨⲀ]ⲦⲎⲚ
[ⲘⲀⲦⲞⲨXⲈ ⲠⲀ]ⲚⲞⲨ
[ⲦⲈ ϨⲘ ⲠⲈⲔⲢⲀ]N̄· ⲀⲨ
[Ϣ ⲔⲢⲒⲚⲈ ⲘⲘⲞ]Ï̈ ϨⲚ
10 [ⲦⲈⲔϬⲞⲘ - - - -]

p. 256. 4 ⲚⲢⲢⲰⲘⲈ L, Z = F | 5 ⲞⲨⲎ male Lᵇ corr L

ⲀⲔⲢⲠⲰⲂⲰ Ⲛ]ⲦⲚ̄Ⲙ[Ⲛ]ⲦⲌⲎ̄ⲔⲈ   xliii, 25–xliv, 3
ⲘⲚ ⲦⲈⲚ]ⲐⲀⲒⲦⲒⲤ·
ⲬⲈ Ⲁ ⲦⲈⲚⲦ]ⲨⲬⲎ Ⲑ̄ⲂⲂⲒⲟ Ⲱ[Ⲁ
ⲠⲔⲀ]Ⲅ꞉
5 Ⲁ Ⲅ[ⲎⲦⲚ] ⲦⲰϬⲈ ⲈⲠⲈϬⲎⲦ·
ⲦⲰⲟⲨⲚ̄ ⲂⲞⲎⲐⲒ ⲈⲢⲞⲚ ⲠⲬⲞⲒⳝ
ⲀⲨⲰ Ⲛ̄Ⲅ̄ⲤⲞⲦⲚ̄ ⲈⲦⲂⲈ Ⲡ̄ⲔⲢⲀⲚ·
ⲈⲠⲬⲰⲔ ⲈⲂⲞⲗ ⲈⲦⲂⲈ
Ⲙ̄Ⲁ̄ ⲚⲈⲦⲚⲀϢⲒⲂⲈ Ⲛ̄Ⲛ̄Ϣ[ⲎⲒ]
10 ⲢⲈ Ⲛ̄ⲔⲞⲢⲈ ⲈⲨⲘⲚ̄ⲦⲢⲘ̄
Ⲛ̄ⲅⲎⲦ ⲦⲰ[ⲀⲎ] Ⲅ̄Ⲁ Ⲡ[ⲘⲈ[ⲢⲒⲦ]
Ⲁ ⲠⲀⲅⲎⲦ ⲦⲀⲨ[Ⲟ] ⲈⲂⲟⲗ [ⲚⲞⲨ]
ϢⲀⲬⲈ ⲈⲚⲀⲚⲞⲨϤ.
Ⲧ̄ⲚⲀⲬⲰ ⲀⲚⲞⲔ Ⲛ̄ⲚⲀⲅ[ⲂⲎⲨⲈ]
15 Ⲙ̄Ⲡ̄ⲢⲢⲞ·
ⲠⲀⲗⲀⳝ ⲞⲨⲔⲀϢ Ⲛ̄ⲄⲢⲀ[ⲘⲘⲀ]
ⲦⲈⲨⳝ ⲠⲈ [Ⲛ̄][Ⲣ]ⲈϤϬⲈ
ⲠⲎ ⲈⳠⲅⲀⲒ
ⲈⲚⲈⳠⲰϤ [Ⲅ]Ⲙ̄ ⲠⲈϤⳝⲀ [ⲠⲀ]ⲢⲀ [Ⲛ]
20 ϢⲎⲢⲈ [Ⲛ]Ⲛ̄ⲢⲰⲘⲈ.
Ⲁ ⲦⲈⲬⲀ[ⲢⲒ]Ⳝ ⲠⲰⲚⲈ Ⲉ[Ⲃⲟⲗ Ⲅ̄Ⲓ
ⲚⲈ]Ⲕⳝ[ⲠⲞⲦⲞ[Ⲩ]
ⲈⲦⲂⲈ [ⲠⲀⲒ] Ⲁ ⲠⲚⲞⲨ[ⲦⲈ]
ⳝⲘ[ⲞⲨ] [ⲈⲢⲟ]Ⲕ ϢⲀ Ⲉ[ⲚⲈⲅ]

---

1 ⲚⲦⲈⲚⲘⲚⲦⲅⲎⲔⲈ L | 6 ⲂⲞⲎⲐⲈⲒ L ⲠⳢⲞⲈⲒⳝ L | 7 ⲠⲈⲔⲢⲀⲚ L | ⲔⲀⲚ secunda manu | 9 ⲚⲚⲈⲦⲚⲀϢⲒⲂⲈ L | 17 ϬⲈ secunda manu | 18 ⲈϤⳠⲅⲀⲒ L | 19 ⲢⲀ secunda manu | 21 ⲠⲰⲚ L

[ⲘⲞⲢⲔ Ⲛ]ⲦⲈⲔ[Ⲥ]ⲎϤⲈ Ⲉ.ⲬⲘ ⲠⲈⲔ   xliv, 3–8
    ⲘⲎⲢ]ⲞⳫ ⲠⲈⲦⲈ[Ⲟ]ⳟ ⳠⲞⲘ]
    ⲘⲘⲞϤ
[ⳞⲘ̅] ⲠⲈⲔⳞ. ⲘⲚ̅ [ⲠⲈ[ⲔⲀⲚⲀⲒ
5 Ⲛ[Ⲅ]ⳞⲱⲘⲚⲦ Ⲛ̅[ⳞⲞⲞ[ⳟⲦⲚ] Ⲛ[Ⲅ]
    Ⲣ̅̅Ⲣ̅ⲢⲞ
ⲈⲦⲂⲈ ⲦⲘⲈ ⲘⲚ ⲦⲘⲚⲦⲢⲘ
    ⲢⲀϢ ⲘⲚ̅ Ⲧ.ⲆⲒⲔⲀⲒⲞⳞⳟⲚⲎ·
Ⲁⳟⲱ ⲦⲈⲔⲞⳟⲚⲀⲘ ⲚⲀⲬⲒⲘⲞ
10   ⲈⲒⲦ ⳞⲚⲦⲔ̅ ⳞⲚ̅ ⲞⳟϢⲠⲎⲢⲈ·
[Ⲛ]ⲈⲔ ⳞⲞⲦⲈ ⲦⲎⲘ ⲠⲈⲦⲈⲞⳟⲚ
    ⳠⲞⲘ Ⲙ̅ⲘⲞϤ ⳞⲘ̅ ⲠⳞⲎⲦ
    [Ⲛ̅]Ⲛ.ⲬⲀ.ⲬⲈ Ⲙ̅Ⲡ̅ⲢⲢⲞ·
[ⲚⲀⲀ]ⲞⳞ ⲚⲀⳞⲈ ⳞⲀⲢⲀⲦⲔ̅·
15   [ⲠⲈ]Ⲕ[.Ⲑ.]ⲢⲞⲚⲞⳞ ⲠⲚⲞⳟⲦⲈ ϢⲞ
    [Ⲟ]Ⲡ ϢⲀ [Ⲉ]ⲚⲈⳞ Ⲛ̅ⲈⲚⲈⳞ
ⲞⳟⳠⲈⲢ[Ϣ][Ⲃ] Ⲛ̅ⳞⲞⳟⲦⲚ̅ ⲠⲈ
    ⲠⳠⲈⲢⲱⲂ ⲚⲦⲈⲔⲘⲚ̅
    ⲦⲈⲢⲞ
20 [Ⲁ]ⲔⲘⲈⲢⲈ Ⲧ[.Ⲇ.]ⲒⲔⲀⲒⲞⳞⳟ
    [Ⲛ][Ⲏ] ⲀⲔⲘ[Ⲉ]ⳞⲦⲈ ⲠⲬⲒⲚ
    [Ⳡ]ⲞⲚⳞ̅·
    [Ⲉ]ⲦⲂⲈ ⲠⲀ. [ⲀϤ][Ⲧ]Ⲁ.ⳞⲔ̅
    [Ⲛ.ⳞⲒ ⲠⲚⲞⳟⲦⲈ] ⲠⲈⲔ[ⲚⲞⳟⲦⲈ]

[ⲈⲠⲬⲱⲔ ⲈⲂⲞⲀ ⳞⲀ ⲠϢⲎⲢⲈ   xlvi, 1–7
    ⲚⲔⲞⲢⲈ ⲠⲈ]Ⲧ[Ϯ]ⲀⲀ[ⲘⲞⳞ
Ⲛ̅ⳞⲈⲐⲚⲞⳞ ⲦⲎ]Ⲣ[Ⲟ]ⳟ .ⲬⲀⲔ Ⲛ[ⲚⲈⲦⲚ
    ⳠⲒ.Ⲭ Ϯ.ⲀⲞⳟⲀⲀⲒ ⲘⲠⲚ[Ⲟ]ⳟⲦⲈ ⳞⲚ̅
5   [ⲞⳟⳞⲢⲞⲞⳟ ⲚⲦⲈⲀ]Ⲏ.Ⲁ·
  [Ⲭⲉ ⲠⲬⲞⲈⳞ] .ⲬⲞⳞⲈ ⲞⳟⳞⲞⲦⲈ
    [ⲠⲈ Ⲟⳟ]ⲚⲞⳠ Ⲛ̅Ⲣ̅ⲢⲞ ⲠⲈ Ⲉ
    .ⲬⲘ̅ [ⲠⲔ][Ⲁ]Ⳟ [ⲦⲎⲢϤ]
ⲀϤ[.Ⲑ.ⲂⲂⲒⲞ ⲚⲚⲀⲀⲞⳞ] ⲚⲀⲚ Ⲁⳟⲱ

15 Ⲕ̅Ⲑ̅ secunda manu

ϩⲉ⸢ⲛ⸣ ϩⲉⲑ⸢ⲛⲟⲥ ϩⲁ⸣ ⲛⲉⲛ
ⲟⲩⲉⲣⲏⲧⲉ
ⲁϥⲥ⸢ⲱⲧⲡ ⲛ⸣ⲁⲛ ⲛⲧⲉϥⲕⲗⲏ[ⲣⲟ]
ⲛⲟⲙⲓⲁ
⸢ⲡ⸣ⲁⲛⲁⲓ̈ ⲛ̄[ⲓⲁ]ⲕⲱⲃ ⲡⲉⲛⲧ[ⲁϥⲙⲉ]
ⲣⲓⲧϥ: ⲇⲓⲁⲯⲁⲗⲙⲁ̄·
ⲁ̄ ⲡⲛⲟⲩⲧⲉ ⲃ⸢ⲱ⸣[ⲕ ⲉ]ϩⲣⲁⲓ̈ ϩ[ⲛ]
ⲟⲩⲗⲟⲩⲗⲁⲓ̈ ⸢ⲡ⸣ϫⲟⲉⲓⲥ ϩⲛ̄
ⲟⲩϩⲣⲟⲟ⸢ⲩ⸣ ⲛ[ⲥ]ⲁⲗⲡⲓⲅⲝ·
ⲯⲁⲗⲗⲉⲓ [ⲉⲡⲉ]ⲛⲛ⸢ⲟⲩ⸣ⲧⲉ ⲯ[ⲁⲗⲗⲉⲓ]
ⲯⲁⲗⲗⲉⲓ ⸢ⲉ⸣[ⲡⲉ]ⲛⲣ̄ⲣⲟ ⲯⲁⲗ[ⲗⲉⲓ]
ϫⲉ ⲡⲣ̄ⲣ[ⲟ ⲙ]ⲡ⸢ⲕ⸣ⲁ[ϩ ⲧⲏⲣϥ ⲡⲉ]
⸢ⲡⲛⲟ⸣[ⲩ]⸢ⲧ⸣ⲉ
ⲯⲁⲗⲗⲉ[ⲓ] ⸢ϩⲛ̄⸣ [ⲟⲩⲙⲛⲧⲣⲙⲛϩⲏⲧ]

10 ⲛϩⲉⲑⲛⲟⲥ L | 12 ϥⲕⲗⲏ secunda manu

[The remainder is illegible.]

JOB FRAGMENT

ⲍⲓⲭⲙ̅ ⲡ̅ⲕⲁⲍ· ⲁⲩⲧⲱⲣⲡ　　xxiv, 19–23
ⲇⲉ ⲛⲧⲉⲋⲗⲱ̄ ⲛ̅ⲛⲟⲣⲫⲁ
ⲛⲟⲥ· ⲉⲓⲧⲁ ⲁⲩⲣⲡⲙⲉ
ⲉⲩⲉ ⲙ̅ⲡⲉ[ϥ]ⲛⲟⲃ ⲙ̅ⲡⲟⲩ
5 ⲍⲉ ⲇⲉ ⲉⲣⲟϥ· ⲙ̅ⲡ̅ϥϣⲱ
ⲡⲉ ⲇⲉ ⲛ̅ⲑⲉ ⲛ̅ⲟⲩⲛⲓϥ
ⲛⲉⲓⲱⲧⲉ· ⲉⲩⲉⲧⲱ
ⲱⲃⲉ ⲇⲉ ⲛⲁϥ ⲛ̅ⲛⲉⲛ̅ⲧⲁϥ
ⲅⲁⲓⲁⲩ· ⲉⲣⲉ ⲣⲉϥϫⲓⲛ̅ϭⲟⲛ̅ⲥ̄
10 ⲛⲓⲙ ⲧⲁⲕⲟ ⲛ̅ⲟⲩϣⲉ̄ ⲉϥ
ⲍⲟⲟⲩ· ⲙ̅ⲡ̅ϥⲣⲡⲉⲧⲛⲁ
ⲛⲟⲩϥ ⲇⲉ ⲛ̅ⲟⲩⲁϭⲣⲏⲛ.
ⲁⲩⲱ ⲙ̅ⲡ̅ϥⲛⲁ̄ ⲛ̅ⲡⲉⲧⲉ
ⲙ̅ⲛ̅ⲧ̅ϥⲥⲍⲓⲙⲉ. ⲍⲙ̅
15 ⲡⲉϥϭⲱⲛ̅ⲧ̄ ⲅⲁⲣ ⲁϥ
ⲧⲁⲕⲉ ⲛϭⲱⲃ· ⲉϥⲉ
ⲧⲱⲟⲩⲛ ⲛ̅ⲧⲟⲟⲩⲛ ⲛ̅ϥ
ⲧⲙ̅ⲧⲁⲛⲍⲉⲧ ⲡⲉϥⲱⲛⲍ·
ⲉⲅⲁϥϣⲁⲛⲗⲟⲭⲗⲉⲭ ⲙ̅ⲡⲣ
20 [ⲧⲣ]ⲅⲉⲅϥⲙⲉⲉⲩⲉ ⲉⲗⲟ̄

p. 113. l 3 ⲉⲓⲁⲁ Ciasca | 4 ⲙⲡⲟⲩⲍⲉ ⲁⲉ ⲉⲣⲟϥ om Ciasca | 5 ⲙⲡⲉϥϣⲱⲡⲉ Ciasca |
6 ⲛⲟⲩⲛⲓϥⲉ Ciasca | 8 ⲁⲉ om Ciasca | 9 ⲣⲉϥϫⲓⲛϭⲟⲛⲥ add ⲁⲉ Ciasca | 10 ⲧⲁⲕⲟ
add ⲛⲑⲉ Ciasca | 12 ⲅⲁⲣ pro ⲁⲉ Ciasca | 13 ⲙⲡⲉⲧⲉ Ciasca | 16 ⲍⲉⲛϭⲱⲃ Ciasca |
19 ⲉϥϣⲁⲛⲗⲟⲭⲁⲭ Ciasca

p. 114   Ρ͆Δ   ΑΛΛΑ ϤΝΑϨΕ ϨΙͫ ΠϢϢ⌐   xxiv, 23–xxv, 3
                 ΝΕ· Α ΠΕϤΧΙСΕ ⌐Γ⌐ΑΡ
                 ΤΑΚΕ ϨΑϨ· ΑⲒϤϨϢϬΒ
                 ΔΕ Ν̄Θ-Ε Ν̄ΟΥΜΟΛΟΧΗ
            5   ϨΝ̄ ΟΥΚΑΥΜΑ· ⌐Ν̄ Ν⌐
                 Θ-Ε ΝΟΥϨΜ̄С ⌐ΕΑϤϨΕ⌐
                 ΜΑΥΑΑϤ ϨΝ̄ ⌐ΤΕϤϬΒ̄⌐ΡΟ
                 ΟΥΕ· ΕϢ⌐ϢΠΕ ΜΜ⌐ΟΝ⌐
                 ΝΙΜ ΠΕΤΧϢ Μ̄ΜΟС
                 ΝΑⲒ ΧΕ Ε⌐Ϊ·ΧΙϬΟΛ·⌐
                 ΒΑΛΛΑ ΔΕ Ο⌐ΥϢϢΒ⌐
                 ΠСΑΥΧΙΤΗС Π⌐ΕΧΑϤ⌐
                 ΧΕ ΟΥ ΓΑΡ ΠΕ⌐ΠΡΟ⌐
                 ϨΟΙΜΙΟΝ Ν̄СΑ Θ-Ο⌐ΤΕ⌐
            15   ΤΕ ΕΒΟΛ ϨΙΤΟΟΤϤ·
                 ΠΕΤΤΑΜΙΟ Μ̄ΠΤΗ
                 Ρ̄Ϥ Ϩͫ ΠΧΙСΕ. Μ̄Π̄Ρ
                 ⌐Τ⌐ΡΕ ΛΑΑΥ ΓΑΡ ΜΕ
                 ΕΥΕ ΧΕ ΟΥΝ̄ Θ-Ε ΕΤ
            20   ΡΕ СΟΟΝΕ Ρ̄ΒΟ⌐Λ⌐·

p. 119   Ρ͆Θ-·   ⌐ΜΗ ΟΥ⌐Ν̄Τ⌐Ϥ ΠΑΡΗСΙΑ   xxvii, 10–13
                 ⌐ΜΜΑΑΥ⌐ Μ̄ΠΕϤΜ̄ΤΟ Ε
                 Β⌐ΟΛ⌐ Ν̄ ΕϤϢΑΝϢϢ Ε
                 Ϩ⌐ΡΑⲒ ΟΥΒ⌐Η⌐Ϥ ϤΝΑСϢ
            5   ⌐Τ⌐Μ ΕΡΟ⌐Ϥ ΑΛΛΑ ΕΙС
                 ⌐Ϩ⌐ΗΗΤΕ ϯ⌐ΝΑΤΑ⌐ΜϢΤ
                 ⌐Ν Χ⌐Ε ΟΥ ΠΕΤ ϨΝ ΤϬΙΧ
                 ⌐Μ̄Π.ΧΟΕΙС· Α⌐Υ⌐Ϣ ϯ
                 ΧΙϬΟ⌐Λ⌐ Α⌐Ν⌐ ΕΠΕ
            10   ⌐ΤΝ̄Τ⌐Ο⌐ΟΤϤ Μ̄ΠΠΑΝ
                 ⌐ΤϢΚ⌐Ρ⌐ΑΤϢΡ· ΕϊСϨ⌐Η⌐

p. 114. 15 omittend ΤΕ Ciasca

p. 119. 1 ΠΑΡΡΗСΙΑ Ciasca | 8 Ν̄ϯΧΙϬΟΛ Ciasca | 9 ΕΝΕΤΝΤΟΟΤϤ Ciasca

[ⲚⲦⲈ] ⌈Ⲧ⌉ⲎⲢⲦⲚ̄ ⌈Ⲧ⌉ⲈⲦ⌈Ⲛ⌉ⲤⲞ
ⲞⲨ⌈Ⲛ⌉ ⲬⲈ ⌈Ϩ⌉ⲈⲚ ⲠⲈⲦϢⲟ⌈ⲨⲒ⌉
⌈ⲈⲒⲦ⌉ Ⲛ⌈ⲈⲦ⌉Ⲛ̄Ⲏ⌈Ⲩ⌉ ⲈⲬⲚ̄

15 ⌈Ⲡ⌉Ⲉ⌈Ⲧ⌉ϢⲞⲨⲈⲒⲦ· ⌈ⲦⲀ⌉Ï
⌈ⲦⲈ Ⲧ⌉Ⲧ⌈Ⲙ̄⌉ⲈⲢⲒⲤ Ⲙ̄⌈Ⲡ⌉ⲠⲢⲰ
⌈Ⲙ̄⌉⌈Ⲉ⌉ ⲚⲚⲀⲤⲎⲂⲎⲤ ⲈⲂⲞ⌈Ⲗ⌉
⌈Ϩ⌉Ⲛ̄ⲦⲘ̄ ⲠⲬⲞⲈⲒⲤ ⌈Ⲡ⌉Ⲉ
⌈ⲦⲬⲠ⌉⌈Ⲟ⌉ ⲆⲈ Ⲛ̄Ⲛ̄ⲢⲈϥⲬⲒ⌈Ⲡ⌉

20 ⌈Ⲛ̄Ⲭ⌉⌈Ⲛ⌉ⲒⲚϨ ⲚⲎ⌈Ⲩ⌉ ⲈϨⲢⲀÏ
ⲈⲬⲰⲞⲨ

p. 120   Ⲣ̄Ⲕ̄   Ⲛ̄ⲦⲘ̄ ⲠⲠⲀⲚⲦⲞⲔⲢⲀⲦⲰⲢ·   xxvii, 13–19
ⲈϢⲰⲠⲈ ⲆⲈ ⲈⲢϢⲀⲚ
ⲚⲈϥϢⲎⲢⲈ ⲀϢⲀÏ ⲈⲨⲚⲀ
ϢⲰⲠⲈ ⲈⲠⲔⲞⲚ̄ⲤⲞⲨ·

5 ⌈Ⲉ⌉ϢⲰⲠⲈ ⲆⲈ ⲞⲚ ⲈⲨⲰ⌈Ⲁ⌉
⌈Ⲛ⌉ϭⲘ̄ϭⲟ⌈Ⲙ⌉ ⌈ⲈⲨⲚ⌉ⲀⲦⲰⲟ⌈Ⲃ⌉Ϩ
ⲚⲈⲦϢ⌈Ⲟ⌉ⲞⲠ ⲆⲈ ⌈ⲚⲀ⌉ϥ
Ⲛ̄ⲔⲞⲞⲨ⌈Ⲉ⌉ ⲚⲀ⌈Ⲙ⌉ⲞⲨ Ϩ⌈Ⲛ̄ ⲞⲨ⌉
ⲘⲞⲨ· ⲘⲚ̄ ⲖⲀⲀ⌈Ⲩ⌉ Ⲇ⌈Ⲉ⌉

10 ⲚⲀ̄ Ⲛ̄ⲚⲈⲨⲬⲎⲢⲀ. Ⲉ⌈Ϣ⌉⌈Ⲱ⌉
ⲠⲈ ⲆⲈ ⲈϥϢⲀⲚⲤ⌈ⲈⲨ⌉⌈Ϩ⌉
ⲈϨⲟ⌈Ⲩ⌉Ⲛ Ⲛ̄ⲐⲈ Ⲛ̄Ⲟ⌈ⲨⲔⲀϨ⌉
ⲀⲨⲰ Ⲛ̄ϥⲤⲂ̄ⲦⲈ ⌈ⲚⲞⲨⲂ⌉ ⌈Ⲛ̄⌉
⌈Ⲑ⌉Ⲉ Ⲙ̄ⲠⲞⲞⲘ⌈Ⲉ⌉ ⲚⲀⲒ ⲦⲎⲢ⌈ⲞⲨ⌉

15 Ⲛ̄ⲆⲒⲔⲀⲒ⌈Ⲟ⌉Ⲥ ⲚⲈⲦⲚ̄⌈ⲀⲬⲒ⌉
ⲦⲞⲨ· ⲀⲨⲰ ⌈ⲚⲢⲘⲘⲈ⌉
ⲚⲈⲦ⌈Ⲛ⌉ⲀⲢⲬⲞ⌈Ⲉ⌉ⲒⲤ Ⲉ⌈ⲚⲈϥ⌉
ⲬⲢⲎⲘ⌈Ⲁ⌉ ⌈ⲈⲢ⌉⌈Ⲉ⌉ ⲠⲈϥ⌈ⲎⲒ⌉
ⲆⲈ ⲚⲀ⌈Ⲣ⌉⌈ⲬⲞⲞⲖ⌉⌈Ⲥ⌉

20 ⲀⲨⲰ Ⲛ̄ⲐⲈ ⌈ⲚⲞⲨ⌉⌈ϨⲀⲖⲖⲞⲨⲤ⌉

p. 119. 17 ⲚⲀⲤⲈⲂⲎⲤ Ciasca | 19 ⲚⲚⲢⲈϥⲬⲒⲚⲬ Ciasca
p. 120. 1 ⲚⲦⲚ Ciasca | 2 om ⲆⲈ Ciasca | 11 om ⲆⲈ Ciasca | ⲈϥϢⲀⲚⲤⲈⲨϨ add ϨⲀⲦ
      Ciasca | 14 ⲚⲞⲨⲞⲞⲘⲈ Ciasca | ⲚⲀⲒ add ⌈ⲄⲀⲢ⌉ Ciasca | 16 ⲚⲢⲘⲘⲘⲈ Ciasca |

University of Michigan Studies

HUMANISTIC SERIES

General Editors: FRANCIS W. KELSEY and HENRY A. SANDERS

Size, 22.7 × 15.2 cm.   8°.   Bound in cloth

Vol. I. ROMAN HISTORICAL SOURCES AND INSTITUTIONS. Edited by Professor Henry A. Sanders, University of Michigan. Pp. viii + 402. $2.50 net.

CONTENTS

1. THE MYTH ABOUT TARPEIA: Professor Henry A. Sanders.
2. THE MOVEMENTS OF THE CHORUS CHANTING THE CARMEN SAECULARE: Professor Walter Dennison, Swarthmore College.
3. STUDIES IN THE LIVES OF ROMAN EMPRESSES, JULIA MAMAEA: Professor Mary Gilmore Williams, Mt. Holyoke College.
4. THE ATTITUDE OF DIO CASSIUS TOWARD EPIGRAPHIC SOURCES: Professor Duane Reed Stuart, Princeton University.
5. THE LOST EPITOME OF LIVY: Professor Henry A. Sanders.
6. THE PRINCIPALES OF THE EARLY EMPIRE: Professor Joseph H. Drake, University of Michigan.
7. CENTURIONS AS SUBSTITUTE COMMANDERS OF AUXILIARY CORPS: Professor George H. Allen, University of Cincinnati.

Vol. II. WORD FORMATION IN PROVENÇAL. By Professor Edward L. Adams, University of Michigan. Pp. xvii + 607. $4.00 net.

Vol. III. LATIN PHILOLOGY. Edited by Professor Clarence Linton Meader, University of Michigan. Pp. vii + 290. $2.00 net.

Parts Sold Separately in Paper Covers:

Part I. THE USE OF IDEM, IPSE, AND WORDS OF RELATED MEANING. By Clarence L. Meader. Pp. 1–111. $0.75.

Part II. A STUDY IN LATIN ABSTRACT SUBSTANTIVES. By Professor Manson A. Stewart, Yankton College. Pp. 113–78. $0.40.

Part III. THE USE OF THE ADJECTIVE AS A SUBSTANTIVE IN THE DE RERUM NATURA OF LUCRETIUS. By Dr. Frederick T. Swan. Pp. 179–214. $0.40.

Part IV. AUTOBIOGRAPHIC ELEMENTS IN LATIN INSCRIPTIONS. By Professor Henry H. Armstrong, Drury College. Pp. 215–86. $0.40.

THE MACMILLAN COMPANY

Publishers   64-66 Fifth Avenue   New York

University of Michigan Studies — *Continued*

Vol. IV. Roman History and Mythology. Edited by Professor Henry A. Sanders. Pp. viii + 427. $2.50 net.

Parts Sold Separately in Paper Covers:

Part I. Studies in the Life of Heliogabalus. By Dr. Orma Fitch Butler, University of Michigan. Pp. 1–169. $1.25 net.

Part II. The Myth of Hercules at Rome. By Professor John G. Winter, University of Michigan. Pp. 171–273. $0.50 net.

Part III. Roman Law Studies in Livy. By Professor Alvin E. Evans, Washington State College. Pp. 275–354. $0.40 net.

Part IV. Reminiscences of Ennius in Silius Italicus. By Dr. Loura B. Woodruff. Pp. 355–424. $0.40 net.

Vol. V. Sources of the Synoptic Gospels. By Rev. Dr. Carl S. Patton, First Congregational Church, Columbus, Ohio. Pp. xiii + 263. $1.30 net.

Size, 28 × 18.5 cm. 4to.

Vol. VI. Athenian Lekythoi with Outline Drawing in Glaze Varnish on a White Ground. By Arthur Fairbanks, Director of the Museum of Fine Arts, Boston. With 15 plates, and 57 illustrations in the text. Pp. viii + 371. Bound in cloth. $4.00 net.

Vol. VII. Athenian Lekythoi with Outline Drawing in Matt Color on a White Ground, and an Appendix: Additional Lekythoi with Outline Drawing in Glaze Varnish on a White Ground. By Arthur Fairbanks. With 41 plates. Pp. x + 275. Bound in cloth. $3.50 net.

Vol. VIII. The Old Testament Manuscripts in the Freer Collection. By Professor Henry A. Sanders, University of Michigan. With 9 plates showing pages of the Manuscripts in facsimile. Pp. viii + 357. Bound in cloth. $3.50 net.

Parts Sold Separately in Paper Covers:

Part I. The Washington Manuscript of Deuteronomy and Joshua. With 3 folding plates. Pp. vi + 104. $1.25.

Part II. The Washington Manuscript of the Psalms. With 1 single plate and 5 folding plates. Pp. viii + 105–357. $2.00 net.

THE MACMILLAN COMPANY

Publishers   **64–66 Fifth Avenue**   **New York**

University of Michigan Studies—*Continued*

Vol. IX. The New Testament Manuscripts in the Freer Collection. By Professor Henry A. Sanders, University of Michigan.

Part I. The Washington Manuscript of the Four Gospels. With 5 plates. Pp. vii + 247. Paper covers. $2.00 net.

Part II. The Washington Fragments of the Epistles of Paul. (*In Preparation.*)

Vol. X. The Coptic Manuscripts in the Freer Collection. By Professor William H. Worrell, Hartford Seminary Foundation.

Part I. A Fragment of a Psalter in the Sahidic Dialect. The Coptic Text, with an Introduction, and with 6 plates showing pages of the Manuscript and Fragments in facsimile. Pp. xxvi + 112. $2.00 net.

Vol. XI. Contributions to the History of Science. (*Part I ready.*)

Part I. Robert of Chester's Latin Translation of the Algebra of Al-Khowarizmi. With an Introduction, Critical Notes, and an English Version. By Professor Louis C. Karpinski, University of Michigan. With 4 plates showing pages of manuscripts in facsimile, and 25 diagrams in the text. Pp. vii + 164. Paper covers. $2.00 net.

Part II. The Prodromus of Nicholas Steno's Latin Dissertation on a Solid Body Enclosed by Natural Process within a Solid. Translated into English by Professor John G. Winter, University of Michigan, with a Foreword by Professor William H. Hobbs. With 7 plates.

Part III. Vesuvius in Antiquity. Passages of Ancient Authors, with a Translation and Elucidations. By Francis W. Kelsey. Illustrated.

Vol. XII. Studies in East Christian and Roman Art.

Part I. East Christian Paintings in the Freer Collection. By Professor Charles R. Morey, Princeton University. With 13 plates (10 colored) and 34 illustrations in the text. Pp. xii + 87. Bound in cloth. $2.50 net.

Part II. A Gold Treasure of the Late Roman Period from Egypt. By Professor Walter Dennison, Swarthmore College. (*In Press.*)

THE MACMILLAN COMPANY

Publishers   **64–66 Fifth Avenue**   **New York**

VOL. XIII. DOCUMENTS FROM THE CAIRO GENIZAH IN THE FREER COLLECTION. Text, with Translation and an Introduction by Professor Richard Gottheil, Columbia University. (*In Preparation.*)

SCIENTIFIC SERIES

Size, 28 × 18.5 cm. 4°. Bound in cloth

VOL. I. THE CIRCULATION AND SLEEP. By Professor John F. Shepard, University of Michigan. Pp. x + 83, with an Atlas of 83 plates, bound separately. Text and Atlas, $2.50 net.

VOL. II. STUDIES ON DIVERGENT SERIES AND SUMMABILITY. By Professor Walter B. Ford, University of Michigan. Pp. xi + 193. $2.50.

University of Michigan Publications

HUMANISTIC PAPERS

Size, 22.7 × 15.2 cm. 8°. Bound in cloth

LATIN AND GREEK IN AMERICAN EDUCATION, WITH SYMPOSIA ON THE VALUE OF HUMANISTIC STUDIES. Edited by Francis W. Kelsey. Pp. x + 396. $1.50.

CONTENTS

THE PRESENT POSITION OF LATIN AND GREEK, THE VALUE OF LATIN AND GREEK AS EDUCATIONAL INSTRUMENTS, THE NATURE OF CULTURE STUDIES.

SYMPOSIA ON THE VALUE OF HUMANISTIC, PARTICULARLY CLASSICAL, STUDIES AS A PREPARATION FOR THE STUDY OF MEDICINE, ENGINEERING, LAW AND THEOLOGY.

A SYMPOSIUM ON THE VALUE OF HUMANISTIC, PARTICULARLY CLASSICAL, STUDIES AS A TRAINING FOR MEN OF AFFAIRS.

A SYMPOSIUM ON THE CLASSICS AND THE NEW EDUCATION.

A SYMPOSIUM ON THE DOCTRINE OF FORMAL DISCIPLINE IN THE LIGHT OF CONTEMPORARY PSYCHOLOGY.

THE MENAECHMI OF PLAUTUS. The Latin Text, with a Translation by Joseph H. Drake, University of Michigan. Pp. xi + 130. Paper covers. $0.60 net.

THE MACMILLAN COMPANY

Publishers   64–66 Fifth Avenue   New York

Handbooks of Archaeology and Antiquities

Edited by PERCY GARDNER and FRANCIS W. KELSEY

THE PRINCIPLES OF GREEK ART

By PERCY GARDNER, Litt.D., Lincoln and Merton Professor of Classical Archaeology in the University of Oxford.

Makes clear the artistic and psychological principles underlying Greek art, especially sculpture, which is treated as a characteristic manifestation of the Greek spirit, a development parallel to that of Greek literature and religion. While there are many handbooks of Greek archaeology, this volume holds a unique place.

New Edition. Illustrated. Cloth, $2.50

GREEK ARCHITECTURE

By ALLAN MARQUAND, Ph.D., L.H.D., Professor of Art and Archaeology in Princeton University.

Professor Marquand, in this interesting and scholarly volume, passes from the materials of construction to the architectural forms and decorations of the buildings of Greece, and lastly, to its monuments. Nearly four hundred illustrations assist the reader in a clear understanding of the subject.

Illustrated. Cloth, $2.25

GREEK SCULPTURE

By ERNEST A. GARDNER, M.A., Professor of Archaeology in University College, London.

A comprehensive outline of our present knowledge of Greek sculpture, distinguishing the different schools and periods, and showing the development of each. This volume, fully illustrated, fills an important gap and is widely used as a text-book.

Illustrated. Cloth, $2.50

GREEK CONSTITUTIONAL HISTORY

By A. H. J. GREENIDGE, M.A., Late Lecturer in Hertford College and Brasenose College, Oxford.

Most authors in writing of Greek History emphasize the structure of the constitutions; Mr. Greenidge lays particular stress upon the workings of these constitutions. With this purpose ever in view, he treats of the development of Greek public law, distinguishing the different types of states as they appear.

Cloth, $1.50

GREEK AND ROMAN COINS

By G. F. HILL, M. A., of the Department of Coins and Medals in the British Museum.

All the information needed by the beginner in numismatics, or for ordinary reference, is here presented. The condensation necessary to bring the material within the size of the present volume has in no way interfered with its clearness or readableness.

Illustrated. Cloth, $2.25

GREEK ATHLETIC SPORTS AND FESTIVALS

By E. NORMAN GARDINER, M.A., Sometime Classical Exhibitioner of Christ Church College, Oxford.

With more than two hundred illustrations from contemporary art, and bright descriptive text, this work proves of equal interest to the general reader and to the student of the past. Many of the problems with which it deals — the place of physical training, games, athletics, in daily and national life — are found to be as real at the present time as they were in the far-off days of Greece.

Illustrated. Cloth, $2.50

ON SALE WHEREVER BOOKS ARE SOLD

THE MACMILLAN COMPANY

Publishers   64–66 Fifth Avenue   **New York**

ATHENS AND ITS MONUMENTS

By CHARLES HEALD WELLER, of the University of Iowa.

This book embodies the results of many years of study and of direct observation during different periods of residence in Athens. It presents in concise and readable form a description of the ancient city in the light of the most recent investigations. Profusely illustrated with Half-tones and Line Engravings.

Illustrated. Cloth, $4.00

THE DESTRUCTION OF ANCIENT ROME

By RODOLFO LANCIANI, D.C.L., Oxford; LL.D., Harvard; Professor of Ancient Topography in the University of Rome.

Rome, the fate of her buildings and masterpieces of art, is the subject of this profusely illustrated volume. Professor Lanciani gives us vivid pictures of the Eternal City at the close of the different periods of history.

Illustrated. Cloth, $1.50

ROMAN FESTIVALS

By W. WARDE FOWLER, M.A., Fellow and Sub-Rector of Lincoln College, Oxford.

This book covers in a concise form almost all phases of the public worship of the Roman state, as well as certain ceremonies which, strictly speaking, lay outside that public worship. It will be found very useful to students of Roman literature and history as well as to students of anthropology and the history of religion.

Cloth, $1.50

ROMAN PUBLIC LIFE

By A. H. J. GREENIDGE, Late Lecturer in Hertford College and Brasenose College, Oxford.

The growth of the Roman constitution and its working during the developed Republic and the Principate is the subject which Mr. Greenidge here set for himself. All important aspects of public life, municipal and provincial, are treated so as to reveal the political genius of the Romans in connection with the chief problems of administration.

Cloth, $2.50

MONUMENTS OF THE EARLY CHURCH

By WALTER LOWRIE, M.A., Late Fellow of the American School of Classical Studies in Rome, Rector of St. Paul's Church, Rome.

Nearly two hundred photographs and drawings of the most representative monumental remains of Christian antiquity, accompanied by detailed expositions, make this volume replete with interest for the general reader and at the same time useful as a hand-book for the student of Christian archaeology in all its branches.

Illustrated. Cloth, $1.50

MONUMENTS OF CHRISTIAN ROME

By ARTHUR L. FROTHINGHAM, Ph.D., Sometime Associate Director of the American School of Classical Studies in Rome, and formerly Professor of Archaeology and Ancient History in Princeton University.

"The plan of the volume is simple and admirable. The first part comprises a historical sketch; the second, a classification of the monuments." — *The Outlook.*

Illustrated. Cloth, $2.25

ON SALE WHEREVER BOOKS ARE SOLD

THE MACMILLAN COMPANY

Publishers   **64–66 Fifth Avenue**   **New York**

Printed and bound by CPI Group (UK) Ltd, Croydon, CR0 4YY

09/06/2025

14686147-0003